AF368875

DU

PRÊT À INTÉRÊT

EN GRÈCE, A ROME, EN JUDÉE

DANS LE DROIT CANONIQUE, LE DROIT BARBARE

ET LES COUTUMES FÉODALES

D'APRÈS LES ORDONNANCES DES ROIS DE FRANCE, LE CODE NAPOLÉON,

LES LOIS DE 1807 ET DE 1850

SUIVI

D'UNE ÉTUDE SUR LES LÉGISLATIONS ÉTRANGÈRES

ET SUR

LES RÉFORMES A INTRODUIRE DANS LE DROIT FRANÇAIS

PAR

Ed. COLAS DE LA NOUE

DOCTEUR EN DROIT

SUBSTITUT DU PROCUREUR IMPÉRIAL A SARLAT

PARIS

A. DURAND ET PEDONE-LAURIEL, LIBRAIRES,

rue Cujas, 9 (ancienne rue des Grès)

1867

INTRODUCTION

Aujourd'hui que le prêt à intérêt est la base de toutes
les transactions commerciales, il semble puéril de
chercher à en démontrer la légitimité. Aussi, nous
nous contenterons de rapporter les objections présentées
contre ce contrat, ne voulant en faire mention qu'à un
point de vue purement historique.

Pendant longtemps on a reproduit contre le prêt à
intérêt l'objection d'Aristote : « L'argent est stérile,
disait le philosophe grec, il ne saurait rien produire :
aussi est-il injuste d'exiger un intérêt d'une somme
prêtée. » Il oubliait que la plupart des objets qui sont
dans le commerce sont inanimés et également incapables de donner naissance à d'autres. Aussi, est-on
tenté de sourire avec Bentham, en jetant les yeux sur
de semblables théories. « Il arriva, on ne saurait dire
comment, écrivait Bentham, que ce grand philosophe
avec tout son talent et toute sa pénétration, malgré
le grand nombre de pièces d'argent qui avaient passé
par ses mains (nombre plus grand peut-être que celui
qui ait jamais passé avant ou depuis dans les mains
d'aucun philosophe), et malgré les peines toutes particulières qu'il s'était données pour éclaircir la question
de la génération, ne put jamais parvenir à découvrir,
dans une pièce de monnaie, quelque organe qui la

rendît propre à en engendrer une autre » (1). Pendant plusieurs siècles la doctrine d'Aristote fut en honneur, et ses disciples répondaient avec une touchante harmonie : « L'argent est stérile, donc la perception de tout intérêt est contraire à la nature. »

Faut-il rappeler à l'ombre de ces immenses scolastiques, que la stérilité d'un être matériel n'a rien que de très-naturel, mais qu'aussi sa fécondité, due au travail et à l'activité humaine, n'est pas une conséquence qui doive épouvanter la raison. Une maison n'engendre pas une maison, un meuble ne donne pas naissance à un meuble, et cependant on vend et on loue une maison, on vend et on loue un meuble sans que l'esprit soit choqué.

Pothier et les jurisconsultes du siècle dernier professèrent, pour la plupart, à l'égard du prêt d'argent, les mêmes théories que les philosophes du moyen âge, mais ils étayèrent leur doctrine d'une nouvelle considération. Ils admirent qu'une maison, un meuble, un bijou pût se louer, parce que l'usage de ces choses est appréciable. Mais pour les choses fongibles, comment se rendre compte de l'usage, puisque cet usage les détruit, les anéantit. Elles ne sont susceptibles que d'un seul contrat, la vente : leur valeur peut être estimée au moment de la convention, mais plus tard cette estimation est impossible. elles ont disparu, et on ne peut raisonner sur le néant. « Aussi, disait Pothier, on n'y peut concevoir un usage de la chose outre la chose et qui ait un prix outre celui de la chose : d'où il suit qu'on ne peut accorder à quelqu'un l'usage de

(1) Bentham. *Défense de l'usure*. lettre X. p. 125, édit. de 1828.

ces choses sans lui céder entièrement la chose et lui
en tranférer la propriété. » Et il rendait saisissant
son raisonnement par cette comparaison : Un sculpteur
qui a fait une statue qu'il a vendue un prix immense,
ne doit néanmoins au coutelier qui lui a vendu les
ciseaux dont il s'est servi pour la faire que le prix
ordinaire des ciseaux , quoiqu'il n'eût pu faire la
statue sans les ciseaux. « De même, dit Pothier, quelque gain qu'un commerçant ait fait en se servant dans
son commerce de la somme qui a été prêtée, quoiqu'elle lui ait été nécessaire pour faire le profit qu'il
a fait, il ne doit rien plus que cette somme qui lui a
été prêtée, parce que le prêteur ne lui a donné rien
de plus » (1).

Ce raisonnement ne repose que sur une subtilité, et
l'exemple que Pothier a choisi pour fortifier son système l'ébranle et le renverse. Je vends à un statuaire
des ciseaux, quel est mon premier soin ? De me faire
payer. Je reçois l'équivalent de ce que je donne.
Quand au contraire je prête une somme d'argent, que
reçois-je en retour ? Une promesse, une simple espérance de rentrer plus tard dans mes déboursés. Or,
y a-t-il analogie entre celui qui touche immédiatement
l'équivalent de ses dépenses et celui qui, au contraire,
est obligé d'attendre plusieurs années, de courir tous
les risques provenant soit de la dépréciation de l'argent, soit de la solvabilité de l'emprunteur ? N'est-il
pas juste aussi que je sois indemnisé de la privation
que je m'impose et que je participe aux profits que
l'emprunteur va retirer de la jouissance de mon argent ?

(1) Pothier, *Usure*, part. ii. sect. 1, art. 1, et sect. 2, art. 1. n° 82.

Le capital que je livre a une valeur supérieure à celle du capital que je recevrai : c'est un principe économique que le vulgaire traduit par ces mots : *Un tien vaut mieux que deux tu l'auras*. Aussi, si je n'exigeais que le retour d'une somme analogue à celle que je prête, je serais lésé, je dois stipuler de plus le payement de la différence entre le capital présent et le capital futur, c'est-à-dire l'intérêt.

Quoiqu'il y ait aliénation du capital, le prêt à intérêt présente des analogies avec le louage. Lorsque je donne mille francs, ce n'est pas seulement cinquante louis que je livre, mais une valeur de mille francs dont je consens à me dépouiller pendant quelque temps dans votre intérêt. On peut dire que la jouissance de l'argent que je vous procure justifie la stipulation d'un intérêt et que cet intérêt est le loyer du capital, de même que les perceptions annuelles payées par le locataire sont le loyer de la maison.

Par conséquent, si le contrat de prêt à intérêt se rapproche de la vente, d'un autre côté il penche vers le louage, mais il s'en distingue par des caractères spéciaux et essentiels.

La stipulation de l'intérêt est légitime, parce qu'il est l'équivalent de la différence existant entre le capital que je prête et celui que je recevrai dans l'avenir, parce qu'il représente l'usage de la somme que je confie à un tiers et la récompense naturelle des profits que cette jouissance procure à l'emprunteur. Et qu'on ne prétende pas que mes exigences sont ridicules et illégitimes, parce que si l'emprunteur retire un profit de la somme prêtée, ce profit lui appartient comme produit par une chose dont il est propriétaire. Ce raisonnement pèche par une fausse interprétation des principes du droit. Dans le prêt de consomption, il y a, il est vrai, aliénation des objets prêtés, l'emprunteur est propriétaire : mais la convention sur l'intérêt intervient avant la livraison de la somme, elle est concomitante avec le contrat principal, c'est une clause particulière. Elle précède la translation de propriété et ne la suit pas.

Les objections élevées contre la légitimité du prêt à intérêt sont donc une véritable querelle de mots. Aussi, ne nous arrêtant pas davantage à l'étude de doctrines dont l'actualité paraîtrait douteuse, jetons les yeux sur les diverses législations qui ont régi notre contrat. Voyons-le florissant en Grèce, puissant à Rome, timide en Judée, anéanti par les lois canoniques et le droit barbare, banni de toutes les monarchies, reparaissant sournoisement avec les casuistes, mais redressant fièrement la tête avec les doctrines indépendantes et libérales de Turgot et de Bentham; nous examinerons ensuite avec soin la législation française actuelle, et nous nous demanderons si des réformes économiques ne sont pas nécessaires pour mettre le prêt à intérêt d'accord avec le droit de propriété et les exigences de la vie sociale.

DU

PRÈT A INTÉRÈT

CHAPITRE PREMIER.

DU PRÈT A INTÉRÈT CHEZ LES GRECS.

La Grèce, placée par sa situation géographique entre l'Orient et l'Occident, point d'union entre les deux mondes, concentrait son activité sur le commerce maritime. L'agriculture jouissait de moins de faveur que chez les Romains et surtout que chez les Juifs, peuple éminemment pasteur. Les lois même prohibaient l'exportation du blé : l'Attique produisait peu de céréales, et pour que la consommation pût se répandre également sur tout le territoire, et que le prix du blé fût maintenu toujours à un taux égal, il était interdit à chaque habitant d'en acheter au delà de cinquante corbeilles (1). Bien différente en cela de l'opulente Carthage qui provoquait l'exportation par ses lois et ses règlements et qui, lorsque la force des armes fit tomber la Sardaigne en son pouvoir, défendit aux habitants d'ensemencer leurs terres, les forçant de venir s'approvisionner à la métropole.

(1) Lysias dit πεντήκοντα φορμόν. La corbeille est une mesure dont on ne connaît pas la valeur.

La Grèce, divisée en deux peuples, les Athéniens et les Spartiates, était soumise à deux législations distinctes. Les relations de Sparte avec les peuples voisins furent très-restreintes : Lycurgue se flatta d'élever la nature humaine au-dessus de sa sphère, il réussit à créer une nation où le progrès et l'activité intellectuelle ne prirent que de difficiles développements. La loi interdisait la possession de l'or ou de l'argent sous peine de mort, le fer seul entrait dans la composition de la monnaie : ce fer monnayé était d'abord passé au feu et plongé ensuite dans du vinaigre pour qu'il ne pût servir à aucun autre usage (1). On comprend que le prêt à intérêt fut interdit et que le commerce dut consister en échange.

Ces lois furent cependant violées, mais Agis, roi de Sparte, ramena momentanément le respect par sa despotique autorité. Il fit apporter sur la place publique les tables des créanciers, y mit le feu et les réduisit en cendres. « Jamais, disait-il avec ironie, les flammes n'avaient jeté un plus vif éclat, «quo igne nullum cla- « rius lumen se vidisse. »

Nous rencontrons les mêmes principes chez les Perses dont la constitution était encore plus rigide que celle des Lacédémoniens (2).

Mais si nous jetons les yeux sur Athènes, nous nous trouvons en présence de mœurs différentes : le commerce se déploie avec l'Égypte, le Pont, la Phénicie; les mines d'argent découvertes en Attique augmentent encore la richesse. Aussi les lois ne défendent pas le

1. Plutarque. *Vie de Lycurgue.*
(2) Aristote. *Les Politiques.* ch. 8. — Appien. *de Bellis civilibus.* 1. p. 193.

prêt à intérêt, et se contentent de dire qu'il doit être modéré. La réglementation présente seulement un caractère protecteur. Nous avons vu quelles entraves les lois mettaient à l'exportation du blé, nous retrouvons ici une identique prohibition. Tout habitant d'Athènes qui prête son argent sur un vaisseau qui doit transporter du blé dans un autre port qu'Athènes, ne peut le répéter en justice et n'obtient d'action d'aucun magistrat. C'est Démosthènes lui-même qui nous l'apprend (1). Mais en dehors de cette prohibition le prêt sera libre et le taux s'élèvera quelquefois jusqu'à 30 p. 100. Nous voyons même dans Xénophon que la plupart du temps le capital était triplé en un an par l'adjonction des intérêts. « Quant à la classe des citoyens plus nombreux, dit cet historien, je veux qu'elle ait par an le double de sa mise, car, d'après mes combinaisons, ceux d'entre eux qui auront fourni une mine en retireront presque deux d'intérêt, et cela, sans sortir de la ville, espèce de revenu le plus sûr et le plus durable » (2).

Cette exagération de prix, regardée comme naturelle quand elle s'attachait au prêt maritime, était usuraire et oppressive quand il s'agissait du prêt civil. Ici le péril de la mer et les bénéfices que le commerce procure ne se rencontrent plus. Mais l'amour du gain est le même et on voit des Athéniens exiger jusqu'à 16 p. 100 par mois. Le débiteur pourra-t-il supporter un taux si exagéré? Sa terre est engagée, à peine suffit-elle pour couvrir la dette ; de plus, souvent un contrat l'a encore subsidiairement obligé à donner au créancier

(1) Démosthènes, *in Laertium*, p. 173, édit. de Verdière.
(2) Xénophon, *de l'Amélioration des finances*, ch. 3.

la sixième partie des revenus de son sol, sorte de pots-
de-vin oppressifs (1). Enfin les lois de Dracon permettent
de réduire en servitude et de vendre à l'étranger le
débiteur, sa femme, ses enfants, lorsque le bien ne suffit
pas à l'acquittement (2). Cette exaction, longtemps dé-
vorée en silence, réveille enfin la haine, une sédition
éclate, le peuple met à sa tête Solon, comme ne partici-
pant, nous dit Plutarque, ni à l'iniquité et à la violence
des riches, ni à la nécessité des pauvres.

Solon usa de ruses, il promit de faire repartager
les terres et d'abolir les dettes, tout en maintenant les
contrats. La réalisation paraissait difficile, mais Solon
eut recours à un procédé que depuis les nations obérées
ont souvent invoqué à leur secours, il altéra la monnaie. La mine d'argent valait 73 drachmes. Solon
changea son titre et déclara qu'elle vaudrait 100 drachmes. Ainsi, à l'aide d'une mine, le débiteur pouvait
éteindre une dette de 100 drachmes, tandis qu'autrefois
il aurait été obligé de donner une mine et quart. En
même temps la contrainte par corps fut abolie, du moins
pour les contrats de prêt d'argent. De cette façon les
dettes étant diminuées de plus d'un quart, les débiteurs
furent soulagés, et comme en même temps le titre de la
mine fut augmenté, les créanciers ne s'aperçurent pas
de cette réduction, ou du moins n'eurent pas le droit
d'élever des réclamations.

Quel était le taux de l'intérêt chez les Grecs? Nous
ne saurions le préciser, sa fixation étant toujours restée
en dehors de l'intervention de l'autorité. Dans le commerce maritime l'intérêt s'élevait quelquefois jusqu'à

(1) Plutarque. *Vie de Solon.*
(2) Diogène Laerce. *Vie de Solon.*

20 et 30 p. 100. Mais les banquiers n'exigeaient guère
que 12 p. 100. L'intérêt se supputait comme chez nous
par rapport au nombre 100. La mine ayant été fixée par
Solon à 100 drachmes, quand on exigeait 1 drachme
d'intérêt, on disait que l'argent était placé à 1 p. 100.

Ce calcul se faisait par mois. Aussi les Romains, qui
avaient adopté la manière de compter des Grecs, appe-
laient-ils les usuriers, *menstrui exactores*, et Lactance
disait que les usuriers ressemblent aux puissances infer-
nales qui chaque mois, au retour de la lune, affligent
les hommes d'une attaque d'épilepsie (1).

Mais si les lois autorisaient le prêt à intérêt, une coa-
lition, dont les philosophes et les poëtes se firent les
promoteurs, prit naissance en Grèce contre ce contrat.
Aristote, considérant la monnaie comme instituée pour
les échanges, se refuse à lui reconnaître toute puissance
productive. Il lui semble monstrueux que l'argent puisse
devenir à la fois l'élément et l'objet du contrat. De plus
le commerce de l'argent présente à ses yeux l'inconvénient de développer dans le peuple le désir immodéré
du gain, et d'étouffer dans le sein des États les passions
généreuses. Et après avoir flagellé l'usure et confondu
d'une façon si étrange le signe et la valeur de l'argent,
Aristote termine en disant qu'il vaut mieux être brigand
qu'usurier, et mettant au même rang que la perception
de l'intérêt les honoraires des savants, des médecins,
et les profits du commerce qu'il regarde comme inna-
turels (2).

De son côté Aristophane tournait en dérision les doc-

(1) «Similes dæmonibus qui, recurrente lunâ, morbo comitiali homi-
«nes quosdam affictant.»
(2) Aristote, *Les Politiques*, l. i, ch. 7.

trines que la loi avait consacrées. « Crois-tu, dit un débiteur dans *les Nuées* à son créancier, que la mer soit
plus grande qu'autrefois ? » Et comme celui-ci reconnaît
qu'il serait très-fâcheux que la mer devînt plus grande :
« Comment, maraud, ajoute le débiteur, tu dis que la
mer, où tous les fleuves du monde se sont rendus, n'est
pas plus grande qu'autrefois, et tu prétends que ton
argent augmente tous les jours !! » (1).

Le peuple grec applaudissait à l'esprit du comique,
comme quelques instants avant il avait battu des mains
au discours de Socrate ; mais il ne changeait ni ses
mœurs, ni ses habitudes. Si quelque philosophe comme
Cléanthe tournait la meule pour vivre plutôt que d'emprunter, cet exemple de la doctrine mise en pratique
n'était utile qu'à celui qui le donnait, et le peuple riait
de ce célèbre moraliste qui, ayant toute sa vie tonné
contre l'usure, se croyait aujourd'hui obligé de se réduire
en servitude, plutôt que d'emprunter et de redemander
aux opérations commerciales sa fortune engloutie (2).

On dirait même que cette ligue des penseurs contre
le prêt à intérêt, en diminuant la concurrence, augmenta le nombre des usuriers, qui, au dire de Plutarque,
« firent du palais où se rend la justice un enfer pour les
pauvres débiteurs, les plumant et dévorant jusques aux
os à coups de bec et de griffes, qu'ils leur mettent dedans la chair comme des vautours affamés !! » (3)

(1) Aristophane. *Les Nuées*, acte IV, sc. v, trad. par Mme Le Febvre.
(2) Plutarque. *Qu'il ne faut point emprunter à usure*.
(3) *Ibid.*, traduct. d'Amyot.

CHAPITRE II.

DU PRÊT A INTÉRÈT A ROME.

A Rome l'histoire du prêt à intérêt est intimement
unie à l'histoire politique. L'ardeur des créanciers allume
la discorde, éveille la sédition et donne souvent naissance à des événements qui changent la face du gouvernement. Au milieu de l'émotion populaire, un nouveau pouvoir s'élève ; mais bientôt il se retrouve en face
des difficultés qui ont amené la chute du précédent, les
lois qu'il édicte sont impuissantes à le protéger, la crise
qui a été l'origine de sa fortune reparaît plus effrayante,
et ne sert qu'à rendre sa ruine plus éclatante.

Sous les Rois, la valeur de l'argent est minime, la
monnaie se tire des pays étrangers, surtout d'Illyrie ;
c'est Servius qui le premier fit frapper une monnaie de
cuivre. Quant à l'argent, il ne fut monnayé que quelques années avant la première guerre punique, vers 484
depuis la fondation de Rome.

Déjà cependant le trafic occupe une large place,
le patricien prête au plébéien et le tient ainsi uni
à sa puissance. Mais ce lien se transforme bientôt
en servage. Le peuple, obligé d'abandonner ses terres
pour courir à la défense du territoire, forcé de s'équiper
à ses frais, retrouve son patrimoine ruiné, sa maison
incendiée. Il a recours au patricien ; avec l'argent qu'il
obtient il essaie de relever le toit de ses aïeux, de rendre
à ses champs la fertilité que le défaut de culture leur a
enlevée. Mais l'agriculture ne se montre pas assez prodigue, les intérêts s'accumulent, le débiteur ne peut

satisfaire à ses engagements, le patricien étend sa main sur l'héritage du plébéien, et la terre et ceux qui l'habitent deviennent la chose du créancier.

Sous les Rois, le peuple n'est pas assez fort pour lutter contre l'oppression, le patricien se proclame son banquier et il est obligé de subir ses exactions. Mais les Rois chassés, le pouvoir nouveau a besoin de son concours, et désormais sa voix sera entendue, sa volonté comprise.

Déjà Rome avait lutté contre les ennemis de sa république naissante, Horatius Coclès et Publicola avaient repoussé Porsenna ; mais les nations du Latium se liguaient dans un dernier effort.

Le peuple convoqué refusait de se rendre sous les drapeaux : la guerre où il avait déjà si vaillamment combattu accordait aux praticiens de la gloire et des richesses : pour lui, il n'avait recueilli que la ruine et l'esclavage. Valérius Publicola proposait hautement l'abolition des dettes, mais il trouvait dans Appius Claudius, riche Sabin, une opposition insurmontable. Si la prudence et l'humanité faisaient une loi d'écouter Publicola, admettre sa décision serait ruiner la foi publique et donner à la sédition une nouvelle audace. En présence de ces difficultés, on créa la dictature, Lartius fut revêtu de cette charge, les dettes furent suspendues pendant la guerre ; le peuple, voyant dans cette décision une première concession à ses désirs, accourut à l'appel du nouveau chef, et la bataille du lac Régille établit l'autorité de Rome sur tout le Latium.

Après la guerre, les troubles recommencent. Appius Claudius, pour la seconde fois, déclare qu'il ne faut pas céder. Les patriciens, redoutant le retour de Tarquin, avaient ménagé le peuple : la victoire du lac Régille fondait leur puissance, aussi ils relevaient la tête avec orgueil et rejetaient avec dédain les désirs de la plèbe.

Le divorce entre le plébéien et le patricien, consommé depuis longtemps, devenait menaçant. Pendant que, réunis sur la place publique, les Romains protestent contre la décision du sénat, un vieillard, retenu pour dettes, s'échappe de sa prison et se jette sur le forum. Ses vêtements sont déchirés, sa figure pâle et amaigrie, sa barbe inculte et ses cheveux en désordre. Il raconte que sa maison ayant été brûlée pendant la guerre contre les Samnites, il a été forcé de contracter des dettes qui, s'étant bientôt accrues par l'accumulation des intérêts, l'ont dépouillé de l'héritage de ses ancêtres. C'est ainsi qu'après avoir combattu pour le triomphe de la république, il était aujourd'hui l'esclave de son créancier, qui, maître de sa personne, l'avait mis aux fers et traité de la façon la plus odieuse. Le peuple, à l'aspect de ce vieillard, sur le corps duquel les coups qu'un maître cruel venait de lui porter se mêlaient aux glorieuses blessures reçues pendant la guerre, s'émeut : une sédition éclate plus menaçante que jamais. Les consuls P. Servilius et Appius Claudius essaient en vain de la calmer. En même temps, on annonce que les Volsques marchent sur Rome, et le farouche consul qui, un instant avant, avait déclaré qu'un refus opiniâtre devait être la seule réponse aux instances du peuple, est obligé de présenter un édit décidant qu'on ne pourrait emprisonner ceux qui iraient à l'armée, et qu'on respecterait leurs femmes et leurs enfants (1).

Tous les débiteurs se présentèrent en foule et jurèrent

____

(1) Tite Live, 1re décade, liv. i.

de défendre la république, les Volsques furent défaits par Servilius. Mais la guerre finie, la loi de Claudius tombait : celui-ci refusait de la renouveler. Aussi le peuple, voyant qu'il ne pouvait obtenir qu'une satisfaction éphémère, sortit de Rome, passa le Tibre et s'établit sur le mont Sacré. Si le sénat avait continué la lutte, il aurait succombé, et le peuple, devenant le conquérant de la ville aux sept collines, serait entré en vainqueur et lui aurait dicté ses lois. Il le comprit. Aussi s'empressa-t-il de députer vers les rebelles Menenius Agrippa, aimé pour sa modération (U. C., 261).

On connaît l'apologue de Menenius Agrippa ; mais peint-il la situation ? « Si l'estomac se nourrit du travail des autres parties du corps, a dit M. Troplong, il leur rend à son tour la nourriture et la vie. Mais les usuriers s'engraissaient de la substance du peuple et ne lui laissaient que les tributs, les fatigues de la guerre et la servitude » (1).

Le sénat proposait l'abolition des dettes. Les plébéiens, habitués à ces concessions de courte durée, pensèrent qu'une institution était préférable à une simple concession, l'une fondant leur puissance, l'autre reconnaissant leur infériorité. Aussi ils réclamèrent la création de deux tribuns, qui devaient se charger de leurs intérêts et s'opposer à l'oppression des grands.

Le pouvoir dictatorial avait été de courte durée : le pouvoir consulaire touchait à son terme. En 302, la puissance souveraine fut remise entre les mains des Décemvirs. C'est à leur administration que se rapporte la promulgation de la loi des XII Tables.

---

(1) M. Troplong. *du Prêt*, préface. p. 19.

Depuis trois siècles la puissance Romaine avait grandi, et déjà on pouvait dire que l'usure était un mal fort ancien. Le législateur, en présence des troubles que l'élévation de l'intérêt avait causés, flétrit l'usurier en le plaçant même au-dessous du voleur. « Nos pères, dit Caton l'Ancien, ont voulu, et ils l'ont écrit dans la loi, que le voleur rende le double et l'usurier le quadruple »(1). Les Perses n'avaient-ils pas déjà mis l'usurier au dernier degré de l'échelle sociale (2).

La loi des xii Tables fixa un taux maximum, c'est l'*unciarium fœnus*, 1 pour 100 par mois ou 12 pour 100 par an.

Cette loi fut-elle observée? Il est permis d'en douter quand en 376 nous voyons les consuls C. Licinius et L. Sentius, tribuns du peuple, faire de nouveaux efforts pour arrêter l'usure. Ils renouvellent la loi des xii Tables, et cherchant à concilier à la fois l'intérêt des deux parties, ils déclarent que les intérêts seront imputés sur le capital, et que le débiteur devra payer l'intégralité de sa dette en trois termes égaux, à trois années de distance (3).

Cette loi Licinia a été énergiquement reconnue comme une banqueroute. Son résultat fut de rendre les prêts plus rares et l'intérêt plus élevé. Quand on dissimule pour éluder la loi, on exige le prix de la ruse et la prime du danger.

En 398, on fut obligé de renouveler la prohibition portée par la loi des xii Tables : un conseil composé de

(1) Caton, *de Re rustica, proœmium*.
(2) Aristote, *Les Politiques*, ch. 7. — Appien, *de Bellis civilibus*, lib. i, p. 193.
(3) Tite-Live, 1re décade, liv. vii.

C. Duellius, L. Decius Mus, M. Papyrius, Q. Publius, et T. Emylius fut chargé d'aviser un moyen d'extirper cette lèpre qui dévorait le peuple Romain. C'est sans doute d'après leur inspiration que l'année suivante les tribuns du peuple M. Diullius et L. Mœnius proposèrent une loi qui réduisait l'intérêt à $\frac{1}{2}$ pour 100, *semiunciarium fœnus* (1).

Le peuple avait accueilli avec avidité cette innovation, mais son ivresse fut courte. Cependant les Édiles, chargés de veiller à l'exécution de la loi, exerçaient d'actives poursuites contre les banquiers qui l'enfreignaient. Le mal suivait toujours son cours, on regrettait la royauté (2), la séparation entre les diverses classes se manifestait de plus en plus.

En 414, le tribun Genutius fit promulguer un plébiscite qui défendit d'exiger des intérêts (3). La loi des XII Tables, la loi Licinia et la loi Duillia qui permettaient la stipulation des intérêts furent-elles abrogées par ce plébiscite? Nous ne le pensons pas : d'ailleurs les plébiscites n'eurent *incontestablement* force de loi qu'en 468 après le vote de la loi Hortensia. Aussi dès l'année 429 le peuple se soulève.

La loi des XII Tables avait reconnu au créancier le droit de réduire en esclavage celui qui, trente jours après la sommation, ne payait pas la dette qu'il avait contractée (4). Le débiteur devenait alors l'esclave de son créancier qui le traitait avec rigueur et souvent même ne lui donnait pas la livre de farine que la loi avait fixée

(1) *Id.*, liv. VII, n° 16.
(2) *Id.*, liv. VII. U. C. 401.
(3) *Id.*, liv. VII, *in fine*. U. C. 414.
(4) Terrasson, *Loi des XII Tables*, loi 23.

pour sa nourriture (1). De plus, lorsque plusieurs créanciers pouvaient exercer la contrainte sur le même débiteur, ils avaient le droit de mettre son corps en pièces
et de le partager impunément en proportion de leurs
créances. Étrange législation dont la cruauté eut pour
résultat d'en empêcher sans cesse l'application (2)! Mais
si les mœurs romaines rendaient dès l'origine cette loi
une lettre morte, le principe en vertu duquel elle fut
portée, que le corps même du débiteur devient la propriété du créancier, subsista.

C'est avec un profond dédain qu'on lit dans Tite-Live
les honteux excès auxquels les créanciers se livraient.
En 429 L. Papyrius osait réclamer « la fleur de l'adoles-
cence pour les arréages; » son débiteur parvint à s'é-
chapper de ses mains infâmes, le Forum retentit de ses
cris. Les consuls, effrayés de la sédition qui éclate, con-
voquent le sénat. Le Capitole est envahi, le peuple,
montrant les coups reçus par le débiteur, réclame à
grands cris l'abolition de cette loi odieuse. Le sénat
rend justice au peuple, et les consuls proposent à sa
sanction une loi qui déclare que les biens seuls répon-
dront de la dette, et que le corps du débiteur sera inaliénable comme la liberté! C'est de cette loi, appelée par
Tite-Live « *la planche de la liberté romaine* » (3) que date ou
du moins que fut défini le grand principe qui imprime à
la contrainte par corps un odieux stygmate (U. C., 429).

(1) *Id.*, loi 25.
(2) *Id.*, loi 27 : « Sunt enim quædam non laudabilia naturâ, sed jure
« concessa ; ut in XII Tabulis debitoris *corpus* inter creditores dividi
« licuit, quam legem mos publicus repudiavit. » (Quintilien, *Orat.* iii, 6.)
(3) « Pecuniæ creditæ bona debitoris, non corpus obnoxium erat. Ità
« nexi soluti, cautumque in posterum ne necterentur. » (Tite Live.
1re décade. liv. viii.)

On eût dit que le consulat voulût accorder une protection éclatante au peuple Romain. Les banquiers qui prêtent au-dessus du taux légal sont assignés par les édiles, leurs biens, mis sous le séquestre, servent à amortir la dette contractée pour soutenir les dernières guerres, et les amendes se métamorphosent en éclatants quadriges en l'honneur de Jupiter, dieu tutélaire de Rome! (1).

M. Marcellus faisait rayonner les même lois en Sicile. Caton chassait les usuriers de Sardaigne et méritait que le grand historien de Rome l'appelât *sanctus et innocens*, précieuse louange pour un homme d'État! (2).

Pendant un siècle les poursuites exercées par les édiles firent respecter la loi Genutia. Rome était d'ailleurs occupée à lutter contre Annibal, et les patriciens songeaient plus à venger la déroute de Cannes qu'à faire valoir leur argent. La bataille de Zama vint mettre une fin aux guerres puniques : Carthage détruite, chacun s'appliqua à réparer les maux de la guerre. Le besoin d'argent se fit sentir, les prêts se multiplièrent, Caton lui-même, si rigide dans son gouvernement de Sardaigne, se laissa aller à l'usure maritime et la recommanda instamment à son fils (3).

La loi Genutia avait interdit le prêt à intérêt. Mais son autorité ne s'étendait pas au delà du Latium ; aussi, pour l'éluder, les Romains faisaient intervenir au contrat un allié et souscrivaient l'obligation en son nom. Cette adroite dissimulation rétablit le pouvoir des usuriers, ils s'installèrent en plein forum.

(1) Tite-Live, 4e décade, liv. v. U. C. 563.
(2) *Id.*, 4e décade, liv. ii, U. C. 557.
(3) Plutarque *Vie de Marcus Cato*, 45.

Déjà des protestations s'étaient élevées ; Plaute, dans son *Curculion*, stigmatisa avec énergie cet éclatant oubli des lois.

« Vraiment, s'écriait-il, je vous mets tous dans le même sac, vous et eux (prostitueurs et banquiers). Eux, du moins, ils tiennent leur marchandise en lieu caché, vous vous étalez en plein forum. Ils écorchent dans leurs tanières les gens qu'ils ont séduits, vous vous les écorchez sur votre comptoir à usures ! Le peuple a-t-il assez voté de lois contre vous ? Mais aussitôt votées, aussitôt violées : vous y trouvez toujours quelque fêlure ! Ce n'est pour vous qu'eau bouillante qui bientôt refroidit » (1).

Le *Curculion* est de 560. L'année suivante la loi Sempronia étendit le plébiscite Genutia à toute l'Italie. Le prêt à intérêt fut universellement prohibé, mais non extirpé. Le créancier se cacha et prêta à un taux plus élevé. La prise de Corinthe (U. C., 607), consacrant l'asservissement de la Grèce, n'augmenta que les fortunes sénatoriales, et Tiberius Gracchus se faisait l'écho de la misère publique quand, rappelant la gloire et en même temps la pauvreté du peuple Romain, il s'écriait : « Les bêtes sauvages ont des tanières, et des citoyens romains, qu'on appelle les maîtres du monde, n'ont pas de toit pour leur demeure, pas un pouce de terre pour leur sépulture. »

Le tribun voulait un nouveau partage des terres, il échoua et ne put obtenir que la remise en vigueur de la loi Licinia qui décidait, comme nous l'avons vu, que les intérêts seraient imputés sur le capital. Tiberius Grac-

---

1. Plaute, *Curculion*, IV, 2, 19 et 1.

chus fut massacré. Le préteur Asellio, qui essaya de renouveler ses propositions, eut le même sort (1). Les consuls et les tribuns avaient épuisé toutes les répressions et l'usure résistait.

Sylla, voyant le commerce interrompu, songea à réhabiliter le prêt à intérêt : il permit aux débiteurs d'offrir aux créanciers leurs biens en gage, et en fixa la valeur à celle qu'ils avaient au commencement de la guerre (2). La guerre avait en effet diminué le prix des héritages, de telle sorte que les débiteurs étant autorisés à payer leur dette à l'aide de biens auxquels était attachée une valeur fictive, trouvèrent dans ce mode de payement une réduction de leur dette. D'un autre côté, l'obligation étant contractée avant la guerre, à une époque où la valeur des biens était élevée, on supposa que le débiteur avait à ce moment remis à son créancier un immeuble, consentant à ce qu'il resterait en payement au prix fixé, pour la valeur actuelle, si le débiteur ne payait pas. C'était supposer une sorte de contrat aléatoire dont la *lex Commissoria* abolie par Constantin est la reproduction (3).

Cette loi créait aux créanciers une situation défavorable. Le pouvoir dictatorial de Sylla put seul les forcer à s'incliner. Mais, fait utile à remarquer, les débiteurs, dans l'intérêt desquels cette loi était proclamée, réclamèrent une mesure plus efficace. Déjà plusieurs fois la valeur de la monnaie romaine avait été diminuée. Après la première guerre punique, l'as qui valait 12 onces de cuivre fut réduit à 2, de telle sorte qu'avec 2 onces le

(1) Appien, *de Bellis civilibus*, lib. I, p. 193.
(2) Cæsar, *de Bello civili*, III, 1.
(3) L. dern. au Code, *de Pactis*.

débiteur pouvait payer une dette de 12 onces, la dette était ainsi réduite des 5/6. Après la guerre punique l'as fut réduit à 1 once, puis à 1/2 once (1).

Enfin Valerius Flaccus (U. C., 665) autorisa d'une manière générale le peuple à payer en monnaie de cuivre, au lieu de monnaie d'argent (2). Ainsi pour un sesterce qui était d'argent, on donna un as qui était de cuivre et qui ne valait que le quart du sesterce ; de cette façon les dettes furent réduites des trois quarts (3). Cette loi, que Velleius Paterculus qualifie de *turpissima*, semble n'avoir eu qu'une puissance éphémère, car nous voyons dans les Catilinaires les conjurés se plaindre de sa non-exécution. Mais le pouvoir était alors occupé par un consul que les menaces de Catilina ne faisaient pas trembler ; les dettes étaient considérables, le taux exorbitant (4). Des efforts nouveaux furent entrepris même à main armée pour obtenir l'abolition des dettes, mais Cicéron résista énergiquement et il put écrire dans son Traité *des Devoirs* ces magnifiques paroles : « Le plus solide appui de l'ordre public, c'est la confiance. Ceux qui dirigeront les affaires de l'État s'abstiendront de cette espèce de libéralité qui donne aux uns en prenant aux autres » (5).

La législation sur l'usure présente ce caractère qu'elle change et varie avec chaque pouvoir. Il en est ainsi de toute loi qui n'a pas de base dans les mœurs, son in-

(1) On peut lire avec intérêt les altérations que subit successivement la monnaie romaine dans Smith. *Richesse des nations.*

(2) Velleius Paterculus *Historiæ*, lib. II. cap. 23.

(3) Salluste, *Catilina*. Note du P. Dotteville. de l'Oratoire.

(4) Cicéron à Atticus.

(5) Cicéron *de Officiis*. II. 24.

fluence est de courte durée, elle emprunte toute sa puissance au pouvoir qui l'a créée, souvent même elle tombe en désuétude avant que celui-ci ait disparu.

César, vainqueur des Gaules, créé dictateur, se retrouva en présence des difficultés qui s'étaient dressées sous les pouvoirs précédents. Pendant que l'armée romaine reculait, par ses exploits, les frontières de la République, Dolabella, tribun du peuple, faiblissant devant l'émeute, avait promis de promulguer de nouvelles tables sur l'usure (1). César n'osant pas faire droit à cette promesse inconséquente, n'ayant pas aussi la force d'opposer la calme énergie de Cicéron, renouvela la loi de Sylla. Cette ordonnance fit perdre aux créanciers la quatrième partie de leur prêt (2). Mais la fiction imaginée, et plus encore la volonté de César qui, comme celle de Sylla, commandait et ne discutait pas, firent passer la loi.

Auguste se contente de blâmer ceux qui, après avoir emprunté à un faible taux, retiraient du même argent un intérêt plus élevé (3).

L'autorité était fatiguée de promulguer des lois, des plébiscites; les fraudes, chaque fois réprimées, trou-

(1) Erasme de Rotterdam sur Suétone, édit. de 1542, Bâle, p. 98.

(2) Suétone, *Vie de Jules César*, n° 42. — La république de Padoue, au moyen âge, avait trouvé un autre moyen de soustraire le débiteur insolvable à la poursuite de ses créanciers. Il venait justifier publiquement de son insolvabilité, puis il s'asseyait sur une pierre de marbre noir appelée *lapis vituperii*, et quand il se relevait, il était couvert d'opprobre, mais ses dettes étaient payées. On voit encore cette pierre au palais de *La Rajione*, à Padoue, dans la grande salle, en face du tombeau de Tite Live. Ceux qui désireraient connaître les curieux détails de cette sorte d'expiation n'ont qu'à se reporter au *Voyage du président de Brosses en Italie*, t. I, lettre 13.

(3) Suétone, *Vie d'Auguste*, édit. de 1542, p. 209.

vaient toujours l'art de se reproduire. Plus que jamais les lois étaient une lettre morte, la violation venait d'en haut. Le Sénat romain, si désintéressé et si noble aux premiers âges de la République, *était plein d'usuriers*.

Depuis longtemps on avait fermé les yeux sur l'exécution de la loi, mais elle existait toujours suspendue menaçante. Le préteur Gracchus, chargé de connaître des délits d'usure, voyant le nombre considérable de citoyens qui pouvaient être condamnés, fit son rapport au sénat. Les pères conscrits furent effrayés, tous avaient contrevenu à la loi : *tepidique patres, neque enim quisquam tali pœna vacuus*, nous dit Tacite (1). Ils sollicitèrent la clémence du prince, et Tibère ordonna de suspendre les poursuites pendant dix-huit mois.

Les créanciers profitèrent de ce délai pour forcer les débiteurs à rembourser leur dette. Cette demande, formée sur tous les points de l'Empire, amena une raréfaction du numéraire. Le sénat avait permis la libération par immeubles ; mais cette *datio in solidum* était onéreuse et pénible. D'ailleurs, le sénat n'avait autorisé cette libération que pour les deux tiers, et les créanciers exigeaient le remboursement de l'intégralité de la dette.

Plusieurs maisons, nous dit Tacite, autrefois opulentes, furent culbutées, et le renversement de la fortune entraînait la perte de la considération et du crédit (2). Enfin l'Empereur fit lui-même cesser cette situation embarrassée : il ouvrit sur son trésor une banque de cent millions de sesterces, à laquelle on pouvait emprunter pendant trois ans *sans intérêt*, en donnant hypothèque sur des biens-fonds d'une valeur double à la somme prêtée.

(1) *Annales*, VI. 16.
(2) Tacite, *Annales*, VI. 17.

La confiance reparut, les biens restèrent dans les mains des débiteurs et les sauvèrent de la ruine.

Nous sommes heureux de rencontrer ce fait dans l'histoire de Tibère, dont les actes ne furent pas toujours inspirés par d'aussi louables sentiments, et d'autant plus, que ce trait semble avoir échappé aux auteurs qui ont écrit sur le prêt à intérêt.

Dans la suite, le contrat de prêt ne fut plus attaqué : le taux seul fut réglé. Les Empereurs l'autorisaient de leurs exemples. Dion Cassius nous dit que les créanciers de Vitellius étaient si nombreux avant son avénement au trône, qu'ils remplissaient le Forum, et se serraient tellement autour de leur débiteur, qu'il était impossible de l'apercevoir (1).

Antonin le Pieux prêtait à l'usure tierce (2). Alexandre Sévère fixa l'intérêt à ce taux, tout en permettant aux sénateurs la sémisse, du moins au dire de Lampride (3). Enfin Justinien régla d'une manière complète le taux de l'intérêt par ses Constitutions et ses Novelles.

(1) Epitome Dionis : Vitellius, n° 10.
(2) Capitolin, *In Antonio Pio*.
(3) Lampride, *In Alexandrum Severum*, n° 26. — Cette décision de Lampride paraît surprenante, car les banquiers et les commerçants auraient dû pouvoir obtenir un intérêt aussi élevé que les sénateurs. Alexandre Sévère aurait donc réglé le taux par une loi dont les dispositions seraient inverses de celles de Justinien.

CHAPITRE III.

DU TAUX DE L'INTÉRÊT.

Les Romains désignaient l'intérêt de l'argent par le mot *fenus*, les prêteurs par celui de *fenatores*, et les lois qui régissaient la matière s'appelaient *leges fenebres*.

L'étymologie de ce mot *fenus* préoccupa Festus, et il crut la rencontrer dans son analogie avec celui de *fenum*, qui désigne une production de la terre, *a fetu dicta, quod crediti nummi alios pariant*. Et il ajoute que, de même que l'herbe croît naturellement dans les prés lorsque aucun travail ne contrarie l'œuvre de la nature, de même les écus placés donnent naturellement naissance à d'autres, se ressemant pour ainsi dire (1).

Nous nous permettrons d'ajouter une considération historique. L'argent s'appelait *pecunia*, parce que les premières pièces avaient pour emblème une brebis, *pecus*. Les Romains trouvant dans l'agriculture leur première richesse, lui rapportaient leur gloire et mettaient partout son empreinte. Ne doit-on pas supposer que le premier intérêt fut pris sur les récoltes, l'argent étant encore inconnu ou très-rare, et que l'on désigna cet intérêt par le même mot que celui qui indiquait la récolte-capital ? Je te prête un boisseau à la condition que tu m'en rendras deux.

Quoi qu'il en soit, le prêt ne garda pas longtemps cette simplicité d'origine : les grands profitèrent de leur puis-

____

(1) *Sexti Pompeii Festi de verborum significatione*, libri XX. V° *fenus* : Lutetiæ. 1576.

sance pour écraser le peuple, et, suivant l'expression de
Montesquieu, l'usure fut naturalisée à Rome (1). Les
guerres qui, enrichissant le patricien, ruinaient le plébéien, étendirent cette immense lèpre, cause de discorde
et de ruine, et Pétrone présentait un tableau réel des
malheurs de la République lorsque, dans son poëme
sur la guerre civile entre César et Pompée, il disait :

> L'avidité du gain et l'usure subtile.
> Sources de la grandeur de tant d'hommes divers.
> Étaient pour l'engloutir deux gouffres entr'ouverts ;
> Les terres, les maisons n'étaient point assurées,
> Les emprunts excessifs les tenaient obérées.
> Et malgré l'esclavage on engageait son corps
> A l'avare usurier pour avoir ses trésors (2).

Le contrat de prêt se faisait de deux manières : ou on
livrait l'argent chez soi, mentionnant le prêt sur son registre; on mettait alors *ex domo, ex arca;* ou on se rendait chez son banquier. dans la caisse duquel on déposait
ordinairement ses valeurs. Les banquiers avaient leur
taverne sur le Forum, devant la basilique Argentaria.
L'opération se fait ainsi : le prêteur et l'emprunteur
amènent des témoins ou parrains; le banquier compte
et pèse la somme. puis il l'inscrit sur ses tablettes.
L'emprunteur écrit sur ce registre qu'il a reçu, tel jour,
telle somme de tel banquier. de l'argent de telle personne, et qu'il s'engage à la rembourser avec l'intérêt
stipulé. *Scribe decem a Nerio,* dit Horace. *Centum expli-*

---

(1) Montesquieu. *Esprit des lois.* livre XXII, chap. 19. — On lit dans
Tacite : « Sane vetus urbi fœnebre malum. et seditionum discordiarum-
que creberrima causa; eoque cohibebatur antiquis quoque et minus
corruptis moribus. » (*Ann..* VI. 16.)
(2) Pétrone. satire. tr. par N....

centur paginæ Calendarum, lisons-nous dans Martial (1 .
Puis il y appose son sceau, les témoins signent. et le prêt
est conclu.

Quand l'emprunteur remboursait, on effaçait ; s'il ne
donnait qu'un à-compte ou des billets, on le mention-
nait ; cela s'appelait *rescribere*. On pouvait même donner
une lettre sur un autre banquier (2).

Souvent le prêt était à courte échéance. Horace nous
montre un usurier qui, venant de se faire payer aux
Ides, replace son argent pour les Calendes.

> Omnem relegit Idibus pecuniam
> Quærit kalendis ponere. . . . . . (3 .

Le taux pouvait être supérieur, et l'avidité du fénéra-
teur satisfaite. Les jeunes gens qui venaient de prendre
la robe virile, *tirones*, encore sous la puissance de pères
trop ménagers, étaient surtout recherchés :

> Nomina sectatur, modo sumptà veste virili
> Sub patribus duris. tironum (4).

Les intérêts se payaient chaque mois, ordinairement
à l'époque des Calendes.

> . . . . . quum tristes misero venère Calendæ (5).

L'intérêt était souvent désigné sous le nom de *menstrua
usura*.

Mais quel était le taux légal pris comme type, édicté

---

(1) Horace, satyre II, 3, vers 69. — Martial, ép'g. VIII, 44 ad Titullum.
(2) Remarques de M. Dacier sur la satire III du livre II.
(3) Horace, *Epodes*, ode 2.
(4) *Id.*. sat. II, 1, vers 18.
(5) Horace, sat. I, 3. vers 88.

par la loi des xii Tables, auquel les modifications successives se rapportent : en un mot, qu'entendait-on par
unciarium fenus ?

Un premier système veut que ce taux se réfère à un
douzième du capital par mois ; de telle sorte que le capital serait égalé chaque année, l'intérêt étant de 100
pour 100.

Saumaise prétend, au contraire, que *unciarium fenus*
signifie 1 pour 100 par an. Mais l'histoire de Rome tout
entière donne à cette opinion un éclatant démenti. Si
cet intérêt minime avait été le taux légal, comment
expliquer les instances sans cesse renouvelées du peuple pour obtenir une diminution ? Dira-t-on que les
grands, abusant de leur pouvoir, stipulaient dans leurs
contrats un taux usuraire, excédant celui que la loi des
xii Tables autorisait ? Mais, s'il en était ainsi, comment
expliquer la persistance des deux partis s'attachant à la
lettre de la loi et la proclamant oppressive ? D'un côté, les
prêteurs déclarent qu'ils se sont conformés aux lois, et
que briser leurs contrats, c'est livrer la foi jurée à la
dérision et au mépris ; de l'autre, les emprunteurs n'ac-
cusent pas les prêteurs d'usure ; ils prétendent seulement qu'ils sont obérés, et appellent sur leur situation
désastreuse la bienveillance du peuple Romain.

Frappé de la puissance de cette objection, Saumaise
avoue que l'intérêt de 1 pour 100 était, il est vrai, très-
minime, mais que les patriciens, seuls en possession de
la fortune, voulurent se montrer faciles envers les pauvres. Plus tard, Justinien ne défendit-il pas aux sénateurs de prêter au taux légal ? Mais cette tendresse des
patriciens est vraiment fantastique, et seulement dans
l'imagination de Saumaise. On a vu qu'ils ne reculaient

pas devant les derniers excès pour obtenir le payement de l'argent prêté ; et, quand ils cédaient, ce n'était qu'à la dernière extrémité.

Niebuhr et M. Troplong ont cherché une autre interprétation. Selon eux, les Romains ne connurent le calcul de l'intérêt, par rapport au nombre cent, qu'au moment où les victoires des Scipions établirent avec la Grèce des relations commerciales. Il faut donc chercher au mot *unciarium fenus* une autre signification. Or, les textes nous apprennent que les Romains avaient l'habitude de partager une unité en douze onces. Ainsi ils divisaient les hérédités en douze parties, *unciæ*. Pour le prêt, ils auront sans doute suivi la même méthode, et l'intérêt, l'*unciarium fenus*, sera le denier douze. Or, comme l'année était, à l'origine, de dix mois, le taux légal était fixé à 8 $\frac{1}{3}$ pour 100 par an. Quand l'année fut de douze mois, le taux fut de 10 pour 100.

L'argumentation de M. Troplong est purement d'analogie, elle ne s'appuie sur aucun texte d'une manière précise. Nous aimons dire avec Scaliger, Sigonius et M. Pellat que l'*unciarium fenus* est le taux de 1 p. 100 par mois ou 12 p. 100 par an.

D'abord le taux de 8 1/3 auquel M. Troplong prête son attention, n'a jamais existé, même d'après son opinion : ce taux se rapporte à la division de l'année en dix mois, or Numa Pompilius, le second roi de Rome, divisa l'année en douze mois. Avant son règne, les Romains s'occupaient plutôt à reculer les frontières de leur empire naissant, qu'à trouver pour leur argent un avantageux placement.

C'est à tort, selon nous, qu'on a invoqué le témoignage de Censorinus, grammairien qui écrivait vers le milieu du IIIe siècle de l'ère chrétienne, pour soutenir que la réforme introduite par Numa ne fut pas suivie jusqu'à Jules César. Censorinus au contraire, après avoir rappelé que l'année était à l'origine de dix mois, ainsi que chez les Albains (1), dit qu'elle fut portée à douze sous la Royauté. Cette réforme fut faite par Numa, suivant l'opinion de Fulvius, ou par Tarquin, suivant le dire de Junius. L'année lunaire était alors de 355 jours, et on avait remis aux pontifes le soin d'ajouter un mois intercalaire au mois de février entre la fête du dieu Terme et celle que l'on célébrait en mémoire de l'expulsion des Rois (Regifugium), pour mettre l'année lunaire d'accord avec l'année naturelle. Mais ceux-ci intercalaient ce mois à leur guise dans le but d'allonger ou de diminuer la durée des magistratures, ou varier les bénéfices des collecteurs d'impôt. Jules César, dans son grand pontificat, fit cesser cette incertitude et fixa définitivement l'année à 365 jours d'après le cours du soleil, *cursum solis !* Par conséquent, l'année de Numa, comme celle de Jules César, était bien de douze mois, le nombre des jours seuls variait.

Et quand Censorinus, au commencement de ce chapitre, dit : «Sed ut hos annos mittam caligine jam pro-
« fondæ vetustatis obductos, in his quoque qui sunt
« *recentioris memoriæ* et ad cursum lunæ vel solis insti-
« tuti, » il a pour but d'opposer ces années, composées

----

(1) Ergo animi indociles, et adhuc ratione carentes
　　Mensibus egerunt lustra minora decem :
　Annus erat, decimum cùm luna repleverat orbem ,
　　Hic nostris magno tunc in honore fuit.
　Seu quia tot digiti, per quos numerare solemus.
　Seu quia bis quino fœmina mense parit.
Ovide. fastes, III. 120.

de douze mois comme il le dit dans la suite, aux années des Albains, des habitants de Lavinium, de Terentinum. et des Romains avant la réforme opérée sous les Rois, et dont la connaissance était couverte d'un nuage obscur, *caligine profundæ vetustatis obductos* (1).

On ne saurait donc expliquer comment l'année qui était de douze mois pour tous les actes de la vie civile, fut de dix pour le calcul des intérêts.

M. Troplong admet que plus tard, à l'époque des Scipions, une nouvelle manière de calculer les intérêts s'introduisit : le nombre 100 fut pris alors comme type, l'intérêt se compta par mois, et reçut le nom de *centesima usura*, un centième du capital par mois, ou 12 p. 100 par an. Mais où trouverons nous les traces d'un pareil changement ? Nulle part.

Bien plus, la loi des XII Tables est encore en vigueur, et les lois qui la modifient la visent et la rappellent. Si elles diminuent le taux légal, elles ont soin de dire que ce taux sera la moitié, ou le tiers, *usura semis, usura triens*. La moitié de quoi? le tiers de quoi ? si ce n'est de ce taux pris comme type et regardé comme sacré, ainsi que toutes les dispositions inscrites dans les XII Tables.

On dit que le calcul par rapport au nombre cent vient des Grecs. Je l'admets, mais pourquoi les décemvirs qui se sont inspirés des lois grecques, n'auraient-ils pas aussi emprunté aux Athéniens le calcul des intérêts ?

Caton mentionne la loi des XII Tables, Tacite également, et cet historien si précis dans ses récits. rappe-

(1) Censorinus, *de Die natali*, cap. **20.**

lant que cette loi défendait de prêter au delà de l'*uncia-rium fœnus*, n'aurait pas manqué de nous avertir que ce taux qui, lors de la promulgation décemvirale, aurait été de 10 p. 100, se trouvait à son époque de 12 p. 100, si une semblable mutation avait eu lieu.

Cicéron mentionne la *centesima usura*, Tite-Live et Tacite l'*unciarium fœnus*. Ne serait-il pas inexplicable que deux manières de compter l'intérêt fussent en présence, l'une donnant légalement 10 p. 100, et l'autre le droit d'exiger légalement 12 p. 100 ?

Cicéron, dit-on, indique un sénatus-consulte qui aurait été porté vers 704 U., et d'après lequel le taux de l'intérêt aurait été fixé à 1 p. 100 par mois, et on ajoute : ce sénatus-consulte abrogea la loi des XII Tables. D'abord Cicéron n'affirme pas la réalité de ce sénatus-consulte, il doute : je crois, dit-il, *puto*. Mais, en admettant que ce sénatus-consulte ait été réellement promulgué, faut-il en tirer la conséquence que nos adversaires veulent en faire découler? Le récit des faits rapportés par Cicéron empêche d'admettre cette solution. Scaptius avait prêté aux habitants de Salamine au taux de 4 p. 100 par mois, Cicéron voulait réduire ce taux à 1 p. 100 par mois ou 12 p. 100 par an, se fondant sur l'édit qu'il avait promulgué à son avénement au gouvernement de la Cilicie. Or cet édit, rendu pour faire cesser l'usure qui dévorait la contrée, ne pouvait poursuivre qu'un but : ramener l'intérêt au taux légal. On n'aurait pas compris que Cicéron qui respectait les lois de la République, s'arrogeât le droit de placer les habitants de la Cilicie dans une situation différente de celle de la Métropole, et que simple gouverneur de province il usurpât les droits du Sénat. Or, si le sénatus-consulte dont on parle est postérieur à l'édit de Cicéron, quel est le texte que cet édit devait viser, si ce n'est celui de la loi des xii Tables, toujours en vigueur, et que les lois subséquentes avaient toujours rappelé?

Mais pourquoi, dira-t-on, avoir fait un sénatus-consulte si la loi des xii Tables était encore en vigueur? La réponse est facile. La loi Genutia avait interdit le prêt à intérêt, la loi Sempronia avait renouvelé cette prohibition, Sylla et Valerius Flaccus avaient réduit les dettes, ces diverses dispositions voilaient la loi des xii Tables et empêchaient son application. Cependant on continuait toujours à prêter à intérêt : le Sénat reconnaissant que les prohitions ne pouvaient arrêter le trafic de l'argent, ranima les dispositions des xii Tables et fixa de nouveau le taux à 1 pour 100 par mois.

Le texte de Cicéron ne prouve donc rien contre notre opinion, et même, le sénatus-consulte qu'il mentionne étant postérieur à l'édit, il reste établi qu'avant ce sénatus-consulte, l'intérêt légal, dans une province de la République, était de 12 pour 100 par an.

Ajoutons même qu'il est certain que le taux était, avant l'édit de Cicéron, de 12 pour 100 par an, car Scaptius qui avait consenti le prêt aux habitants de Salamine au taux de 4 pour 100 par mois, avait été obligé pour déroger à la centésime d'obtenir un sénatus-consulte par la protection de Brutus (1).

Nous ne voulons pas prétendre que *centesima usura* et *unciarium fœnus* ne soient deux locutions différentes; mais nous croyons que ce sont deux locutions exprimant le même fait, se rapportant au même calcul.

---

1) Cicéron, *Lettres à Atticus*, v, 21 ; n° 225 de l'ordre nouveau.

Nous voyons dans les textes l'adjectif *legitima* joint constamment au mot *usura*. Qui ne sait que cette épithète ne s'unissait qu'aux droits ou actions auxquels une loi avait donné naissance ? Elle servait surtout à désigner les droits qui tiraient leur origine de la loi des xii Tables, *legitima hereditas*, *legitima tutela* (1). Or, nous n'avons pas rencontré de texte qui nous permît de croire qu'une loi ait modifié, dans le sens de l'opinion adverse, la loi des xii Tables. Le silence des historiens nous permet même de le nier. Comment comprendre en effet que Tacite qui a parlé de l'unciãrium fœnus, que Tite-Live qui rappelle avec un soin si minutieux les diverses dispositions qui y ont dérogé, qui nous a même conservé les noms des réformateurs, nous aient laissé ignorer une loi qui aurait cependant accompli cette immense révolution, de changer le taux légal de 10 p. 100 en 12 pour 100 ? Et si cette *centesima usura* avait été établie par le préteur ou par un sénatus-consulte comme on se l'imagine, eût-elle été qualifiée de *legitima?*

Remarquez enfin quelle erreur économique commettent nos adversaires. S'il est un point qui paraît aujourd'hui à l'abri de controverse sérieuse, c'est qu'à l'origine des sociétés le taux de l'intérêt est très-élevé, et qu'il s'abaisse avec les progrès de la civilisation et le développement du commerce. Les dissertations de MM. Batbie et Guillaume Roscher (2) ne laissent pas place au doute. Or, ce serait au moment où Rome, par ses relations avec la Grèce, par le déploiement de ses

(1) M. Pellat, *Textes sur la dot*, p. 32.
(2) M. Batbie, p. 17. — Guillaume Roscher, t. II, p. ii, p. 113 de la trad. de M. Wolowsky.

victoires, entretient un commerce avec l'Orient, que le taux de l'intérêt aurait été légalement augmenté !

Nos adversaires n'ont pas de texte à nous opposer et leurs raisonnements se basent sur une induction hypothétique. Notre système peut au contraire s'appuyer sur plusieurs textes du Digeste. A l'époque des jurisconsultes, nous trouvons les mêmes expressions que celles employées antérieurement ; pourquoi sous les mêmes mots, n'y aurait-il pas les mêmes idées? Ainsi Scevola nous parle des *uncias usuras*, or entre *uncia et unciarium*, il y a une très-grande parenté (1). Columelle nous indique que l'*usura semis* est 6 pour 100 par an, or entre *usura semis* et *semiunciarium fœnus*, l'analogie est certaine.

Columelle suppose que j'ai acheté un fonds de terre pour y planter de la vigne, 7.000 sesterces : le vigneron que je destine à la cultiver m'a coûté 8,000 sesterces, les ceps et plans de vignes ont été payés 14,000 sesterces ; la dépense totale s'élève à 29,000 sesterces. Le terrain ainsi planté serait sur notre sol cinq ans sans produire, mais sous le beau ciel de Naples, sur ce riant versant où la vigne s'enroule gracieusement autour des pins, la nature se montre plus généreuse. Deux ans après, la récolte est abondante, mais pendant ces deux années, j'ai perdu l'intérêt de mon argent. Columelle suppose que je l'aurais placé à l'*usure sémisse*, et il fixe pour ces deux années une somme de 3,480 nummi. L'usure sémisse de 29,000 sesterces pour une année sera donc de 1740 nummi. Or, pour connaître le taux auquel cette somme est placée, il suffit d'appliquer la règle qui con-

---

(1) L. 47. 4 D. de adm. tut.

siste à multiplier l'intérêt par 100 et à le diviser par le capital. Or, 174,000 : 29,000 donnent pour quotient 6. L'*usure sémisse* est donc 6 pour 100. Mais, comme l'usura semis est la moitié de l'intérêt légal pris comme type, celui-ci sera le double, 12 pour 100 (1).

Les Romains ayant adopté ce système désignèrent l'intérêt type sous le nom d'*As usurarium*.

Dès lors, *usura sextans* signifia l'intérêt à 2 pour 100 par an, la sixième partie du taux type, du taux légal :

```
Usura quadrans, le quart de l'as, ou.  .   3 p. 100.
  —    triens, le tiers, ou. . . . . . . . .   4   —
  —    quincunx, la cinquième partie, ou.   5   —
  —    semis, la moitié, ou. . . . . . . .   6   —
  —    septunx, sept parties de l'as, ou. .  7   —
  —    bes, huit parties, ou. . . . . . . .   8   —
  —    dodrans, neuf parties, ou. . . . . .   9   —
  —    dextans, dix parties, ou. . . . . . . 10   —
  —    deunx, onze parties, ou. . . . . . .  11   —
Enfin l'as, intérêt type. . . . . . . . . . 12   --
```

Mais, dira-t-on, si *usura triens* veut dire 4 pour 100 par an, *usura semis* 6 pour 100 par an, pourquoi *unciarium fœnus* veut-il dire 1 pour 100 par mois? Malgré la force de cette objection, elle n'est pas sans réponse. Ne pourrait-on pas remarquer en effet que, si *usura semis* veut dire 6 pour 100 par an, il signifie aussi 1 demi pour 100 par mois. Qu'y a-t-il donc d'étonnant à ce qu'*unciarium fœnus*, qui signifie 1 pour 100 par mois, voulût dire 12 pour 100 par an? L'intérêt se payait tous les mois, les passages des poëtes déjà cités ne permettent aucun doute : la loi des XII Tables qui avait

(1) Columelle, *De l'Agriculture*, III. 3.

en vue ce payement, désignait par le mot *unciarium fœnus* le taux qu'il ne pouvait dépasser. D'ailleurs, si *unciarium fœnus* avait seulement désigné 1 pour 100 par an, on ne comprendrait pas que les lois qui fixent l'intérêt à 6 pour 100 par an fussent une restriction à l'*unciarium fœnus* de la loi des XII Tables. Au lieu de diminuer le taux, elles l'auraient augmenté; le but n'aurait pas été atteint.

M. Troplong pense présenter à notre système une dernière objection tirée d'un texte de Festus. Au mot *Unciaria*, Festus dit : « Unciaria lex dici cœpta est, « quam L. Sulla et Q. Pompeius tulerant, qua sanctum est « ut debitores decimam partem... » « Unciaria lex, » remarque l'éminent magistrat, est une loi sur le taux de l'intérêt, et cette loi ordonne aux débiteurs de payer la dixième partie du capital prêté, c'est-à-dire le denier 12 ou 10 pour 100. Nous admettons volontiers que la loi Unciaria ait trait au prêt d'argent, mais que *decimam partem* désigne le denier douze, nous ne saurions le penser. Le texte de Festus est tronqué, peut-être eût-il jeté une lueur sur cette difficulté. Pour nous, nous pensons que Sylla ayant édicté une loi pour permettre de s'acquitter de ses dettes, en donnant en échange des biens estimés au-dessous de leur valeur, ce payement fictif fit perdre aux créanciers la dixième partie de leur créance. Ne voyons-nous pas plus tard Valerius Flaccus autoriser un mode de payement qui fit bénéficier d'un seul coup les débiteurs des trois quarts de leur dette?

D'ailleurs, si l'usage de compter d'après la centésime par mois date, comme le dit M. Troplong, de l'époque des Scipions, des relations avec la Grèce, pourquoi Sylla aurait-il méconnu les mœurs actuelles qui fixaient le

taux à 12 pour 100 par an, et cherché à remettre en
vigueur le taux de 10 pour 100 complétement aban-
donné? N'y avait-il pas longtemps que les Scipions reposaient glorieux près de la voie Appienne? La prise de
Corinthe, qui décida de l'asservissement de la Grèce, est
de 607, le dernier des Scipions était mort en 620, et
Sylla promulguait sa loi vers 722. Un siècle s'était
écoulé !

Le système de M. Troplong nous semble donc manquer de base. Le nôtre est-il plus solide? Je le pense,
mais je ne l'affirme pas. La question du taux de l'intérêt, de l'*unciarium fœnus*, est de celles que les labo-
rieuses recherches ne peuvent entièrement éclaircir.

Justinien promulgua, sur le taux de l'intérêt, plusieurs lois pour détruire le poids des usures qui acca-
blaient son peuple.

Il déclara que les illustres ne pourraient exiger *ultr
tertium partem centesimæ*, c'est-à-dire 4 pour 100.

Les commerçants, changeurs et banquiers purent
prêter au taux de 8 pour 100. *usura bes*, les deux tiers
de la centésime. L'intérêt était égal au capital en 12 ans
et 6 mois.

Le commerce maritime conserva le droit de pouvoir
stipuler jusqu'à 12 pour 100. *In trajectitiis contractibus
usque ad centesimam, nec eam excedere.*

Les autres personnes ne purent exiger que la moitié
de la centésime, *dimidiam partem centesimæ*, c'est-à-dire
6 pour 100.

Il fallait donc calculer le taux de l'intérêt d'après la
qualité du prêteur.

L'empereur ajoute qu'on ne pourra pas accorder
d'autres dommages-intérêts, ce qu'on avait coutume

de faire, *propter moram*. Il défend également aux juges d'augmenter le taux fixé.

Justinien prend surtout en considération la position des agriculteurs, et s'élève contre ceux qui, stipulant d'eux des intérêts exagérés, trouvent ensuite moyen de se rendre à vil prix acquéreurs de leurs biens. Il défend de réclamer dorénavant la retenue qu'on faisait subir *siliquarum nomine , vel sportularum , vel alterius cujusque gratia*. La silique était la 24ᵉ partie du solide ; on avait coutume de retenir une silique par solide, à titre d'épingle comme on dirait de nos jours. Justinien prohibe cet usage , et il veut que tous se soumettent à sa constitution, même les militaires, *qui altiore nitentes fastigio*, s'imaginent trop souvent être au dessus de la loi. Ceux qui refuseront d'obéir à cette disposition seront dégradés et privés de leur baudrier.

L'intérêt des denrées appela aussi la sollicitude de l'empereur.

L'usage était de prêter du blé aux laboureurs en hiver, pour exiger d'eux la moitié en sus lors de la récolte. Saint Jean Chrysostome s'était élevé contre cette usure : « Les riches, disait-il, ne se contentent pas d'exiger des cultivateurs la centième du tout, ils veulent encore la moitié. » Mais, on répondait que le boisseau que j'ai prêté en produit dix, et que par conséquent il est juste que je participe aux bénéfices. Justinien fit cesser cette controverse en fixant le taux à 1 huitième du capital. Ce calcul était à peu près équivalent à la centésime, puisque 100 boisseaux en rapportaient 12 et demi, et que le huitième de 100 est 12,50.

CHAPITRE IV.

DU MUTUUM.

*1° De la stipulation des intérêts dans le mutuum ;
des intérêts moratoires.*

À Rome le *mutuum* est l'aspect sous lequel se présente le prêt à intérêt. Il porte le nom de *fœnus*, le capital s'appelle *sors*, et les intérêts *usuræ*.

Le mutuum est un contrat qui se forme par la tradition de la chose, *re contrahitur*. L'une des parties, le prêteur, transporte à l'autre, l'emprunteur, la propriété d'une certaine quantité de choses, à la charge d'en restituer pareille quantité et pareille qualité.

On voit que le mutuum, de son essence, donne naissance à une obligation qui force l'emprunteur à restituer une chose dont la valeur soit l'équivalent de celle qui a été prêtée. Lorsque cette restitution a eu lieu, le débiteur est libéré. Le prêteur ne trouve dans les termes de la convention aucune cause qui contraigne l'emprunteur à lui payer des intérêts, car, comme l'a dit Papinien, reproduisant l'opinion de Sénèque et de la philosophie stoïcienne : « Usura non natura pervenit, « sed jure percipitur » (1).

Il est donc nécessaire, pour que la prestation d'intérêts ait lieu, qu'on fasse intervenir dans le contrat une stipulation spéciale.

La stipulation est une obligation formée *verbis*, re-

---

(1) Papinien. L. 62. *de Rei vindic.*, xi. 1. — Sénèque. *de Benef.*, vii.

connue par le droit civil, et donnant toujours naissance
à une action. Comme la stipulation d'intérêts, jointe au
mutuum, portera sur une somme déterminée, elle donnera naissance à une *condictio certi*, ou à l'action *ad
exhibendum*, si le débiteur est de mauvaise foi ; l'effet de
cette action était de porter la condamnation au double.

Si à la mauvaise foi du débiteur s'unissait l'intention
frauduleuse, le fait de soustraction ou d'anéantissement
du billet, ce débiteur ayant commis un acte qui tombe
sous le troisième chef de la loi Aquila, on donnait contre
lui l'action de cette loi. Mais cette action purement pénale ne saurait contraindre le débiteur à restituer les
intérêts, ni la somme d'argent objet du mutuum : il ne
pourra être obligé que par l'exercice de la *condictio*.

Les intérêts sont dus, comme nous l'avons vu, en
vertu d'une stipulation, mais peuvent aussi être dus
légalement, par les dispositions seules du droit, ou en
vertu d'une clause testamentaire.

Ainsi, dans la gestion d'affaires, le gérant peut répéter
non-seulement les sommes par lui dépensées, mais les
intérêts de ces sommes (1).

Dans le mandat, le mandataire peut exiger les sommes
qu'il a déboursées et les intérêts (2). Mais il faut qu'il
s'agisse du mandat purement gratuit : car si nous étions
en présence d'un mandat salarié, la même décision ne
serait pas acceptable (3). Lorsque le mandataire a exigé
un salaire, il devait, par la même convention, stipuler
que les sommes qu'il avancerait seraient productives

(1) L. 19, 4, *de Negotiis gestis.* III, 5. — Paul.
(2) Ulpien. L. 12, 9. *Mandati vel contrà*, XVII. 1.— Paul. Sent. II. 15,2.
(3) L. 10, 9, *Mandati vel contrà.* eod

d'intérêts. Le mandat n'est plus un bon office, mais un contrat spécial dont l'effet est restreint dans les limites que les parties lui ont volontairement assignées.

La gestion d'affaires et le mandat sont des contrats de bonne foi ; les intérêts, en l'absence de clause spéciale sur le taux, sont fixés d'après le taux en usage dans le pays. Cependant le mandataire peut, dans certaines circonstances, exiger légalement et de plein droit du mandant un intérêt supérieur. Ainsi j'ai prêté à Titius une somme d'argent au taux légal : chargé de gérer votre fortune, je retire cet argent et je-paye un de vos créanciers. Quoique votre dette, que je viens d'éteindre, ne produise que des intérêts à un taux inférieur, vous devez me payer les intérêts de cette somme au taux que j'avais stipulé de mon débiteur. Il en serait de même si, afin d'anéantir votre dette, j'avais moi-même emprunté à un taux élevé (1). Le mandataire doit dans ce dernier cas avoir agi dans l'intérêt du mandant, lorsque par exemple la dette qu'il a éteinte était échue et la *manus injectio* imminente. Mais il faut restreindre la décision d'Ulpien : car on ne saurait accorder l'action *mandati* à celui qui, dans le but unique de s'assurer un placement sûr et un bénéfice certain, aurait ainsi substitué sa créance à celle du prêteur de son mandant.

Dans la vente, les intérêts du prix sont dus au vendeur, à partir du jour de la tradition, et peuvent être demandés par l'action *venditi* (2).

La mise en demeure fait-elle courir les intérêts? Pour

---

(1) Ulpien, *Ad edictum.* L. 12, 9, *Mandati vel contra.*
(2) L. 13, 20. D., *de Action. empti.* — Paul, Sentent. ii, 17, 9

les contrats de bonne foi, les intérêts, même non stipulés
dans la convention, sont dus dès la mise en demeure et
à plus forte raison à partir de la *litis contestatio*. Marcien
nous le dit en termes formels : « In bonæ fidei contracti-
« bus ex mora usuræ debentur » (1). Et Paul dans son
livre sur l'édit du préteur dit aussi : « Lite contestata
« usuræ currunt » (2). Ces contrats étant de bonne foi,
l'équité était la règle de la décision. Or, si dès le jour de
la mise en demeure, le vendeur, par exemple, doit les
fruits produits par la chose, il est juste qu'il puisse
exiger de l'acheteur les intérêts du prix qui lui est dû.

Dans les contrats de droit strict, le créancier n'obtient que ce qui est inséré dans la stipulation. Si je
réclame l'exécution d'un contrat de mutuum, pourrai-
je vous contraindre à me payer des intérêts à partir de
la *mora*? Le retard que le débiteur cause à son créancier ne peut-il pas légitimer l'indemnité que celui-ci
réclame? N'y a-t-il pas lieu à des dommages-intérêts?
Ce raisonnement peut avoir de l'influence dans les actions de bonne foi où l'équité joue un grand rôle dans
l'appréciation. Mais, dans les contrats de droit strict, le
juge ne peut accorder que l'objet de la formule, et cet
objet ne saurait être que celui qui est convenu dans la
stipulation.

Les jurisconsultes romains, tout en proclamant ce
principe, y firent une exception spéciale pour les fruits,
encore leur décision variait avec la cause de l'action.

Si le créancier réclame ce qui lui a appartenu, les
fruits sont dus du jour de la mise en demeure.

(1) L. 32, 2, D., *de Usuris et fructibus*, xxii, 1.
(2) L. 35, *eod.*

S'il vient *condicere quod suum non fuit*, les fruits ne sont dus que du jour de la *litis contestatio*, « afin que les parties soient mises dans le même état que si la justice leur avait été rendue immédiatement » (1).

Plusieurs commentateurs ont voulu étendre cette décision aux intérêts d'une somme d'argent : mais cette assimilation nous semble douteuse, et nous devons la rejeter si nous ne trouvons pas un texte spécial qui l'autorise.

Quelle analogie y a-t-il entre les intérêts et les fruits ? L'économie politique moderne trouverait sans doute une grande parenté : mais, à l'époque des jurisconsultes romains, sa théorie serait très-contestée. Pomponius dit, en termes qui ne permettent aucun doute, que les intérêts d'une somme que nous percevons ne sont pas des fruits, parce qu'ils ne sont pas produits par la chose due et qu'ils forment l'objet d'une autre obligation (2). Les intérêts ne sont pas produits spontanément par le capital prêté; les fruits, au contraire, naissent eux-mêmes du sol. Les stoïciens n'allaient pas, comme les philosophes grecs, jusqu'à proscrire l'intérêt, mais les deux écoles se rencontraient pour reconnaître l'intérêt comme un produit innaturel que le droit civil seul peut permettre. La raison que donne Pomponius est topique : l'intérêt *non ex ipso corpore, sed ex alia causa est, id est nova obligatione*.

On oppose à cette théorie un texte d'Ulpien, où le jurisconsulte, après avoir dit que les intérêts tiennent la place des fruits, déclare qu'ils doivent être régis par

(1) Paul. L. 38, 7, D.. *de Usuris.*
(2) Pomponius. L. 121, *de Verborum signif..* L, 16.

es mêmes principes, et il ajoute : « Il en est de même
en matière de legs, de fidéicommis, dans l'action de tu-
telle et dans les autres actions de bonne foi, *et in cæteris
judiciis bonæ fidei* » (1).

Ces derniers mots prouvent qu'Ulpien n'avait eu en
vue que les contrats de bonne foi et qu'il ne voulait
pas étendre sa décision aux contrats de droit strict.
Cependant le jurisconsulte mentionne le legs : or le legs
produit un droit de créance, il engendre une *condictio*,
la *condictio* est de droit strict, donc dans les contrats de
droit strict les intérêts sont soumis aux mêmes lois que
les fruits.

Cette objection, loin d'anéantir notre système, en est
la consécration, car nous verrons qu'elle n'est qu'une
exception au principe que nous défendons. Gaïus, dans
ses Institutes, après avoir rappelé que dans les fidéicommis les intérêts et les fruits sont exigibles du jour de
la mise en demeure, pose en principe qu'il n'en est pas de
même dans les legs, du moins pour les intérêts. En présence de cette dérogation à la règle fondamentale en
faveur des fidéicommis, on aurait pu élever des doutes.
Aussi, l'Empereur Adrien, par un rescrit, crut-il nécessaire de déclarer que le principe ne soutenait aucune
dérogation pour les legs.

Une nouvelle exception fut posée par Julien pour le
legs *sinendi modo :* de même que dans le fidéicommis, les
intérêts courront du jour de la mise en demeure. Gaïus
ajoute que cette règle, qui alors était une exception restreinte à un cas particulier, tendait, même de son temps,

---

(1) L. 34, D., *de Usuris et fructibus.* — L. 2 au Code *Depositi vel contra,*
IV, 34.

à s'étendre et à se généraliser, *quam sententiam et his temporibus magis obtinere video* (1).

Justinien, qui déjà avait concédé aux fidéicommissaires les actions accordées aux légataires, assimila tous les legs au legs *sinendi modo* qui était le plus favorisé. Aussi, les jurisconsultes, chargés de remanier le Digeste, supprimèrent dans les textes les mots *sinendi modo* : l'assimilation étant opérée, la distinction n'avait plus de raison d'être (2).

Par conséquent la faveur, qui, à l'origine, existait seulement pour le legs *sinendi modo*, est étendue aux autres legs. Mais le principe que, dans les contrats de droit strict, les intérêts ne courent pas de la mise en demeure, subsiste dans son intégrité.

On nous oppose enfin un dernier texte. « Lite contestata, usuræ currunt, » a dit Paul. Cette phrase, dans son laconisme, semble poser un principe général. Cependant si nous examinons de quel ouvrage ces mots sont tirés, nous remarquons qu'ils sont empruntés au livre 57 du Commentaire sur l'Édit du préteur. Or, si nous nous reportons à la loi 18 au D. *de novationibus*, nous voyons un texte du même jurisconsulte, tiré de son même livre 57 sur l'Édit, où il nous dit : « Novatione legitime « facta, liberantur hypothecæ et pignus, usuræ non cur- « runt » (3).

Du rapprochement de ces deux textes, il résulte que Paul ne voulait pas poser un principe général quand i disait : « Lite contestata usuræ currunt ; » mais seulement

(1) Gaïus, *Instit.*, com. II, nᵒˢ 279 et 280.
(2) L. 34, D., *de Usuris*..... *et ità in legatis (sinendi modo)*.
(3) L. 29, D., *de Solutionibus*, XLVI, 3.

établir une antithèse. Il est probable que ces mots se trouvaient dans le commentaire de Paul à la suite de la loi 18, et que les compilateurs les ont séparés. Le but du jurisconsulte est de montrer les différences qui existent entre la novation volontaire et la novation judiciaire qui résulte de la *litis contestatio.*

La novation volontaire, étant extinctive d'obligations, détruit le contrat et ses accessoires ; l'hypothèque s'évanouit comme l'obligation principale. Dans la *litis contestatio*, au contraire, il n'y a extinction d'un droit, qu'autant que ce droit a été soumis au juge : il faut que la même question ne soit pas deux fois déduite en justice. Lorsque je poursuis mon débiteur, je ne soumets pas au juge la question d'hypothèque. Aussi rien ne m'empêchera, après la *litis contestatio* intervenue sur l'action personnelle, d'exercer l'action hypothécaire.

Lorsqu'il y a novation volontaire, c'est-à-dire novation proprement dite accompagnée de l'*animus novandi*, l'obligation sur laquelle s'applique la novation est éteinte et remplacée par une nouvelle, qui n'a avec l'ancienne aucun rapport. Si la première obligation était productive d'intérêts, comment pourrait-elle en produire lorsqu'elle n'existe plus ? Comment la convention qui la remplace pourrait-elle en faire naître ?

Mais, au contraire, lorsqu'il y a *litis contestatio*, les intérêts courent. Nous avons vu que Marcien pose comme principe que, dans les contrats de bonne foi, les intérêts courent du jour de la mise en demeure. La *litis contestatio* doit avoir au moins autant d'effet que la *mora*. Mais cet effet, attaché à la *litis contestatio* et à la *mora*, est restreint aux contrats de bonne foi.

Lors de la *litis contestatio*, il n'y a pas adjudication au

créancier de l'objet de sa demande ; mais, dès aujour-
d'hui, le doute plane sur les droits qui sont déduits en
justice. Le défendeur n'est plus propriétaire incontestable ; aussi est-il obligé de garder avec soin l'objet du
litige. Il devra restituer les fruits que la chose a produits :
n'est-il pas juste qu'il obtienne également les intérêts du
prix qui lui est dû ?

Lorsque Paul a dit : *Lite contestata usuræ currunt*, il a
énoncé un fait que nous ne saurions contester, puisque,
dans les contrats de bonne foi, la *litis contestatio*, comme
la mise en demeure, fait courir les intérêts.

Résumons notre théorie :

Dans les contrats de bonne foi, les fruits et les intérêts
courent du jour de la mise en demeure, et, à plus forte
raison, du jour de la *litis contestatio*.

Dans les contrats de droit strict, les fruits sont exigibles du jour de la mise en demeure quand on *condicit
quod suum fuit*, du jour de la *litis contestatio* quand on
condicit quod suum non fuit. Quant aux intérêts, une
convention spéciale peut seule leur donner naissance.

Cette distinction est judicieuse : car, comme l'a fort
bien remarqué M. Vernet, si la *litis contestatio* fait courir les fruits, c'est qu'il est certain que le créancier les
aurait perçus s'il avait eu ce jour l'objet de sa demande.
Mais, pour les intérêts d'une somme d'argent, il n'est pas
certain que le débiteur ait pu placer de suite cette somme.

2° *Des intérêts conventionnels.*

Nous savons que l'intérêt ne naît pas du *mutuum ipso
jure*. L'obligation que contracte l'emprunteur est éteinte
par la remise de la chose ou de son équivalent qu'il a

emprunté, et dont la tradition l'avait rendu propriétaire. Si le prêteur veut exiger des intérêts, il doit joindre au *mutuum* une stipulation spéciale.

Quel sera, à ce sujet, l'effet des pactes adjoints? Nous sommes en présence d'un contrat dont l'action est de droit strict, la *condictio*.

Le pacte joint *ex intervallo* ne produit aucune action.

Est-il joint *in continenti*, c'est-à-dire avant que le contrat soit exécuté, avant que la tradition, la remise de la chose ait eu lieu, il semble bien qu'il doive faire corps avec le contrat. C'était la décision qui était unanimement admise pour les contrats de bonne foi.

Pour les contrats de droit strict, on faisait la distinction suivante : le pacte est-il intervenu *ad minuendam obligationem*, l'obligation était diminuée *ipso jure*. Quelques doutes s'étaient élevés à ce sujet : Paul et Ulpien avaient soutenu une controverse devant l'auditoire de Papinien, préfet du prétoire (1) ; mais enfin l'opinion de Paul avait prévalu, puisqu'Ulpien la proclame et reconnaît dans son Commentaire de l'Édit du préteur. Voici quelle est sa décision :

« Je vous donne 10, et je conviens que vous me rendrez 9, Proculus décide que vous ne devrez plus que 9 (2).

Le pacte est-il intervenu *ad augendam obligationem*, la question est l'objet de graves controverses, et, comme l'examen de cette discussion ne rentre pas dans le plan que nous nous sommes tracé, nous renvoyons au traité du savant et regretté M. Vernet sur les obligations, où.

(1) L. 40. *de Rebus creditis*, XII, 1.
(2) L. 11. 1, *eod*.

reproduisant l'opinion de Pothier, il admet que les pactes joints *in continenti ad augendam obligationem* ne produisent pas d'action (1).

Pour le mutuum nous avons un texte précis, qui ne laisse place à aucun doute, c'est la loi 11, 1 déjà citée :

« Sed si dedero decem ut undecim debeas, putat Pro- « culus amplius quam decem condici non posse. » Si je vous donne dix pour que vous me rendiez onze, je ne pourrai vous réclamer que dix par la *condictio*.

Ulpien proclame aussi la doctrine de Proculus comme un principe dans la loi 17 *de Pactis*.

En résumé, les intérêts, exigés en vertu de la stipulation, sont seuls dus civilement. Le pacte suffit pour qu'ils soient dus naturellement, et dès lors pour que la répétition ne soit pas admise s'ils ont été payés (2).

Exceptionnellement le simple pacte donne naissance à une action :

1° Lorsque le mutuum est intervenu en faveur d'une ville (3).

2° Justinien accorda le même privilége à l'argentarius (4).

3° Il en était de même dans les prêts maritimes, et dans tous les prêts où les risques étaient à la charge du créancier (5).

4° De même quand au lieu d'exiger des intérêts dans le mutuum, on stipulait une redevance de froment ou

---

(1) M. Vernet, *Textes sur les obligations*, p. 10.

(2) Paul, Sent. ii, 14, 1. — L. 5, 2. *de Solution.*, xlvi, 3. — L. 3, C., *de Usuris.* iii, 32.

(3) L. 30, D., *de Usuris.* Paul (xxii, 1).

(4) Nov. 136, cap. 4.

(5) L. 7, D., *de Nautico fænore* (xxii, 2).

d'orge, à cause de l'incertitude qui existait dans l'évaluation des fruits lors de l'échéance (1).

Justinien déclara aussi que, si deux ans après le mariage, la dot promise n'avait pas été payée, le constituant serait contraint de plein droit de payer les intérêts (2). On avait de même décidé par faveur que l'argent dû au fisc produirait intérêt de plein droit, même en l'absence d'un pacte (3).

Ajoutons que les Romains éludèrent facilement ce rigoureux formalisme en faisant intervenir un simple pacte à la suite d'un contrat de bonne foi, dépôt ou mandat, par exemple. Ainsi je dépose entre vos mains une somme de 100 serterces, puis je conviens que vous les garderez à titre de prêt : ou bien je vous confie un meuble pour que vous le vendiez et gardiez le prix de la vente à titre de prêt, ou je charge mon débiteur de payer sa dette entre vos mains, ou je conviens avec mon débiteur qu'il gardera en prêt l'argent qu'il me doit à un autre titre, etc. Dans ces cas, il y a conversion du dépôt ou du mandat en mutuum, le contrat de prêt est en quelque sorte greffé sur un contrat de bonne foi, le mutuum est créé, et on peut réclamer le bénéfice de l'obligation par la *condictio* (4).

3° *De la preuve du prêt à intérêt.*

Le mutuum se forme *re*, par la remise de la chose, il faut donc prouver la remise de l'objet prêté. Le prê-

---

(1) L. 12. C., *de Usuris* (iv, 32).
(2) L. 31. 2. C., *de Jure dotium* (v. 12).
(3) L. 17. 5. D., *de Usuris*.
(4) M. Pellat, *Textes expliqués*, édit. de 1859, p. 70-94.

teur doit aussi prouver qu'il a transféré la propriété des écus, car il est de l'essence du mutuum qu'il y ait translation de propriété.

De plus, lorsque le prêteur poursuivra l'emprunteur, celui-ci pourra lui opposer l'exception *non numeratæ pecuniæ*, et le prêteur devra prouver qu'il a compté les écus.

Dans la pratique, on joignait au mutuum une stipulation du capital prêté. Dans ce cas le demandeur n'avait que deux faits à prouver, la stipulation et la *numeratio nummorum*. S'il n'y a pas eu translation de propriété, le défendeur devra opposer l'exception de dol et la prouver. En effet, c'est toujours à celui qui oppose une exception à faire la preuve, on y avait dérogé seulement pour l'exception *non numeratæ pecuniæ*.

Il ne sera pas en dehors de notre sujet de remarquer que l'empereur Justin modifia l'ancien système, au sujet de l'exception *non numeratæ pecuniæ*, en décidant que la preuve n'incombe au demandeur, qu'autant que la cause de l'obligation n'est pas spécialement relatée dans le billet. Le débiteur n'a plus que la faculté de prouver que ce billet constate une obligation qui n'existe pas en réalité. Paul donne au Digeste la même décision que Justin, mais, il ne faut pas en douter, on a mis dans la bouche de Paul la constitution de l'empereur Justin, car ce sont les mêmes termes (1).

Le mutuum se prouve ordinairement par la représentation du titre, ou par des témoignages. Mais le titre peut être perdu, les témoignages insuffisants ou nuls :

(1) L. 7, C., *Non numeratæ pecuniæ*. IV. 30. — L. 25, 4, D., *de Probation.*, XXII. 3.

la longue prestation des intérêts pourra-t-elle y suppléer?

Pour que la possession de longtemps, dix ans entre présents, vingt ans entre absents, constitue un titre qui puisse être victorieusement invoqué, il faut que la chose soit prescriptible, que la possession soit fondée sur une juste cause, et que l'acquisition ait été faite de bonne foi. Pendant dix ans vous me payez des intérêts; ce laps de temps écoulé, vous refusez, prétendant que je ne puis présenter un titre. Mais par cette prestation continuée pendant plusieurs années, n'avez-vous pas reconnu mon droit? Le fait est prescriptible, car les choses sacrées, religieuses, les biens du fisc, des mineurs, le fonds dotal, sont seuls soustraits à la prescription. Je suis de bonne foi, du moins c'est la présomption qui s'attache à mon action, et c'est à vous de la détruire. Enfin j'invoque une juste cause, puisque je prétends que je vous ai remis les écus, que je vous en ai transféré la propriété, et que de votre côté vous avez promis de me payer des intérêts. La réalité de cet engagement résulte de votre persistance à l'exécuter pendant dix ans.

Papinien reconnaît ce principe quand il dit, rapportant une décision de l'empereur Antonin, que celui qui agit par l'action *de in rem verso*, peut exiger la prestation des intérêts, quoiqu'il ne puisse représenter un titre qui ait obligé le débiteur; car la prestation pendant un long temps suffit pour prouver qu'ils étaient dus : « quod eas ipse longo tempore præstitisset » (1).

On a opposé à cette décision la loi 7 au code *de Usuris*. Mais cette loi, loin d'émettre un principe opposé, cou-

(1) L. 6. D., *de Usuris*, XXII, 1.

sacré notre doctrine ; car, si elle dit que « la prestation faite *quelquefois* ne saurait constituer une obligation.... » « nec enim si *aliquando* et consensu præstitæ sint, obli- « gationem consistant, » il en résulte par à contrario que la prestation faite *per longum tempus*, constitue une obli- gation.

Il en est de même de la loi **28** *de Pactis*, car sa décision n'a trait qu'au cas où les intérêts n'ont été versés que pendant quelques années, *certis annis*.

Il est vrai que Modestin, dans la loi **41, 2 D.** *de Usuris*, décide que l'on ne peut pas exiger des intérêts qui n'ont pas été spécifiés d'une manière déterminée dans la con- vention. Mais le cas sur lequel le jurisconsulte appelle notre attention est bien différent de celui qui précède. Ici Séius est débiteur d'Agérius, sa dette est consignée dans un chirographum. Or. d'après l'énoncé du billet, on voit qu'il n'est pas fait mention des intérêts. Par conséquent lorsqu'Agérius voudra réclamer de Séius les intérêts de la somme prêtée, celui-ci écartera sa de- mande. Le mutuum étant un contrat de droit strict, tout doit y être spécifié en termes formels.

Dans l'espèce de Papinien. au contraire, il ne s'a- git plus de la représentation d'un titre : ce titre est égaré, mais le débiteur, en payant annuellement les in- térêts, fait supposer sa préexistence. Les deux jur019cons- sultes ne se sont pas contredits ; ils raisonnaient sur des espèces différentes.

4° *Limites légales de l'obligation.* — *De l'anatocisme.*

Une condition essentiellement requise, est que l'in- térêt stipulé ne dépasse pas le taux légal. Nous avons vu ses diverses variations. et l'étude de l'histoire romaine prouve que rarement les prêteurs se conformaient aux prescriptions de la loi.

Cependant la prohibition était formelle. On ne pouvait exiger des intérêts supérieurs au taux légal soit directement, soit indirectement, à titre de peine par exemple. Papinien le rappelle, et l'empereur Gordien reproduit cette disposition dans ses Constitutions (1).

Un doute aurait pu s'élever au sujet de l'antichrèse. Le débiteur d'une dette productive d'intérêts a remis à son créancier un immeuble avec cette clause, que les fruits lui tiendraient lieu d'intérêts. Les fruits produits par l'immeuble sont supérieurs à l'intérêt légal de la somme prêtée. Cet excédant doit-il être imputé sur le capital? On décida qu'il n'en serait pas ainsi. Le contrat d'antichrèse a un caractère essentiellement aléatoire. L'immeuble a produit des fruits supérieurs au taux légal, mais il aurait pu n'en donner qu'une quantité inférieure, ou même pas du tout. L'incertitude du gain le rend légitime (2). Ici le prêteur ne perçoit pas les fruits à titre d'intérêts, mais il se paie des intérêts sur les fruits.

Mais si le contrat avait été passé d'une manière différente. Si, au lieu de vous emprunter une somme d'argent, vous laissant la jouissance de mon héritage comme dédommagement et à titre d'intérêt, je vous empruntais cette somme à un taux fixe, le taux légal par exemple, la solution ne serait pas la même. Là, le contrat principal détermine le taux de l'intérêt, et lorsque je vous laisse percevoir les fruits, je vous autorise seulement à les retenir jusqu'à concurrence du taux dont nous

(1) Papinien. L. 9, D., *de Usuris.* — Gordien. L. 15. C., *de Usuris.*
(2) L. 17. C., *de Usuris,* imp. Philippus.

sommes convenus. L'excédant doit être imputé sur le capital (1).

Nous venons de voir que le contrat d'antichrèse n'est pas usuraire : il en est de même de la convention par laquelle un débiteur donne en gage à son créancier une maison lui permettant de l'habiter. Quand même le prix que le débiteur aurait pu retirer de la location de sa maison serait supérieur à l'intérêt légal de la créance, la réduction n'est pas exigée, parce qu'il n'est pas défendu de louer sa maison à un prix inférieur à sa valeur réelle. Mais, si d'après la convention le créancier avait le droit de louer la maison dont il se trouve nanti, le prix de location étant déterminé et produit directement par la chose du débiteur, devrait être considéré comme l'intérêt de la somme prêtée. S'il excède le taux légal, l'excédant sera imputé sur le capital (2).

On ne doit pas voir non plus une violation de la loi dans l'espèce suivante: Je vends à Titius le fonds Cornélien moyennant vingt sous d'or, mais je déclare que je me contenterai de treize s'il me paye dans un temps déterminé; faute par lui de satisfaire à cette obligation, la convention originaire tiendra, et il me devra vingt. Il y a dans cette convention une clause pénale, mais d'un caractère particulier. Elle puise sa source dans un acte de bienfaisance de ma part. Nous étions convenus de vingt, j'ai consenti à n'exiger que treize, espérant ainsi obtenir cette somme plus promptement, et la faire fructifier moi-même. La négligence seule du débiteur anéantira cette remise partielle (3).

(1) L. 8. D. *In quibus, causis pig. tac.*, XX. 2.
(2) L. 14, C., *de Usuris.*
(3) L. 47. D., *de Pactis*, II. 14.

Les prêteurs qui exigeaient un intérêt supérieur au taux légal, étaient punis de la peine du quadruple ; ils pouvaient être notés d'infamie : mais ces dispositions tombèrent en désuétude. Il ne resta comme sanction des principes édictés, que le droit pour le débiteur de réduire le taux et de forcer le créancier à imputer l'excédant sur le capital.

On aurait pu croire que le créancier, réclamant des intérêts exagérés, faisait une plus-pétition, et devait perdre intégralement sa créance. Mais cette solution n'eût pas été juridique, le créancier n'exposant, dans l'*intentio* de la formule, que l'objet exact de la stipulation. De plus, il est admis que *Utile per inutile non viciatur*. Le juge doit donc adjuger au créancier les intérêts licitement stipulés, et imputer l'excédant sur le capital (1).

La demande en réduction d'un taux usuraire pouvait être présentée par le débiteur dans deux circonstances différentes. Ou le capital et les intérêts illicites n'étaient pas payés, ou ils l'étaient. Dans le premier cas, on devait imputer les intérêts illicites sur le capital ; dans le second, on pouvait le répéter par la *condictio indebiti*. « Usuræ supra centesimam solutæ sortem minuunt, « consumpta sorte repeti possunt » (2).

En effet, ces intérêts étant injustement stipulés, en fraude de la loi, ne sont même pas dus naturellement. Toute garantie, tendant à en assurer le payement, est nulle de plein droit : le *fidéjusseur* qui les a cautionnés est libéré (3), le débiteur peut de suite récla-

---

1) L. 29, D., *de Usuris*. Marcien. — L. 20, D., *Eod.* Paul.
2) Paul, Sent. II. 14, 2.
3) L. 20, C., *de Usuris*.

mer le gage qu'il a donné en nantissement, la *condictio indebiti* assure les remboursements s'ils ont été payés : la constitution de l'empereur Philippe est formelle (1).

Un doute s'était cependant élevé sur ce droit de répétition ; la constitution le rappelle par ces mots : « Exclusa veteris juris varietate. » Des jurisconsultes prétendaient que ces intérêts, ayant été joints à la stipulation avec le caractère de clause pénale, pouvaient être imputés sur le capital si celui ci n'était pas versé, mais que si le débiteur les payait, il ne pouvait plus les répéter, la répétition des peines n'étant pas admise : « Pœnæ non solent repeti, quum semel depensæ « sint » (2). Quoique le texte sur lequel les jurisconsultes se sont appuyés pour expliquer ces mots de la constitution impériale : *exclusa veteris juris varietate*, soit d'Ulpien, il est permis de penser que ce jurisconsulte ne professait pas cette doctrine. Nous trouvons au même titre, *De condictione indebiti*, un texte qui nous montre qu'Ulpien soutenait l'opinion que la constitution a sanctionnée. Les termes mêmes dans lesquels il explique sa pensée, permettent de croire que de son temps la question n'était plus controversée. D'ailleurs, le principe que les peines ne peuvent être répétées existait toujours, seulement on n'admettait plus que la stipulation d'intérêts usuraires fût une clause pénale : le principe subsistait ; aussi n'est-il pas étonnant qu'Ulpien l'ait reproduit dans la loi 42, mais la conséquence que ses prédécesseurs en tiraient avait été reconnue illogiquement déduite, raison pour laquelle il l'avait

1) L. 19. C., *Mandati*. — L. 18. C., *de Usuris*.
(2) L. 42. D., *de Condict. indeb.*, XII. 6.

abandonnée. Aussi décide-t-il que les intérêts payés au delà du taux légal peuvent être répétés au même titre qu'un capital indûment versé. « Usuræ supra modum « solutæ, quasi sors indebita, repetuntur » (1).

On comprend, après ce que nous venons de dire, que l'anatocisme dut être défendu par les lois romaines. Cicéron l'avait permis en Cilicie, non pour chaque mois, mais pour la fin de chaque année (2). Un sénatus-consulte de cette époque le prohiba. Les constitutions impériales sanctionnèrent plusieurs fois cette décision (3) : Dioclétien prononça même la note d'infamie contre ceux qui exigeraient des intérêts, comme *improbum fenus exercentibus* (4). Mais cette défense était éludée par la ruse des prêteurs qui forçaient leurs débiteurs à joindre les intérêts au capital par une novation qui leur imprimait le caractère de dette principale. Aussi Justinien, reconnaissant que les lois devaient être exécutées *non verbis sed rebus*, défendit d'une façon absolue de convertir les intérêts en capital, et déclara que, malgré cette conversion faite au mépris de sa constitution, les intérêts conserveraient toujours le même caractère et seraient incapables d'en produire de nouveaux.

Il est inutile d'ajouter que Justinien, dans sa constitution, n'a voulu frapper de nullité que la convention intervenue entre le créancier et le débiteur. Il peut arriver que les intérêts des intérêts soient dus justement et légalement; toutes les fois, par exemple, que la cause de la dette étant changée, une nouvelle dette prend

(1) L. 26, D., *de Condict. indeb.*, XII. 6.
(2) Cicéron, *Ad Atticum*, V, 21.
(3) L. 27, D., *de Re judicatâ*.
(4) L. 20, C., *Ex quibus causis infamia irrogatur*. II. 12.

naissance, laquelle a réellement le caractère de capital. Ainsi un mandataire qui ne rend pas exactement la somme qu'il a reçue avec les intérêts ; un tuteur qui a reçu d'un débiteur de son pupille le payement d'une dette avec les intérêts et qui dépense l'argent, doit les intérêts de toute la somme (1).

5° *De la cessation des intérêts.*

Le cours des intérêts s'arrête par voie de conséquence ou par voie principale.

Lorsque l'obligation qui leur a donné naissance prend fin, il est juste que les intérêts s'éteignent.

Ainsi le payement direct on indirect, résultant par exemple de ce que le créancier a vendu le gage qui lui avait été remis et s'est dédommagé par le prix de la vente (2), éteint l'obligation et arrête le cours des intérêts.

Si le créancier refuse de recevoir l'argent, le débiteur fait des offres : celles-ci sont-elles rejetées, il consigne la somme ; ces offres suivies de la consignation anéantissent l'obligation principale et font cesser les intérêts (3).

Mais pour que la consignation équipolle au payement il faut :

1° Que le débiteur fasse des offres préalables au créancier, s'il est présent; au juge ou président de la province, s'il est absent. Ces offres doivent comprendre la totalité de la dette avec les intérêts échus (4), à moins que par

(1) L. 10, 3, D., *Mandati*, xvii, 1.
(2) L. 40, D., *de Usuris et fructibus.*
(3) L. 6, C., *de Usuris.*
(4) L. 19. C., *de Usuris.*

la convention le débiteur n'ait obtenu la faculté de se libérer par partie. Dans ce cas il obtient sa libération pour la partie qu'il consigne (1).

2° Que ces offres soient faites au lieu où doit avoir lieu le payement (2).

3° Que la somme due soit déposée dans le dépôt public après le rejet des offres, c'est-à-dire soit déposée dans un temple ou dans le lieu que le juge aura désigné, *in publico vel in tuto loco* (3). Les *susceptores publici* avaient ordre de recevoir sans retard le dépôt (4).

La consignation, comme nous l'avons dit, éteint l'obligation principale, arrête le cours des intérêts, enlève au créancier le droit de retenir le gage, et met la chose consignée à ses risques et périls. Il est vrai que le débiteur reste propriétaire des objets consignés, jusqu'à ce qu'ils aient été retirés par le créancier; mais celui-ci, de créancier d'une somme, devient creancier des espèces déposées, et lorsque la chose due est un corps certain, elle est aux risques du créancier, *res perit creditori* (5).

Si le débiteur retire les écus qu'il a consignés, les intérêts qui avaient cessé de courir revivent et peuvent être exigés. Mais, si la dette était garantie par des fidéjusseurs, ils seront libérés, pourvu que le débiteur n'ait retiré la somme qu'après que la consignation a été ordonnée par le juge. En effet, dès ce moment la dette est éteinte comme par le payement, et de même que la restitution volontaire des écus par le créancier ne pour-

---

(1) L. 41, 1, D., *De Usuris.*
(2) L. 9, C., *de Solution.* — Dioclétien, ann. 286, VIII, 43·
(3) L. 19, C., *de Usuris.*
(4) L. 1, C., *de Susceptor.*, Code x, 70.
(5) L. 39, D., *de Solution.*, XLVI, 3.

rait effacer le payement, de même le fait du débiteur d'avoir retiré la somme consignée est impuissant à faire revivre l'ancienne dette avec ses accessoires. On raisonne par analogie de la loi 62 au Digeste *de Pactis*, dans laquelle le jurisconsulte Furius Anthianus, dans son commentaire sur l'*Édit du préteur*, décide que le pacte *de non petendo* libère le débiteur et les cautions, et que celles-ci conservent toujours l'exception *pacti conventi*, malgré les conventions postérieures survenues entre le créancier et le débiteur (1).

Le cours des intérêts est-il arrêté par des offres non suivies de consignation? Dans une constitution de l'empereur Antonin nous lisons : « Usuras ex eo tempore quo « obtulisti, præstare non cogeris. » Il serait maladroit de tirer une règle générale de ces mots. Partout nous voyons qu'il faut que les offres soient suivies de consignation pour que les intérêts cessent de courir : « Consi- « gnatam in publico depone, ut cursus legitimarum « usurarum inhibeatur », dit l'empereur Philippe. Il est donc certain que les offres seules ne suffisent pas : « Non sufficit obtulisse, nisi et deposuit obsignatam tuto « in loco, » dit Ulpien dans une note sur Marcellus. D'ailleurs, la constitution d'Antonin qu'on oppose, suppose elle-même que les offres ont été suivies de consignation, « pecuniam *obtulisti*, eaque non accipiente, obsi- « gnatam deposuisti » (2).

Une seule exception est admise dans le cas d'antichrèse. Un créancier a reçu un immeuble en gage, le

---

(1) L. 7. D., *de Usuris.* — L. 62. D., *de Pactis*, II. 14.
(2) L. 6, C., *de Usuris.* — L. 19. h. t. — L. 28, 1. D., *de Adm. et peric. tutoris*, XXVI. 7.

débiteur lui offre l'argent qu'il doit, celui-ci refuse de
le recevoir et continue à percevoir les fruits. Le capital
de la dette sera diminué de la valeur des fruits, en d'autres termes, les intérêts auront cessé de courir. « Ex
« prædiis pignori obligatis creditor post oblatam sibi
« jure pecuniam quam non suscepit, si fructus acce-
« perit, exonerari sortis debitum certum est » (1). On a
contesté cette explication, prétendant que le mot *jure*
suivant le mot *oblatam* indiquait que toutes les forma-
lités avaient été remplies et que le juge avait ordonné la
consignation. Mais Pothier a victorieusement répondu
à cette objection en montrant que le texte lui-même la
repoussait. En effet, si les fruits doivent être imputés
sur le capital, c'est que le capital n'a pas été payé, consigné, que des offres seulement ont eu lieu : sans quoi
on parlerait de répétition et non d'imputation. Dans ce
cas spécial, les offres sont suffisantes pour arrêter le
cours des intérêts, car il serait contraire à l'équité que
le créancier qui a refusé au débiteur sa libération s'arrogeât encore le droit de percevoir des fruits produits
par une chose dont le nantissement n'est plus rationnel.

Les intérêts cessent aussi de courir quand il y a accep-
tilation ou novation conventionnelle (2). Quant à la novation judiciaire résultant de la *litis contestatio*, elle
n'empêche pas les intérêts de courir. L'*animus novandi*
n'existe pas ici ; la *litis contestatio* est intervenue sur
l'obligation principale et non sur les intérêts, qui, tout

(1) L. 11, C., *de Usuris*. Constit. d'Antonin.
(2) Paul. L. 35, D., *de Usuris*.

D   5

en semblant un accessoire, sont parfaitement distincts de la créance originaire (1).

La prescription de trente ans libère de la dette du capital, et, par conséquent, de celle des intérêts. Le créancier ne pourrait réclamer les intérêts des dernières années, prétendant que ceux qui sont échus depuis plus de trente ans sont seuls prescrits : l'action principale n'existant plus, le juge ne peut pas statuer sur les intérêts. « Principali enim actione non subsistante, satis « supervacuum est super usuris vel fructibus adhuc ju- « dicem cognoscere » (2).

Le cours des intérêts devait aussi cesser par des modes d'extinction spéciaux, par voie directe, quoique la dette principale continuât d'exister.

Cette cessation avait lieu :

1° Lorsque, par l'accumulation des intérêts, le capital était doublé ;

2° Lorsque le créancier faisait remise à son débiteur.

Dans le premier cas, c'est-à-dire quand il y avait *computatio dupli*, le débiteur était libéré. Cet usage existait chez les Égyptiens, si nous nous en rapportons au témoignage de Diodore de Sicile (3).

Ulpien nous dit qu'il était interdit de stipuler ou d'exiger des intérêts au delà d'une somme égale au capital. Le capital ne pouvait se doubler qu'une fois, dès lors le cours des intérêts était arrêté, et si le débiteur payait au delà de cette somme, il pouvait ré-

---

(1) L. 18. D., *de Novat.*, XLVI. 2. — L. 27. *de Novat. eod.*
(2) L. 26, C., *de Usuris.*
(3) *Diodore :* lib. II.

péter comme ayant payé ce qu'il ne devait pas (1). Mais
cette solution n'était pas admise sans contestation, et
plusieurs prétendaient qu'on ne devait prendre en
considération, pour la *computatio dupli*, que les intérêts exigés pour un an. Cette règle n'aurait donc eu
pour but que de mettre un frein à l'avidité des banquiers! Mais n'avait-on pas déjà des lois restrictives
qu'on pouvait invoquer avec succès? D'autres di-
saient que les intérêts payés à chaque échéance étaient
omis dans le calcul de la *computatio dupli*. Antonin
confirma cette interprétation, déclarant que les intérêts
ne sont exigibles au-delà de la somme principale
que lorsque leur masse, *summam usuræ*, excède, à l'époque où le payement est exigé, celle du capital (2).

Mais Justinien, par plusieurs constitutions, et notamment par la novelle 121, remit en honneur l'interprétation d'Ulpien. Il décida que les intérêts, même payés
par intervalle (*minutim et per intervallum*), seraient ar-
rêtés quand les sommes versées formeraient un capital
égal à la somme prêtée (3).

L'innovation de Justinien ne s'étendait pas à l'argent
du fisc ni aux prêts consentis par les cités. L'empereur
ayant été consulté sur un prêt fait par la ville d'Aphro-
dise, répondit que les débiteurs étaient toujours tenus
du payement de l'intérêt convenu, jusqu'à ce qu'ils eus-
sent payé le principal : que sa loi ne regardait que les
banquiers et ceux qui faisaient commerce de leur argent, et qu'après tout, c'était moins une usure qu'un

(1) Ulpien. L. 26, § 1, D., *de Condict. indebiti.* xII. 6.
(2) L. 10, C., *de Usuris.*
(3) L. 27, l. 29, l. 30, C., *id.* — Nov. 121, cap. 2. — Nov. 138.

intérêt annuel. Après quoi il ajoutait qu'il ne pouvait pas avoir moins d'égard pour l'argent des cités que pour celui du fisc (1).

La remise de la dette arrêtait aussi le cours des intérêts. Elle pouvait être expresse ou tacite : quand par exemple le créancier laissait passer un long espace de temps sans les exiger (2). Souvent la remise n'était que partielle, quelquefois même les circonstances la faisaient présumer. Ainsi, si pendant trente ans je paye à mon créancier des intérêts inférieurs à ceux stipulés, je suis censé avoir obtenu cette diminution par un pacte. Mais pour que je puisse opposer l'*exceptio pacti conventi*, il est nécessaire que le créancier, pendant ce laps de temps, ne m'ait pas mis en demeure de payer les intérêts au taux stipulé (3).

La remise des intérêts peut être subordonnée à une condition. Un créancier diminue le taux des intérêts qu'il avait le droit d'exiger de son débiteur, à la condition que celui-ci payera le capital dans un certain délai. Ce temps écoulé, le débiteur ne paye pas : la remise est regardée comme non avenue, et le droit pour le créancier d'exiger les intérêts au taux primitif reprend naissance (4).

(1) Nov. 160, proœm. et cap. 1.
(2) L. 17, § 1, D., *de Usuris.*— L. 5, l. 8. C., *id.*
(3) L. 13, D., hoc. tit.
(4) L. 47, D., *de Pactis.*

CHAPITRE V.

Que Macedo ait été un usurier ou un fils prodigue, que le sénatus-consulte macédonien ait été rendu sous Claude, au dire de Tacite, ou sous Vespasien, comme le pense Suétone (1), nous ne rechercherons pas la solution de ce problème historique. Quoi qu'il en soit, il paraît qu'une ancienne loi de la République, la loi Quina Vicennaria, défendait de prêter de l'argent au mineur de 25 ans (2). Cette loi était tombée en désuétude, et le sénatus-consulte s'en inspira.

D'après le texte conservé par Ulpien, le but des législateurs a été d'empêcher le fils de famille, qui n'a pas de patrimoine, d'emprunter et de grever ainsi par avance la fortune qui lui écherra un jour. L'accumulation des dettes ne devait-elle pas faire naître dans son cœur le désir de voir arriver la succession de ses parents, et quelquefois le porter à accélérer par un crime la réalisation de ce vœu ?

Le sénatus-consulte défend donc de prêter de l'argent au fils de famille. Il ne fait aucune distinction de sexe ni de degré. La fille de famille n'a-t-elle pas besoin de la même protection ? Peu importe qu'elle ait employé l'argent à acheter des parures (3) ! Le sénatus-consulte s'appliquait au petit-fils comme au fils, *filii appellatione*

---

(1) Tacite, *Annales*. XI. 13. — Suétone, *Vie de Vespasien*.

(2) Plaute, *in Pseudolo*. — Mysingerus, *Scholia ad quatuor libros Institutionum*: Bâle. 1569. In-8°, p. 507.

(3) L. 9. § 2. D., *de Senatusconsulto macedoniano*. XIV. 6.

omnes liberos intelligimus (1). Les dignités dont il était revêtu, fût-ce même le consulat, ne le dérobaient pas à l'empire de la loi (2). Plus tard cette législation fut changée : Justinien pensa qu'il ne fallait pas que ceux qui sont chargés de régir les autres fussent soumis à l'autorité paternelle, et il concéda au patriciat, au consulat, à l'épiscopat, le privilége de constituer à celui qui en était revêtu la qualité de *paterfamilias* (3).

N'oublions pas que le prêt d'argent consenti avec ou sans intérêts est seul interdit (4). Le fils de famille peut vendre, acheter et même emprunter des objets mobiliers, ou promettre de verser les intérêts d'un prix de vente jusqu'au payement du capital (5). Ces divers contrats sont licites, pourvu qu'ils n'aient pas servi à déguiser un prêt d'argent. Ainsi je vends à un fils de famille une chose avec cette clause qu'il en gardera le prix à titre de *mutuum* ; je lui donne du vin, de l'huile et du blé pour qu'il les vende et garde l'argent à titre de prêt : ces conventions ne sont intervenues que pour frauder la loi, elles sont entachées de nullité (6).

Mais le sénatus-consulte cessait de s'appliquer :

1° Si le fils avait un pécule castrans : le prêt valait jusqu'à concurrence du pécule (7).

2° Si devenu *sui juris*, il ratifiait la dette qu'il avait contractée pendant qu'il était en puissance (8).

---

(1) L. 84, D. *de Verb. signif.* L. 16. — L. 14. D., h. t.
(2) L. 1, D. *in fin.*, h. t.
(3) L. 1. § 5. C., *de Consulibus.* XII. 3. — Nov. 81, cap. 2 et 3.
(4) L. 7. § 9. D., h. t.
(5) L. 3. C., *Ad senatus cons. maced.*, IV. 28.
(6) L. 3. § 3. L. 7, § 5, D., h. t.
(7) L. 1. § 3. L. 2, D., h. t.
(8) L. 2. C., h. t., *Impp. Severus et Ant.*, am. 199.

3° Si le prêt avait été fait du consentement du père, ce qui a lieu quand le fils est mandataire du père et agit dans les limites de son mandat (1), « duntaxat ad id quod « eum proposuit. » Le mandat peut même être tacite : ainsi le fils contracte un emprunt au nom de son père, il lui envoie le titre qui le constate, le père ne s'oppose pas et garde le silence : le prêt est valablement consenti (2). Il en était de même si le père ratifiait le prêt, soit en payant, soit tacitement en donnant au prêteur un gage pour sûreté de la dette de son fils (3).

4° Si le prêt tourne à l'avantage du père. Un fils de famille reçoit une somme d'argent pour doter sa sœur, le père est tenu, car il est probable qu'il voulait doter sa fille, et il est responsable « quatenus pecuniæ suæ « pepercit. » D'ailleurs, si la fille vient à mourir sans enfants, il pourra répéter la dot par l'action *Rei uxoriæ* (4). Il n'est pas nécessaire que le père ait réellement profité de l'argent, il suffit qu'il ait pu justement penser, à l'époque du prêt, qu'il en profiterait (5).

5° Si le fils, se trouvant éloigné de son père, « studiorum « vel legationis causa », reçoit cette somme pour ses études et dans les limites de ce que son père a l'habitude de lui remettre (6).

6° Enfin, si le prêt est fait au fils pour qu'il puisse éteindre une dette qu'il a antérieurement et légitimement contractée. Ici le prêt est dans l'intérêt du fils, il tourne à son avantage : car la dette qu'il éteint, était

---

(1) L. 5, § 11. *de Institoria actione.*
(2) L. 16. D., h. t.
(3) L. 7, § 15. D., h. t.
(4) L. 17. D. h. t.
(5) L. 17. § 12, D., h. t.
(6) L. 7. § 13. D., h. t. — L. 5. C., h. t.

peut-être exigible et la *manus injectio* imminente; aussi il serait injuste de le proscrire (1).

Le sénatus-consulte macédonien défendait d'accorder au créancier une action pour réclamer la somme prêtée; il concédait aussi à l'emprunteur une exception pour repousser l'action intentée contre lui. Il y aura en effet, selon les cas, refus d'action ou concession d'action avec insertion de l'exception dans la formule. Toutes les fois que, les parties étant devant le préteur, celui-ci reconnaîtra comme constante l'infraction au sénatus-consulte, il refusera simplement l'action. Au contraire, il peut se faire que, devant le préteur, il reste de l'incertitude sur le point de savoir si, dans l'espèce, le sénatus-consulte macédonien est réellement applicable : alors le préteur ne peut aller plus avant; il donnera l'action en ajoutant l'exception *senatus-consulti macedoniani*. Ceci se comprend si on remarque que, dans plusieurs cas souvent difficiles à déterminer d'avance, le sénatus-consulte n'était pas applicable.

L'exception, résultant du sénatus-consulte macédonien, est perpétuelle et péremptoire. Le créancier ne peut donc pas revendiquer l'argent s'il existe encore; ni le réclamer par la *condictio* s'il est consommé. Elle peut être opposée en tout état de cause, même après la *litis contestatio*, car elle est décisive. Nous trouvons ici une analogie avec le *sénatus-consulte velléien* (2), que le même esprit de protection avait fait édicter en faveur de la femme mariée.

Cette exception est accordée au fils de famille, au père,

(1) L. 7, § 14, h. t.
(2) L. 11, D., h. t.

soit que le fils se trouve sous sa puissance, soit qu'il l'ait
émancipé ; à ses fidéjusseurs, à moins qu'ils n'aient agi
animo donandi, ou qu'ils ne l'aient cautionné en présence
du père. Le fils ou ses ayant cause ont donc la faculté de
revendiquer l'argent payé, de le *condicere quasi indebi-
tum* (1). Le fils pouvait renoncer à cette exception, mais
seulement quand il jouissait de la plénitude de ses droits.
Si devenu *paterfamilias* il acquitte sa dette, il ne pourra
plus invoquer le sénatus-consulte : il a accompli une
obligation naturelle (2).

D'après une constitution de l'empereur Pertinax.
l'exception du sénatus-consulte ne pouvait pas être opposée lorsque le fils s'était frauduleusement présenté au
contrat, comme *paterfamilias*. Mais il fallait que le préteur ait eu *justa ratio* de croire à son affirmation.

Le sénatus-consulte macédonien était invoqué quelle
que fût la qualité du créancier. Plusieurs cités avaient
voulu imprimer force de loi à leur contrat, et prétendaient réclamer l'argent qu'elles avaient prêté à un fils
de famille. Les empereurs Sévère et Antonin proscrivi-
rent cette usurpation (3).

Mais, que décider lorsque le fils de famille avait emprunté à un impubère ? Si l'*auctoritas tutoris* n'avait pas
été donnée, le contrat était nul, et l'emprunteur devait
rendre l'argent. Si l'*auctoritas tutoris* avait été concédée.
la convention était valable légalement ; mais le préteur
donnait la *restitutio in integrum* (4). Un privilégié, disent
les commentateurs, ne peut pas user de son privilége

(1) L. 9, § 4, h. t.
(2) L. 10, h. t. — L. 40, *de Condict. indeb..* XII, 16.
(3) L. 15. D., h. t.
(4) L. 11. § 7. *de Minor. vig ann..* IV. 1.

vis à vis d'un autre privilégié. D'ailleurs le privilége de
l'âge est plus grand que celui du sénatus-consulte.

S'il y avait minorité des deux côtés, on revenait à la
règle générale ; on donnait la préférence à l'emprunteur qui avait consommé l'argent, pourvu qu'au moment
de la *litis contestatio* il ne fût pas devenu plus riche.
« Melior est causa consumentis nisi locupletior ex hoc
« inveniatur litis contestatæ tempore is qui accepit (1).»

Enfin, si le prêt était fait par un fils de famille, quoique la somme fut prise sur le pécule, le père avait le
droit de revendiquer les écus prêtés à l'emprunteur.
Ulpien nous donne la raison de cette décision, en disant
que le fils de famille a le droit d'administrer son pécule,
mais non de le perdre (2). Cependant, toutes les fois que
le prêt fait par le fils de famille, sur son pécule,
était dans la limite de son pouvoir d'administration,
le prêt était valable. Mais, dans ce cas, l'exercice de la
condictio appartenait au père comme au fils.

(1) L. 34, *de Minor. viij. ann.*, IV, 4. Paul.
(2) L. 3, § 2, D., *de Senatusconsulto macedon.*, XIV, 6. Ulpien.

CHAPITRE VI.

DU NAUTICUM FŒNUS.

« Le *nauticum fœnus* est un contrat par lequel une personne transfère à un armateur la propriété d'une somme d'argent pour acheter un navire ou les marchandises qui doivent lui servir de cargaison, ou bien encore pour être transportée au lieu où ces marchandises seront achetées : à la condition que celui qui a ainsi donné son argent prend à sa charge les risques de la navigation qui doit avoir lieu à telle époque, de tel endroit à tel autre, en sorte que, si ce navire fait naufrage, il ne lui sera rien dû, tandis que, dans le cas contraire, on lui devra et la somme prêtée et une somme en plus fixée par les parties comme elles l'entendent, somme considérée comme le prix du risque (*periculi pretium*), et appelée usure maritime » (1).

Cette définition met en relief tous les caractères du *nauticum fœnus*, et pose les principes fondamentaux qui le régissent.

Était-ce un contrat particulier ou une face du *mutuum ?* Grave question qui divise encore les jurisconsultes.

Cujas voit dans le *nauticum fœnus* deux contrats : selon lui, il y a *nauticum* pour la somme principale, et contrat innommé pour les intérêts. Aussi il accorde au prêteur la *condictio* pour la somme principale, et pour les intérêts l'action *præscriptis verbis*, s'ils n'ont été joints

(1) M. Vernet.

que par un simple pacte. Ce système a le grave inconvénient de scinder un contrat parfaitement indivisible, et dont les éléments sont intimement unis.

M. de Savigny pense que le *nauticum fœnus* est un contrat innommé. « Dans ce contrat, dit-il, la forme du prêt n'est qu'une apparence extérieure : en réalité, on donnait une somme avec chances de pertes, et l'autre partie promettait une somme supérieure dans le cas où la perte n'aurait pas lieu ; cette convention rentrait donc dans la classe des contrats innommés donnant lieu à la *præscriptis verbis*. »

Mais cette opinion n'est-elle pas en opposition avec les textes des jurisconsultes romains? N'est-il pas préférable de penser que le *nauticum fœnus* est un *mutuum* régi par des règles spéciales ? La plupart des interprètes se rangent à ce système. De plus, dans plusieurs textes on voit le mot *mutuum* employé pour désigner le prêt maritime (1). Enfin, on adresse aux systèmes adverses une objection qu'ils ne peuvent réfuter.

Si le *nauticum fœnus* est un contrat innommé, et si le bénéfice peut en être réclamé par la *præscriptis verbis*, comme cette action est de bonne foi (ce qui paraît incontestable), elle sera suffisante pour que le prêteur puisse obtenir l'objet de sa demande. Les actions de bonne foi concèdent en effet au juge un pouvoir illimité, qui lui donne le droit de terminer le différend sans qu'il soit nécessaire d'insérer primordialement dans la formule une action spéciale. Or nous avons au *Digeste* un texte où nous voyons l'action *de eo quod certo loco*, invoquée dans un prêt maritime, où des marchandises devaient

(1) L. 6, D., *de Nautico fœnore*. XXII. 2. — L. 4. Cod., *id.*, IV, 33.

être conduites et livrées à Éphèse (1). Si le *nauticum fœnus* donnait au créancier la faculté de réclamer l'exécution de la convention par la *præscriptis verbis*, il n'aurait pas eu besoin de recourir à l'action *de eo quod certo loco*. Le juge, en présence d'une action de bonne foi, peut librement apprécier l'intérêt qui a dirigé les parties, et la cause qui les a portées à fixer un endroit pour le payement ou la livraison (2). Il résulte de ce fait, que l'action *præscriptis verbis* ne saurait être invoquée, et comme le nauticum fœnus ne peut être qu'un mutuum ou un contrat innommé engendrant l'action *præscriptis verbis*, nous devons conclure que c'est un mutuum.

Le péril maritime n'était pas le seul qui autorisât la stipulation d'intérêts supérieurs au taux légal ; cette faculté était également concédée toutes les fois que les risques de perdre la somme prêtée imprimaient à la convention un caractère aléatoire. Ainsi nous voyons, dans les Textes, le prêt fait à un pêcheur pour acheter des engins de pêche, à la condition que, s'il prend une certaine quantité de poissons, il me rendra le capital et une somme stipulée, et que si la pêche ne réussit pas il ne devra rien. Le jurisconsulte Scævola cite également le prêt fait à un athlète pour se nourrir et s'exercer, avec la condition qu'il ne sera débiteur qu'au cas où il remportera le prix, mais que dans ce cas il devra rendre la somme prêtée et l'intérêt convenu (3).

Pour qu'il y eût *nauticum fœnus*, il fallait que le transport eût lieu par mer. Les choses confiées au bâtiment

---

1) L. 2. § 8, D., *de Eo quod certo loco*. XIII, 4.
(2) L. 7, D., *de Eo quod*, etc.
(3) L. 5. D., *de Nautico fœnore*.

restaient aux risques du prêteur tant que le navire était
à la mer; s'il venait à périr, l'emprunteur était libéré (1).

Mais, le prêteur pouvait restreindre sa responsabilité,
la convention réglait d'une manière décisive les rap-
ports qui devaient exister entre les contractants. Ainsi
il était permis d'assigner au conducteur du navire une
route à suivre, dont il ne pouvait s'écarter sans engager
sa responsabilité. D'ailleurs, le prêteur ne répondait que
du péril de la mer causé par les vents ou les flots, par
un incendie fortuit ou par la dévastation des pirates.
Les pertes survenues par la faute de l'armateur sont à
sa charge. Le naufrage est-il dû à la mauvaise construction, le navire a-t-il sombré par suite de la direction inintelligente imprimée à la navigation, la cargaison a-t-elle été confisquée parce que vous avez placé à
côté des marchandises dont nous étions convenus, d'autres qui étaient prohibées? Voici autant de cas dans lesquels le contrat se maintient en faveur du prêteur, et
lui donne le droit d'en réclamer intégralement le bénéfice.

Dès que le voyage maritime est terminé, les choses
cessent d'être aux risques du prêteur; l'obligation pour
l'armateur d'exécuter le contrat est ouverte. Mais, puis-
je exiger de l'emprunteur qu'il me payera les intérêts
tant de la somme prêtée que du *nauticum fœnus* depuis
le jour où il a pris terre, jusqu'à celui où il me versera
les sommes convenues? D'abord il faut qu'une stipulation soit intervenue; car, si dans le prêt maritime le

(1) L. 3, D., *de Nautico fœnore.* — L. 1. C., h. t.

nauticum fœnus est dû par simple pacte, dès que le voyage est accompli, le prêt cesse d'avoir son caractère primordial : nous sommes maintenant en présence d'un *mutuum*, contrat de droit strict, où les intérêts doivent être spécialement stipulés. Pothier refusait ce droit au prêteur, du moins pour les *usuræ maritimæ*, disant que leur faire produire des intérêts, ce serait autoriser l'anatocisme que les lois romaines proscrivaient. Mais ce raisonnement est-il inattaquable? Pour nous, nous ne saurions l'admettre. Si la loi a défendu l'anatocisme, c'est qu'elle n'a pas voulu que les débiteurs fussent ruinés par l'accumulation des intérêts, et, d'autre part, parce qu'elle a pensé que, si les intérêts étaient payés, le débiteur les dépenserait, et n'en ferait pas l'objet d'un nouveau prêt. Ici sommes-nous dans le même cas? Les intérêts maritimes sont supérieurs aux intérêts terrestres; de plus ils sont payés avec le capital et s'y incorporent pour ainsi dire : il est donc permis de penser que le créancier recevant cette chose l'aurait engagée dans une nouvelle entreprise. Le retard dans le payement lui cause un préjudice; l'intérêt stipulé présente le caractère de clause pénale.

Quelquefois le prêteur faisait monter sur le navire un esclave chargé de percevoir les versements qui devaient avoir lieu dans les divers ports où le navire relâchait. Tant que le bâtiment est à la mer, le bénéfice que le maître retirerait de son esclave se confond avec l'intérêt maritime. Mais, dès que le voyage est terminé, l'obligation de restituer ouverte, le maître peut valablement stipuler une indemnité pour le dommage que lui cause la privation des travaux de son esclave.

Mais il ne faut pas perdre de vue qu'il s'agit dans ce

dernier cas d'un *mutuum* et que l'intérêt ou l'indemnité stipulés ne sauraient dépasser le taux légal (1).

Le prêteur pouvait stipuler certaines garanties : une caution, un gage, une hypothèque. Il pouvait même convenir que des marchandises transportées sur d'autres navires lui seraient hypothéquées; mais comme il est probable qu'elles sont déjà frappées d'hypothèques antérieures, la sienne ne viendra qu'à son rang, et pour le surplus, *quod supererit*. Si l'hypothèque est assise sur des marchandises transportées sur le navire et destinées à être vendues dans les ports où ce navire abordera, cette convention ne mettra pas obstacle à leur livraison, mais l'hypothèque se reportera d'elle-même sur celles qui seront chargées en échange. Cette hypothèque était subordonnée à l'existence de l'obligation principale. Si le navire périt dans la traversée, l'obligation de l'emprunteur s'évanouit, l'hypothèque subit le même sort quand même elle reposerait sur des marchandises transportées sur d'autres navires, et qui seraient arrivées sans entraves à leur destination (2).

Si le prêteur n'avait pas stipulé de garanties spéciales, ses droits étaient sauvegardés par un privilége qui, comme tout privilége du droit romain, lui donnait le droit d'être payé à son rang sur le prix du navire ou des marchandises. Il en était de même de celui qui prêtait de l'argent pour construire un navire. La somme donnée pour construire ou équiper le bâtiment était tacitement garantie par la valeur du navire ou des marchandises qui en étaient pour ainsi dire

____

(1) L. 4. D.. *de Nautico fœnore.*— L. 44, D.. *de Usuris et fructib.*, XXII, 1.
(2) L. 6. D . *de Naut. fœn.*

la représentation (1). Mais, dans tous les cas, ces créanciers ne venaient qu'après le fisc (2).

Nous ne trouvons pas dans les textes d'hypothèque privilégiée.

Il nous est maintenant facile de marquer les différences qui existaient entre le *mutuum* et le *nauticum fœnus*.

1° Dans ce contrat l'argent prêté est aux risques du prêteur : dans le *mutuum* le péril regarde l'emprunteur.

2° Dans le prêt ordinaire, l'intérêt ne devenait exigible qu'autant qu'il était stipulé : dans le *nauticum fœnus* il était dû en vertu d'un simple pacte.

3° A l'origine aucune limite n'était posée à l'intérêt maritime : « Trajectitia pecunia propter periculum cre- « ditoris, quamdiu navigat navis, infinitas usuras reci- « pere potest (3). La coutume l'avait fixé à 10 p. 100 avec faculté pour le prêteur de charger sur le navire un boisseau de blé par chaque solide prêté. Justinien le mit à 12 p. 100 (4). On sait au contraire que, depuis la loi des XII Tables, l'intérêt stipulé dans le *mutuum* ne devait pas dépasser le taux déterminé par la loi.

4° Les intérêts terrestres ne pouvaient plus être réclamés lorsqu'ils atteignaient une somme égale au capital prêté. Cette limite n'existait pas pour les intérêts maritimes.

(1) L. 122, D., *de Verb. oblig*, IV. 41. — L. 4. D., h. t. — L. 26. D., *de Rebus auctoritate judicis*, XLII, 5.

(2) L. 34, D., *de Rebus auct. jud.* — L. 25, *de Rebus creditis*. XII. 1. — Paul, sent. V, 12, 10. — L. 8, D., *Qui pot. in pign.*, XX, 4.

(3) Paul, sent. II, 14. 3.

(4) L. 26. C., *de Usuris*. Nov. 106.

5° Le *mutuum* était parfait par le transfert de la propriété des écus : le prêt maritime n'affectait ce caractère qu'au moment où le navire prenait la mer, car dès lors seulement les risques commençaient.

6° Enfin, d'après la coutume, les intérêts se payaient lors de l'achèvement du voyage, lors de la restitution de la somme prêtée. Dans le *mutuum* les intérêts se payaient d'ordinaire tous les mois, à l'époque des Calendes.

Nous ne quitterons pas cette matière sans jeter les yeux sur un texte de Scævola et sans indiquer les difficultés auxquelles il a donné naissance (1). Seius fait, par l'entremise de son esclave Stichus, un prêt maritime avec Callimaque. Les conditions sont que Callimaque partira de Béryte pour se rendre à Brindes, d'où il repartira avant les Ides de septembre pour retourner à Béryte avec les marchandises qu'il aura achetées à Brindes. La durée de la traversée est fixée à deux cents jours, des hypothèques garantissent le prêt, et l'esclave Éros, vicaire de Stichus, monte sur le navire pour livrer les marchandises à Brindes et en toucher le prix. Callimaque se rend à Brindes et en repart avant les Ides de septembre, ainsi que c'était convenu : mais le navire périt dans la traversée avant de toucher la côte de Syrie. Le jurisconsulte demande si Seius pourra, par l'action *ex stipulatu*, réclamer le prix du marché de Callimaque. Et il répond qu'il le pourra.

Cette solution renverse les principes émis sur le *nauticum fœnus*. En effet, Callimaque a effectué le voyage dans les délais convenus, et tant que le navire est à la

______

(1) L. 122. § 1. *de Verb. oblig.*, XLV. 1.

mer, les risques sont pour Seius, le prêteur. Aussi Pothier essaie-t-il de corriger cette inconséquence en intercalant la négation *non*, et mettant sous la plume du iurisconsulte une décision autre que celle qui nous est conservée. Ce n'est pas expliquer un texte, mais le modifier complétement.

Cujas s'applique à donner aux mots « quasi in pro-« vinciam Syriam perventurus enavigavit, » le sens suivant. Callimaque est parti pour revenir en Syrie, avant les Ides de septembre ; mais, au lieu de mettre directement le cap sur Béryte, il a pris une autre direction. Cette interprétation est préférable à celle de Pothier, mais n'est-elle pas divinatoire ?

Quoi qu'il en soit, le texte nous montre que le prêteur pouvait modifier le contrat à sa guise, limiter la durée de la traversée et restreindre sa responsabilité.

CHAPITRE VII.

DU PRÊT A INTÉRÊT CHEZ LES JUIFS.

Les Juifs désignaient l'usure par un mot qui exprimait tout l'odieux que leur légistateur y avait attaché. Ils l'appelaient *nesech* (נשך), c'est-à-dire morsure et la comparaient à la piqûre venimeuse du serpent. L'usurier est un reptile qui commence par faire à sa victime une blessure légère, mais le venin qu'il a déposé corrompt son sang et bientôt la frappe de mort (1).

La loi de Moïse comprenait les préceptes moraux, les règles du culte et les lois civiles. Les tables du Sinaï, rapportées au milieu des éclairs de la puissance divine posent des principes qui sont la manifestation la plus éclatante du droit et de la justice. Tu aimeras ton Dieu de tout ton esprit et de toutes tes forces, et ton prochain pour l'amour de lui! Paroles sublimes, dignes d'être

---

(1) *Cornélius à Lapide*, Notes sur le Deutéronome. — Les Chaldéens appelaient l'usure *chabalia* (sive perditio). — Le même Cornélius à Lapide prétend que les Indiens ne connurent jamais l'usure : «Indi nunquàm admiserunt fœnus.» Cependant nous trouvons dans l'almanach des bramines, au nombre des choses avantageuses pour le samedi (semivaram), celles-ci : *On aura du profit en l'argent, on aura des richesses.* N'est-il pas permis de penser que les Indiens, qui avaient pour principe que, «*s'il n'y a point d'argent, toutes choses sont pour lors plus légères que la paille,*» cherchèrent dans le prêt d'argent un légitime profit? (Cent proverbes de Barthrovherei, renommé parmi les bramines qui demeurent sur les costes de Chormandel, chap. 15 du Panjangave, ou almanach des bramines, et chap. 4 de l'Argent. — Abraham Roger, La Porte ouverte pour parvenir à la connaissance du paganisme caché, ou la vraye représentation de la vie, des mœurs, de la religion et du service divin des bramines. In-4°, p. 84 et 325; Amsterdam, 1670.) — En Chine, d'après M. Huc, le taux ordinaire de l'intérêt est de 30 pour 100.

inscrites en traits de flammes au frontispice de toute législation, embrassant à la fois tous les devoirs !

Mais le législateur devait surtout s'appliquer à régler les droits naissant du conflit des intérêts privés, et résultant des relations sociales. L'Exode, le Lévitique, le Deutéronome nous présentent l'ensemble de ces lois.

C'est toujours au nom de Dieu que Moïse s'exprime : « *Hæc sunt verba quæ propones eis.* » Et le peuple s'inclinait. Il voyait les éclairs et la fumée de la montagne, il entendait le tonnerre et le son de la trompette, épouvanté et frappé de terreur ! (1).

« Si vous prêtez de l'argent aux pauvres de mon peuple qui habitent avec vous, lisons-nous dans l'Exode, vous ne les opprimerez pas comme un exacteur, et vous ne les accablerez pas d'usure » (2).

Ce texte, placé dans un chapitre où le législateur traite à la fois de l'échange, du dépôt, du louage, de l'homicide, etc., ne présente sur le prêt d'argent qu'une théorie incomplète. Il ne le défend pas, du moins il exige qu'on n'abuse pas de sa position, de ses richesses, pour opprimer le pauvre. Ne pas redemander avec trop de roideur l'argent prêté, et ne pas faire de l'usure un moyen d'oppression, voilà le précepte.

Au Lévitique nous lisons : « Tu ne prendras pas d'intérêts de ton frère, ni plus que tu lui as donné » 3 . Mais ici encore il s'agit d'un Israélite pauvre, infirme.

Enfin un passage du Deutéronome jette sur cette question une brillante lueur.

« Non fœnerabis (le texte hébreu est plus énergique

1. Exode xx, 18.
2) Exode xxii, 25.
3 Lévitique, xxvi, 36, 37.

non mordebis) fratri tuo ad usuram pecuniam, nec fruges, nec quamlibet aliam rem, *sed alieno*. Fratri autem tuo, absque usurâ id quo indiget, commodabis, ut benedicat te Dominus Deus tuus in omni opere tuo in terrâ ad quam ingrederis possidendam. » Vous ne prêterez à usure à votre frère, ni argent, ni semence, ni quelque autre chose que ce soit, *mais seulement aux étrangers*. Vous prêterez à votre frère ce dont il aura besoin sans usure, afin que le Seigneur votre Dieu vous bénisse en tout ce que vous ferez dans la terre que vous devez posséder (1).

Cette disposition du Pentateuque renferme sur le prêt à intérêt la théorie complète de la législation juive. Entre les Hébreux, ce contrat est interdit; à l'égard de l'étranger, il est non-seulement toléré, mais formellement permis. Moïse présente comme récompense aux Israélites fidèles aux ordres de Dieu, la facilité qu'ils auront de placer leur argent chez les étrangers. « Vous prêterez à un grand nombre de peuples, leur dit-il, et vous n'emprunterez rien vous-même de personne : vous dominerez sur plusieurs nations et nul ne vous dominera. Tu prêteras à un grand nombre de peuples, et tu n'emprunteras d'aucun (2).

Est-ce à dire que le souverain législateur ait accordé aux Hébreux le droit d'opprimer l'étranger ? Une pareille pensée est loin de cette législation dont la mansuétude et la charité sont comme les bases inébranlables et sûres. Les jugements doivent être égaux entre les étrangers comme entre les Juifs. Le peuple de Dieu n'a-t-il pas été lui-même étranger en Égypte, soumis

(1) Deutéronome. xxiii. 19 et 20.
(2) Deut., xv. 5 et 6. — Lévit.. xxiv. 22.

à un pénible esclavage dont le bras tout puissant l'a arraché, mais dont le souvenir doit dicter à ses actions la douceur et le pardon? L'usure est toujours prohibée, le prêt à intérêt défendu entre les Hébreux, mais permis envers les étrangers.

Saint Ambroise et saint Thomas s'élèvent contre cette interprétation (1). Selon le premier, le mot *alieno* désigne les sept nations que Dieu a proscrites : on peut les tuer, à plus forte raison les frapper de l'usure. Selon le docteur angélique, Moïse concède aux Juifs une simple tolérance, *ob duritiam cordis*. Ne le voit-on pas leur donner de même le droit de répudier leurs femmes, de divorcer? Et qui osera prétendre que le divorce ait été, sous cette législation, un droit promis, formellement accordé par la loi sinaïque? Nous avons vu la simplicité du texte hébreu, les docteurs de l'école s'efforçant de lui trouver un sens spirituel, se sont éloignés du sens littéral, qui, à notre avis, est le seul juste et acceptable. Le texte ne s'applique pas aux nations proscrites ; ces peuples séparés par le mépris de tous les autres n'avaient aucune relation avec les Juifs ; ils ne faisaient donc pas avec eux le commerce ; or, comment comprendre que Moïse les ait eus en vue, car le prêt suppose nécessairement des relations sociales. L'objection de saint Thomas manque également de base. Aucune analogie ne peut être admise entre le divorce et le prêt à intérêt. Que le divorce ait été toléré par la loi juive, je l'admets ; mais qu'il ait été présenté comme une récompense : aucun texte ne proclame cette énormité qui fe-

---

(1) S. Ambroise, *in Tobiam*, cap. 15. — S. Thomas.

rait à bon droit lever les épaules. Au contraire le prêt à intérêt est promis aux Juifs qui écouteront la voix du Seigneur. Si Moïse l'avait toléré comme un fait qu'il ne pouvait empêcher, lui aurait-il donné cette auguste consécration ?

On se tromperait si on se représentait les Hébreux comme des gens avides et grossiers, cherchant à faire fructifier leur argent, même par des moyens déshonnêtes. Cette avidité des Juifs, aujourd'hui proverbiale, n'a commencé qu'au moment de la domination des Wisgoths en Espagne. L'incapacité administrative des barbares en fut la source, et la haine que l'Église, par une fâcheuse interprétation, conçut pour la science de l'argent, la favorisa. Les Juifs, bannis de toutes les nations, se portèrent vers le trafic et y acquirent une triste célébrité. Mais, sous la loi de Moïse, ils montraient un désintéressement dont les nations ont rarement donné l'exemple. Souvent ils offraient leurs richesses à Dieu, les déposaient dans son temple pour relever le luxe des sacrifices, et on sait que Crassus, se dirigeant vers les Parthes où il devait trouver la mort, enleva du temple de Jérusalem l'or qu'il y trouva, que Pompée avait respecté, et qui montait à huit mille talents (1).

Moïse s'efforça de maintenir une certaine proportion entre les fortunes ; les terres devaient faire retour au vendeur en l'année sabbatique, qui avait lieu tous les cinquante ans. Il voulait séparer le peuple juif pour toujours des autres. L'esclave est affranchi après sept années, lors de l'année jubilaire ; les dettes sont remises. Mais ces faveurs ne s'étendent pas aux étrangers ; pour

1. Flavius Josèphe, *Antiquités judaïques*, XIV, 14.

eux, les rigueurs de la loi ne fléchissent jamais ; les contrats reçoivent toujours leur entière exécution.

Les commandements de Moïse étaient sacrés pour tous ; on ne pouvait ni ajouter à sa parole, ni retrancher de ses préceptes : c'étaient les ordres et la voix de Dieu. Le souvenir du libérateur fut toujours environné d'un sublime prestige : le Seigneur l'avait fait grand par la terreur de ses ennemis ; aussi, sa mémoire était en vénération (1). Personne n'osera proposer un changement à sa doctrine ; elle sera toujours la loi de vie et de science, gage de l'alliance de Dieu et de son peuple. Les prophètes rappellent que sa gloire est presque l'égale de celle du Très-Haut, qui l'a fait saint par sa loi et sa douceur. S'ils se permettent, dans leurs chants sacrés, de parler de préceptes et de donner des ordres, c'est toujours à loi mosaïque qu'ils se rapportent. c'est toujours elle qu'ils proclament.

En vain citera-t-on le psaume où David place sur la montagne sainte celui qui ne prête pas à intérêt, les paroles dans lesquelles Ézéchiel déclare que celui qui s'éloigne de l'usure est béni de Dieu (2). Nous ne voyons, dans tous ces passages, que de vertueuses exhortations, et jamais un précepte positif. D'ailleurs, ni David, ni Salomon, ni Ézéchias, ni aucun roi de Juda n'a songé à faire une seule loi. Tous s'inclinèrent devant la loi de Moïse ; et, comme le remarque Bossuet : « Y ajouter ou en retrancher un seul article, était un attentat que le peuple aurait regardé avec horreur (3). »

1) Deut., iv, 2 ; xii. 32. — L'Ecclésiast., chap. 45. pass.
2) David, ps. xv, 5. — Ézéchiel, xviii, 8.
3) Bossuet. *Discours sur l'hist. univers.*, part. ii, n° 5.

CHAPITRE VIII.

DROIT CANONIQUE.

La loi mosaïque allait être soumise à une complète innovation, plusieurs de ses préceptes disparaître, plusieurs recevoir une auguste sanction. Jésus-Christ, dont Moïse et les patriarches avaient salué le règne glorieux, dont les rois et les prophètes avaient chanté le brillant avénement, devait poser de nouveaux principes. Pendant les trois années de sa mission divine, le Sauveur jeta les fondements de son auguste doctrine, que les Apôtres ont répandue dans le monde, malgré les difficultés qu'une théorie prêchant le désintéressement et l'abnégation devait rencontrer chez des peuples voués au culte de toutes les jouissances. L'Évangile ne doit pas être cependant considéré comme un code renfermant des lois qui règlent les intérêts matériels : le but du Fils de Dieu est plus élevé. Envoyé comme médiateur entre Dieu et l'homme, Jésus-Christ s'attache à poser des principes de morale religieuse et à tourner vers la vie future les aspirations des peuples. C'est sa mission, à laquelle tous les instants de sa vie terrestre sont consacrés, qu'il scelle de son sang, et transfigure par l'éclat de sa Résurrection.

Mais, si la vie terrestre n'est pas l'objet de la constante préoccupation de Jésus Christ, si lui-même proclame que son royaume n'est pas de ce monde, cependant il sait qu'il s'adresse à des hommes, et que, pour leur faire entrevoir les splendeurs célestes, il doit leur parler d'abord de la terre, afin de les élever par degré, d'héroïsme en héroïsme, jusqu'à Dieu, centre de toute vérité et de toute justice. Aussi le voyons-nous tirer ses paraboles des événements qui se déroulent sous nos yeux.

Ces augustes discours proscrivent-ils le commerce de l'argent? Qui oserait le soutenir, en présence de la parabole des talents et de celle de l'économe infidèle? Dans la première, Jésus inflige un blâme sévère à celui qui, au lieu de faire prospérer son argent, l'a enfoui dans la terre : « Vous deviez donc confier, dit-il, mon argent aux changeurs, et, à mon retour, j'aurais retiré ce qui est à moi avec usure. » Et il fait enlever le talent confié au serviteur méchant et paresseux pour le remettre à celui qui, ayant reçu cinq talents, en représentait dix.

Verra-t-on une prohibition de notre contrat dans le sermon sur la montagne, dans ces paroles rapportées par saint Luc : *Mutuum date, nihil inde sperantes* (2) ? Mais la circonstance dans laquelle Jésus-Christ a prononcé cette maxime rend cette interprétation impossible. Le Christ, suivi d'une immense multitude avide de sa parole divine, proclama ce qu'on a à juste raison appelé les Béatitudes, immortelles récompenses promises à ceux que les malheurs de la vie accablent, mais qui espèrent en Dieu : préceptes de bienfaisance rayonnant dans une mystique allégresse, ayant surtout pour but de contraindre l'homme, malgré les forces contraires qui le sollicitent. « Si quelqu'un prend votre manteau, laissez-lui prendre votre tunique ; si quelqu'un vous frappe sur la joue, tendez l'autre. » Et puis : « Faites du bien, et prêtez sans rien espérer. » Voici l'ensemble de la doc-

---

(1) S. Mathieu. XXV. 27.
(2) S. Luc. XVI. 8.

trine ; elle est toute morale et toute mystique ; son caractère et son but peuvent se résumer dans ces paroles du Christ : « Aimez vos ennemis, et faites-leur du bien. »

Cette théorie, d'une admirable sagesse, et dont on conçoit toute la beauté quand on la considère dans la sphère où Jésus l'a lui-même placée, deviendrait ridicule si on la détournait de sa fin naturelle. Ceux qui ont voulu faire de ces paroles le principe d'une loi positive, n'ont pas réfléchi qu'ils seraient forcés d'accorder une entière absolution au voleur et à celui qui aurait commis des actes de brutale violence.

Les Pères de l'Église ont donné de ce passage de saint Luc la même interprétation.

Saint Ambroise, tout en entendant ces mots dans leur sens surnaturel, ne dit pas que ce soit un précepte obligatoire dans toutes les circonstances ; il enseigne même qu'il peut y avoir de bons usuriers : « Docebo quomodo boni fœneratores esse possitis, quomodo bonas quæratis usuras (1). »

Suivant saint Jérôme, il y a dans la loi évangélique une augmentation de vertu. L'ancienne loi avait dit : « Prêtez sans espérer d'intérêts. » L'Évangile dit : « Prêtez, même sans espérer le capital. » On a objecté : mais si on dit de prêter sans espérer le capital, à fortiori doit-on prêter sans espérer des intérêts. La réponse à cette objection est facile, et il nous semble que le précepte de prêter quequefois sans espérer le capital, ne renferme pas celui de prêter toujours sans exiger d'intérêt. Si Jésus-Christ ordonne de prêter aux pauvres sans espoir de restitution, blâme-t-il tout profit résultant du prêt (2)?

Enfin. saint Jean Chrysostôme, dans ses homélies, reconnaît que Jésus-Christ n'a défendu que l'usure oppressive. « Quod etiam nos patiemur, nisi desinamus pauperes atterere, et penuriæ egestatisque occasione « sumpta, impudente abuti usurâ » (1).

Aussi nous ne craignons pas de dire que Bossuet s'est éloigné de l'interprétation des saints Pères, en traduisant le mot *inde* ainsi : *au-delà du capital*. Et lorsque le grand évêque demande en quoi le prêt sans espoir de recevoir le capital diffère du don, nous lui répondrons avec saint Basile, que c'est une donation déguisée, moins humiliante et plus conforme à la charité chrétienne : un don envers l'homme qui ne restitue pas, un prêt envers Dieu qui s'est engagé à rendre avec usure ce qui sera donné aux pauvres (2).

En résumé les paroles de Jésus-Christ doivent signifier : Prêtez, lors même que vous n'espérez rien. C'est une maxime de bienfaisance : *Benefacite et mutuum date*. La conjonctive *et*, qui lie les deux préceptes, montre qu'ils ont été émis dans le même ordre d'idées. M. Rossi pensait juste, quand il disait avec cette finesse qui distinguait toutes ses paroles : « Mon Dieu, dans cette malheureuse affaire du taux de l'intérêt il y a un obstacle dans un texte sacré que je respecte fort, mais qu'on interprète d'une façon tout à fait inexacte : *Mutuum date, nihil inde sperantes*, cela veut dire tout simplement : Quand vous prêtez votre argent, vous n'êtes pas sûrs qu'on vous le rendra » (3).

Nous voyons dans les écrits des saints Pères plusieurs

(1) S. Jean-Chrys., homél. 56, *in Mathæum*.

(2) Bossuet, *Œuvres posthumes*; *Traité de l'usure*, III. p. 66. — S. Basile, homélie sur le ps. XIV. *et contrà fœneratores*, n° 5.

(3) M. Wolowski, *Enquête sur le taux de l'intérêt de l'argent*, I. 417.

cas où le prêt à intérêt est présenté comme un contrat partaitement licite.

Saint Basile, dans ses lettres, engage le créancier à faire remise de la dette, mais il reconnaît cette dette valable, productive des intérêts stipulés, et il présente la renonciation à ces intérêts comme une œuvre agréable à Dieu (1). Saint Jean Chrysostôme admet la légitimité du prêt à intérêt, et le place au même rang que l'achat des meubles, des maisons et des champs : il n'y a d'injustice qu'autant qu'on s'empare du bien d'autrui, qu'on saisit de force les maisons ou qu'on opprime le pauvre. Mais il a soin d'ajouter que ceux qui veulent se rapprocher de Dieu doivent s'éloigner des biens de ce monde : c'est le sens spirituel des paroles de Jésus-Christ (2).

Saint Jérôme, appelé à donner une décision sur le prêt de commerce, pose ce dilemme : L'emprunteur est-il riche ou pauvre? *Utrum habenti dederit aut non habenti*, et, malgré les interprétations diverses données de ce texte, on doit penser qu'il ne proscrit que l'usure qui opprime le pauvre (3).

Veut-on deux preuves éclatantes de la justesse de notre thèse? Nous les trouvons dans deux historiens qui sont à bon droit reconnus pour les chroniqueurs des Gaules : Sidoine Apollinaire et Grégoire de Tours.

Maxime, officier du palais, devenu depuis évêque de Toulouse, avait, avant son élévation à l'épiscopat, prêté à un nommé Turpion une somme d'argent à intérêt. Les

(1) S. Basile, *Edit. Bened.*, t. III, p. 200, 201, 202., epistolæ cvii, Julitæ viduæ : cviii, tutori heredum Julitæ : cix, Helladio comiti.
(2) S. Jean-Chrysost., homil. 66, *in Math.*, n° 5, t. VII, p. 660.
(3) S. Jérôme, *Com. sur Ézéchiel*, ch. 18, ed. Bened. iii, p. 819-823.

intérêts, ayant couru pendant dix ans, produisaient une
somme égale au capital, et celui-ci se trouvant doublé,
les intérêts cessèrent de courir. Turpion, pressé par
son créancier, pria Sidoine d'aller à Toulouse pour obtenir une remise partielle ou des délais. Turpion mourut
sur ces entrefaites. Mais Sidoine Apollinaire avait heureusement rempli sa mission, et il écrivit à Turnus, héritier de Turpion, une lettre où il reconnaît légitime la
stipulation des intérêts, et l'engage à payer promptement le capital, lui promettant que Maxime le tiendra
quitte des intérêts (1).

Nous trouvons un fait semblable dans Grégoire de
Tours. Didier, évêque de Verdun, sollicite du roi Théo-
debert un prêt à intérêt en faveur des habitants de Verdun. Si cet évêque eût pensé que les intérêts qu'il offrait
au roi étaient prohibés par la loi de Dieu, il se serait
gardé de lui faire une proposition semblable (2).

Concluons donc que les saints Pères et l'Église pri-
mitive n'ont pas vu dans le prêt à intérêt un contrat illicite; ils l'ont non-seulement toléré, mais permis, et si
quelquefois ils l'ont proscrit, c'est quand il servait de
prétexte aux riches pour opprimer les pauvres.

La doctrine de l'Église des premiers siècles vient con-
firmer celle des saints Pères. Avant de l'étudier, nous
devons remarquer que, parmi les conciles, les uns sont
œcuméniques, les autres particuliers; les uns regardent
le dogme et la morale, d'autres n'ont trait qu'à la discipline. Nous ne pouvons considérer comme posant une

(1) Sidonii Apollin., *Opera edente Sararo*, p. 301 et suiv., epist. 24;
Paris, 1609.
(2) Greg. Tur., *Hist. Francorum*, lib. III, n° 34.

règle que ceux qui sont généraux, dont les canons renferment la manifestation de l'Église universelle et de
l'Esprit-Saint. Les autres règles prescrites par les conciles particuliers n'ont de puissance que dans une certaine limite; ils ne s'étendent pas au delà de la province
où ils sont tenus.

Les conciles des premiers siècles s'occupent à la fois
des clercs et des laïques; ainsi les canons des saints
Pères soumettent à des peines canoniques les clercs et
les laïques, qui s'adonnent au jeu et à l'ivresse; mais,
quand ils touchent à notre matière, ils restreignent
leur défense aux clercs (1). Les ecclésiastiques, placés
près des autels, doivent se tenir éloignés des affaires de
ce monde, on leur défend la chasse, le négoce, et surtout le prêt intéressé. Ainsi, le concile de Nicée, réuni
en 325, et qui est le premier concile œcuménique, proclama dans un de ses canons que ceux qui, soumis à une
règle ecclésiastique, placent leur argent à intérêt, oublient les préceptes de l'Évangile et doivent être rejetés
de la corporation : «Quoniam multi sub regulâ consti-
«tuti, avaritiam et turpia lucra sectantur, oblitique scri-
«pturæ divinæ dicentis : « *Qui pecuniam suam non dedit*
«*ad usuram :* mutuam dantes centesimas exigant : justè
«censuit sancta et magna synodus, ut si quis inventus
«fuerit post hanc definitionem usuras accipiens, aut ex
«adinventione aliquâ, vel quolibet modo *negotium* trans-
«igens, aut hemiolia, id est sescupla exigens, vel ali-
«quid prorsus excogitans turpis lucri gratiâ : dejicia-
«tur a clero, et alienus existat a regula » (2).

<hr>

(1) Canons des SS. PP., can. 44.
(2) Concile de Nicée, 325, can. 17.

Et cependant les Pères du concile se trouvaient en présence d'une constitution dans laquelle l'empereur autorisait le prêt sur les récoltes et les denrées, et en fixait le taux (1).

On oppose au concile de Nicée le concile d'Elvire, qui défendit formellement l'usure aux laïques; mais ses canons sont regardés comme apocryphes, composés de décisions prises çà et là dans la collection des conciles d'Espagne. De plus Bellarmin déclare que ce concile, composé de dix-neuf évêques, n'a jamais été confirmé (2).

Les conciles de Mayence et de Reims (813), d'Aix-la-Chapelle (816, 836), de Paris (829), reproduisent la doctrine du concile de Nicée.

La loi civile recevait au contraire une solennelle consécration de l'autorité de l'Église. Les évêques entrent dans les conseils des princes, et Valentinien, Théodose et Justinien promulguent des constitutions sur le taux de l'intérêt. En 506, Alaric, roi des Wisigoths, publie le Code théodosien : Anien, son chancelier, y insère deux lois sur le taux de l'intérêt, les évêques donnent leur consentement, et le concile de Tolède en autorise la promulgation en Espagne (3). Le formulaire de Marculphe, fait avec l'assistance des prêtres et des nobles, renferme plusieurs formules qui sont des contrats de prêt intéressé, et contiennent l'engagement de rendre le capital et les intérêts. La puissance civile et la puissance ecclésiastique marchaient d'accord. En 824, Lothaire, par son capitulaire, défend l'usure aux laïques;

(1) Code Théod., lib. ii. tit. 33, *de Usuris.*
(2) Bellarmin, *de Imaginibus,* lib. ii. cap. 9.
(3) Fleury, *Histoire ecclés.,* l. xxxi, n° 1.

D.

la doctrine des théologiens va se modifier ; mais les changements ne regardent que la discipline, les malheurs des temps les autorisaient.

Changements aux XIIe *et* XIIIe *siècles.*

Le prêt suppose nécessairement une matière première, l'argent. Le contrat dont il est l'élément ne peut être libre qu'autant que la concurrence établit un naturel et équitable courant dans les transactions, et permet à la valeur du numéraire d'augmenter ou de diminuer. On comprend que, dans ce perpétuel échange, le taux puisse, à certaines époques, être élevé, à d'autres être inférieur : la rareté de l'offre ou de la demande exerce son influence.

Mais lorsque l'argent, sans lequel le prêt à intérêt ne saurait avoir lieu, est aux mains d'une classe opulente qui en dispose à sa fantaisie et se sert de sa richesse pour opprimer celui qui a recours à sa fortune, alors la liberté disparaît, et, lorsqu'elle s'est évanouie, l'oppression la remplace et ne saurait être tolérée.

Tel est le spectacle que nous présente le monde féodal. Au sommet, de riches seigneurs, fiers de leur gloire et des hauts faits de leurs aïeux, appuyant leur autorité sur la puissance de vassaux retenus dans l'obéissance par un serment d'honneur et surtout par un intérêt de protection, prêts à se réunir à leur suzerain et aussi à secouer son joug lorsqu'ils se croiront assez forts. Au bas, les vilains, tendant sans cesse leurs mains vers le manoir, soit pour réclamer protection, soit pour repousser l'oppression. Cette classe possède, mais sa possession est précaire : elle tire son origine de

la bienveillance du seigneur qui lui a tout donné, mais
qui aussi peut tout lui enlever dans des circonstances
que les feudistes avaient heureusement restreintes. Et,
entre ces deux classes, et même au-dessus de la première, une puissance supérieure, faisant entendre successivement sa voix aux deux partis, et les forçant
l'un et l'autre à se courber devant son autorité, l'Église :
dont le pouvoir s'étend incontesté sur tous, parce qu'il
vient de Dieu, et ne force l'homme à s'incliner que
parce qu'il s'adresse à la conscience et à l'honneur.

La noblesse française, chevaleresque et brave, sans
cesse prête à donner l'appui de son épée à la cause de
l'opprimé, avait, en faveur du peuple, multiplié les concessions de terre. La censive, le précaire, avaient pour
origine la bienveillance du seigneur. Mais quelquefois
celui-ci oubliait ses premières inspirations et soutenait,
avec un honteux mépris, qu'entre lui et le serf il n'y a
d'autre loi que Dieu. Le serf alors se tournait vers
l'Église, et cette auguste médiatrice, interposant son
autorité, forçait le seigneur à renoncer à ses projets
oppressifs et à fléchir devant sa parole qui était celle de
la justice. Au moyen âge, le cloître fut l'asile du pauvre ;
la juridiction seigneuriale ne pouvait plus le frapper,
il était au pied de la Croix, et la Croix dominait le
monde !

On comprend que, dans une semblable société, le
prêt d'argent devint rare et même impossible. Les terres
ne se vendaient plus : elles se concédaient moyennant
une redevance en nature : la monnaie ne servait qu'à
l'échange et ne pouvait être prise comme la base d'un
trafic honnête. Le commerce s'éloigna entièrement de
la France, et si quelques peuples s'y adonnaient encore,

c'étaient uniquement les Génois et les Vénitiens, pour qui il constituait une condition essentielle de leur existence nationale. Les Juifs, et surtout ceux qui habitaient la Lombardie, étaient les seuls qui se livrassent au commerce de l'argent : aussi ce commerce étant restreint, et la faculté de se procurer du numéraire difficile, ils abusaient de leur position pour faire payer leur intervention.

On ne doit donc pas être surpris de voir l'Église abandonner ses premières doctrines. Si Grégoire de Tours et Sidoine Apollinaire avaient écrit au xiii° siècle, ils n'auraient pas regardé le prêt à intérêt comme licite, parce que toujours ils l'auraient vu oppresseur et tyrannique. Les théologiens n'avaient plus à distinguer entre l'usure oppressive ou non, toujours elle avait un caractère néfaste. Ils n'avaient pas besoin d'examiner ce qui devrait être dans un autre ordre de choses : le peuple était plongé dans la misère, et l'usure augmentait sa détresse.

Aussi Pierre Lombard, dans sa *Somme théologique*, déclare le prêt de commerce proscrit par l'Église (1). Gratien compose son décret de passages des Pères, qu'il a soin de mutiler et de tronquer, les isolant du précepte qui précède et de celui qui suit, pour prouver que de tout temps les docteurs ont défendu ce contrat (2). Guillaume Peralte, renchérissant encore sur ses devanciers, prouve que, dans l'Exode, Moïse avait interdit le prêt à intérêt aux Juifs, sans distinguer s'il s'adressait

---

(1) Pierre Lombard, *Somme théologique*.
(2) Gratien, *Decreta Gratiani*.

ou non à des étrangers (1), et saint Thomas d'Aquin
prête à cette doctrine l'appui de son génie (2).

En même temps la philosophie d'Aristote est remise
en honneur : c'est le théoricien par excellence ; on ne
parle de lui qu'avec respect, l'appelant le philosophe,
philosophus. Ses idées sont acceptées sans examen et deviennent des maximes vénérées comme des axiomes,
quoique ses principes sur le prêt soient faux et inco-
hérents.

Le concile de Latran déclare les usuriers infâmes :
le concile de Tours, présidé par le pape Alexandre III
qui proscrit, avait trouvé sur notre France un respec-
tueux asile, interdit aux ecclésiastiques le simple contrat pignoratif. Le même pape pousse l'enthousiasme
jusqu'à déclarer qu'on ne peut pas emprunter à intérêt
pour racheter la vie d'un captif (3). C'est d'une sévérité
outrée, s'écrie le cardinal de la Luzerne ! Quel jugement
porter sur la décision d'Urbain III condamnant l'usure
mentale, qui consiste à prêter sans stipuler des intérêts,
mais avec l'espérance d'en recevoir (4), et sur celle de
Grégoire IX déclarant qu'on doit regarder comme un
usurier celui qui prête une somme d'argent à un négociant, et qui, se chargeant des risques, se fait donner
quelque chose au delà du capital (5). Grégoire IX cependant agissait avec sagesse en condamnant l'abus
que, dans ces temps de stagnation, on faisait de l'assu-

(1) Guillaume Peralte. *Summa virtutum et vitiorum*, n. tract. iv, part. 2
cap. 1, p. 80, éd. 1629.
 2) S. Thomas d'Aquin, sect. sec., quæst. 78, art. 1 et 2.
 3) Décrét. d'Alexandre III, cap. 4, collect. de Raymond de Pennafort.
 4) Décrét. d'Urbain III, cap. 10, collect.   id.
 5) Décrét. de Grégoire IX, cap. 19,   id.   id.

rance en réclamant un prix exorbitant et en exigeant des rétributions qui surpassaient de beaucoup la valeur des risques.

Les stigmates n'étaient pas épargnés à notre contrat. L'intérêt est *turpe lucrum, usurarum voraginem* (1), et l'avidité des prêteurs, *detestabilem et probrosam insatiabilem fœneratorum rapacitatem* (2). L'usure est un vol, l'intérêt, l'argent pris dans la poche d'autrui, *res aliena*. On va même jusqu'à dire, renouvelant une subtilité d'Aristote, que l'usure est une vente du temps qui appartient à tous les hommes : *Vendentes tempus quod Dominus voluit cunctis esse commune.*

Les peines contre les usuriers devinrent en même temps plus flétrissantes. L'Église des premiers siècles s'était contentée de bannir du cloître l'ecclésiastique qui avait placé son argent à intérêt. Le concile de Latran, déclarant les usuriers infâmes, les prive de la sépulture ecclésiastique, et suspend de son office le prêtre qui a contrevenu à cet ordre, jusqu'à ce qu'il ait satisfait au jugement de son évêque (3). Cependant il n'exige pas que l'usurier restitue, il demande seulement le repentir. L'invasion des Juifs et des Lombards excite le zèle pontifical, les canons contre ces aventuriers se succèdent. Les peines deviennent arbitraires (4), les prélats qui n'ont pas exhorté les usuriers à se retirer du vice seront excommuniés (5), s'ils les enterrent en lieu saint, raison de plus (6)! On exige même la dénonciation des usu-

<hr>

(1) 2ᵉ concile de Lyon. — (2) 2ᵉ concile de Latran.
(3) Concile de Latran, 1ᵉʳ et 2ᵉ; 1139, 1179.
(4) Concile de Sens, 1269.
(5) Concile de Salzbourg, 1386.
(6) Concile de Milan, 1569.

riers, et on assimile le silence au crime lui-même. Tout le monde devra s'écarter de l'usurier ; il est défendu de lui louer sa maison (1), les juges, tant ecclésiastiques que séculiers, doivent rejeter sa demande en payement, les avocats lui refuser le concours de leur parole (2), car son contrat est nul (3). Innocent III dénie aux prêteurs la voie de l'appel, et le concile de Lyon proclame la nullité de leur testament (4).

Cette proscription universelle du prêt à intérêt entravait le développement des relations sociales ; elle ne tarda pas à être restreinte. Bientôt on introduisit la théorie du dommage naissant et du lucre cessant : saint Thomas lui-même admit le dommage naissant et reconnut la légitimité des intérêts compensatoires. On toléra ces intérêts par une subtilité scolastique : ils ne sont pas, disait-on, stipulés en vertu du prêt, mais comme dédommagement légitime de la perte éprouvée (5). Scot persista dans les opinions de Pierre Lombard, et déclara hautement que celui qui ne veut pas être damné doit garder l'argent chez lui et non le prêter à intérêt (6). Mais la doctrine contraire faisait tous les jours des progrès. Innocent III permit de prêter à intérêt les deniers dotaux, *cum frequenter dotis fructus non sufficiant ad onera matrimonii supportanda*. Les questions sur le prêt renaissent et sont l'objet de vives contro-

---

(1) Concile de Lyon, œcuménique ; 1274.

(2) Concile de Cologne. 1266.

(3) Constitutions de l'Église de Nicosie en Chypre, 1257, const. XIX. — 1er concile de Milan. 1565, can. 68. — Concile de Bordeaux 1583, ch. 21. — Assemblée du clergé de France à Melun, 1579.

(4) Décrét. d'Innocent III, cap. 2, collect. de Raymond de Pennafort.

(5) S. Thomas, *Sum. Th.*, sect. 2, quest. 78, act. 2 *ad prim.*

(6) Scotus, *In IV Sentent.*, dist. XV, quest. 2, n° 26.

verses. Enfin les théologiens énumèrent les cas où ils
jugent les intérêts légitimes et les expriment par ces
cinq vers :

> Feuda, fidejussor, pro dote, stipendia cleri.
> Venditio fructus, cui velles jure nocere.
> Vendens sub dubio, pretium post tempora solvens.
> Pœna ne in fraudem legis commissoria gratis.
> Dans sociis pompam, plus forté modis datur istis (1).

Calvin et Dumoulin renouvelèrent les théories des
premiers âges sur le prêt à intérêt. Le livre de Dumoulin
eut plusieurs éditions avant la réforme. Calvin prit au
corps les idées d'Aristote et professa que l'intérêt n'était
interdit par l'Écriture et l'Évangile qu'autant qu'il était
oppressif. Selon le réformateur, l'intérêt n'est pas le
produit de l'argent, un enfantement direct du capital,
mais le résultat du parti que j'ai reçu de ma chose, *ex
procentu*. « Mais, direz-vous, ajoute-t-il, le gain que fait
le marchand est dû à ses soins, à son industrie? Je ré-
ponds que, si de mon côté j'eusse laissé mes capitaux
oisifs, ils ne m'auraient rien produit, que l'emprunteur
ne les a pas reçus non plus pour les tenir enfermés dans
sa caisse : *Non ergo ex pecunia illa lucrum accedit, sed ex
procentu* » (2).

Le concile de Trente se réunit. La question était brû-
lante : les Pères du concile passent en revue toutes les
erreurs qui se sont dressées et les flétrissent par l'ana-
thème. Et ils ne parlent pas du prêt à intérêt : leur silence
est une permission réelle.

---

(1) Cités par le cardinal de La Luzerne. *Dissert. sur le prêt de comm.*,
3e partie, p. 85.
(2) Calvin. Lettres.

Sixte-Quint, dans sa bulle *Detestabilis*, essaya de reproduire les anciennes prohibitions; sa bulle ne fut reçue dans aucun pays. D'ailleurs le Pape semblait jeter les yeux principalement sur ces contrats de société dits léonins, où les risques sont mis d'un côté, les profits de l'autre, et la justice ouvertement violée (1). Quatre ans après, Grégoire XIV donnait l'autorisation d'imprimer le livre où le jurisconsulte Valentia prouve la légimité des intérêts et démontre que la bulle *Detestabilis* n'avait voulu que proscrire l'abus (2).

Enfin Benoît XIV adresse, le 1er novembre 1745, son Encyclique *Vix pervenit* aux évêques d'Italie. Reproduisant dans cette Encyclique une théorie qui lui était personnelle et qu'il avait enseignée dans ses ouvrages (3), le Souverain Pontife dit dans sa préface qu'il veut faire cesser les disputes qui sont nées sur l'interprétation d'un contrat. Ce contrat est la constitution de rentes rachetables. Il proscrit l'intérêt stipulé dans le mutuum, mais il reconnaît qu'au mutuum peuvent se joindre des titres qui y sont étrangers et qui autorisent à recevoir un bénéfice au delà du principal. Ces titres donnaient naissance à ce que les casuistes avaient appelé les trois contrats.

D'ailleurs la bulle de Benoît XIV n'est pas, au sujet de la proscription des intérêts, aussi nette que plusieurs théologiens l'ont pensé. Le pape reconnaît qu'il se rencontre une multitude de circonstances qui permettent de placer son argent sans blesser l'équité pour se procurer des revenus annuels, et par conséquent de le

1) 1586. — (2) 1590.
3) Benoît XIV, *de Synodo diœcesaná*, lib. x, cap. 4

placer à intérêt, rappelant cette maxime du roi Salomon : *que c'est le crime seul qui rend les hommes méchants.* La sagesse de sa doctrine se manifeste dans le passage qui termine cette Encyclique. « Avertissez ceux qui veulent se conserver exempts de toute tache d'usure de ne retirer qu'un profit légitime de l'argent qu'ils remettent aux autres, de bien expliquer auparavant quel contrat ils se proposent de faire, quelles conditions ils veulent y insérer, et quel profit ils veulent retirer de leur argent. »

Sous le pontificat de Benoît XIV, la sacrée Congrégation des Rites a constamment jugé le prêt à intérêt légitime quand les termes du contrat indiquaient clairement la cause de cette stipulation. Depuis la papauté a fait cette réponse aux adversaires du prêt qui voulaient forcer l'autorité ecclésiastique à déclarer la loi de 1807 contraire aux maximes des livres saints et des conciles : *Non sunt inquietandi,* n'inquiétez pas. Enfin, le pape Pie IX, dans son Encyclique *Quantà curà,* promulguée à une époque où le prêt à intérêt est universellement répandu, n'a pas reproduit les censures de ses prédécesseurs.

En résumé, l'Écriture, l'Évangile, les Pères de l'Église autorisent le prêt à intérêt ; au moyen âge on le proscrit parce qu'il est universellement oppressif. Cette décision touchait à la discipline, mais ne pouvait changer la doctrine. La réglementation du taux de l'intérêt appartient à la puissance civile, les Papes ont pu le fixer comme princes temporels, mais leur décision était limitée à leurs États et n'agit qu'indirectement sur la législation des autres puissances.

CHAPITRE IX.

Le peuple romain, en reculant sans cesse les limites de son empire, plaça les nations sous un même sceptre, et si plus tard de nouveaux conquérants brisèrent la puissance des Césars, les peuples restèrent longtemps unis par leur soumission à la même législation : le droit romain. Les barbares en effet, après s'être partagé les débris de l'empire renversé par leur framée frémissante, songèrent à organiser la conquête : ils s'adressèrent à la race vaincue, soumise par leurs armes, mais réagissant sur la victoire par son intelligence. Les Francs notamment subirent l'influence du Gallo-Romain, et adoptèrent ses lois. Sous Mérovée et ses successeurs, le droit romain triomphe. lui seul est consigné : les autres législations, la loi Salique, la loi des Ripuaires ou des Chamaves, ne renferment que des coutumes barbares, elles ne sont pas encore rédigées, et se composent de principes restreints que les Rois développeront dans l'avenir.

Le prêt à l'intérêt, autorisé par le droit de Justinien, fut admis par la première dynastie. Les évêques eux-mêmes en reconnaissaient la légitimité. Mais la source qui l'alimentait à Rome et en Grèce était tarie. et le prêt entraînait les plus déplorables conséquences.

Le concile de Nicée défendit l'usure aux clercs; les laïques pouvaient s'y livrer. Mais la misère du pauvre.

le caractère oppressif du contrat, obligèrent l'autorité à
exercer sa protection.

Le capitulaire d'Aix-la-Chapelle, en 789, interdit le prêt
à intérêt à toute personne. qu'elle soit clerc ou laïque,
peu importe : « Omnino omnibus interdictum est ad
usuram quidquid dare (1) ». Et à cette époque on entend
par *usure* toute somme dépassant le capital : « Usura est
ubi amplius requiritur quam datur » (2). En 813. Charle-
magne renouvelle cette prohibition : « Usuram non so-
lum clerici sed nec laïci exigere debent » (3). Ses successeurs marchent sur ses traces : Lothaire déclare
en 824 que les usuriers doivent être dénoncés et chassés
des provinces; la cause de la haine que leur porte le
pouvoir civil vient de ce qu'ils profitent de leurs richesses
pour épuiser les pauvres : « Pauperes affligant, oppri-
mant, exhauriant » (4).

La proscription embrasse le prêt à intérêt : elle s'é-
tend peu à peu à toutes les législations. Bientôt le prêt
sera considéré comme le plus détestable des trafics, et
on renouvellera contre lui les malédictions les plus hai-
neuses de Rome antique. Les lois lombardes inscriront
dans leur texte les principes canoniques qui forcent le
pouvoir civil à interdire le commerce de l'argent (5).
Les Sicules flétriront ceux qui oublient les décisions des
Saints-Pères. et le roi Roger abandonnera les usuriers
à la juridiction du pape. Plus tard, l'empereur Frédéric,
qui tient du Souverain-Pontife le duché des Deux-Siciles,

<hr>

(1) Capit. de 789. collect. d'Anségise et de Bened. Levita. t. I.
2) Capitulaires, cap. quintum, anno 806.
3) Lib. septimus. n° 53.
(4) *Id.*, t. II, Capit. de Lothaire. tit. 3. *apud Olonam*. cap. 19.
5) *Leg. Longob.*, tit. 31. cap. 1. collect. d'Anségise

proscrira le prêt consenti même à un taux minime.
Il déclarera dans sa constitution que, tenant son trône
de la grâce de Dieu, il veut unir sa vengeance à la vengeance céleste et poursuivre ceux qui hautement ou en
secret osent transgresser les ordres de l'Église. Tout le
monde devra dénoncer l'usurier : son crime est un
crime public qui mérite châtiment (1).

Seuls les Wisigoths résistèrent pendant quelques
années à cette sorte d'enthousiasme avec lequel le pouvoir civil flétrissait notre contrat. Le bréviaire d'Anien
est promulgué, et les lois Romaines sur le prêt à intérêt
y sont insérées. Les constitutions des rois Wisigoths
fixent une limite au taux de l'intérêt : un décret permet d'exiger chaque année 3 siliques par solide, ou
1 solide par 8 solides; l'intérêt des fruits est fixé au
tiers : on peut exiger 1 boisseau quand on en prête 3.
Le contrat pourra même être garanti par une caution,
mais si le taux est supérieur à celui établi par la loi, il
sera nul. le cautionnement s'éteindra *ipso facto* comme
contraire aux lois, *conditio contra leges inserta non va-
leat* (2). Mais cette liberté est éphémère, les conciles
proscriront l'intérêt de l'argent, et la loi civile, d'accord
avec la puissance ecclésiastique, étendra à l'Espagne la
défense que les autres pays catholiques ont déjà prononcée.

Si nous jetons les yeux sur l'Angleterre, nous
voyons Édouard le Confesseur bannir les usuriers du
royaume saxon, les priver de leurs biens et les mettre
hors la loi. Et ce pieux roi ajoutait qu'il avait puisé les

---

(1) Constitutions des Napolitains ou Sicules, lib. i, tit. 5, l. 1 et 2.
(2) *Codicis legis Wisigothorum*, libri xii, lib. quintus, tit. iv. l. 4.

principes de cette législation à la cour du roi de France,
où on disait que l'usure est la source de tous les vices,
«quod usura radix omnium vitiorum esset» (1).

En effet le droit des Carlovingiens augmentait sans
cesse les rigueurs contre l'usure. L'invasion des Normands plongeait plus cruellement encore le peuple dans
la misère, et ces barbares cherchaient dans le placement
de leur argent, prix de leur rapine et de leur piraterie,
d'injustes ressources. Aussi la sollicitude royale était-
elle de plus en plus éveillée. Mais, fait utile à remarquer, lorsque les Normands eurent obtenu de Charles
le Simple la Normandie en fief, ils calquèrent sur le
droit franc la législation du nouveau duché. L'influence
de l'Église adoucit promptement leurs mœurs barbares :
Robert le Diable et ses successeurs s'inclinaient devant
l'autorité des canons. Les usuriers sont frappés de peines
sévères ; qu'ils meurent testats ou intestats, leurs biens
appartiennent au duc, au seigneur, à moins qu'ils
n'aient avant leur mort manifesté le repentir de leur
conduite. C'est la première fois que nous rencontrons
dans l'histoire ce tempérament : « Nul ne doit estre tenu
à usurier qui an et jour a cessé de usures mener après
ses dernières usures » (2). La preuve de l'usure est
même à la charge du seigneur qui réclame les biens du
décédé comme indigne, et il doit faire cette preuve à
l'aide de trois hommes du voisinage qui affirmeront par
serment que, dans l'an et jour qui a précédé sa mort,
le *de cujus* s'est livré à un trafic usuraire. Si la preuve
paraissait suffisante, la curie décidait que les héritiers

1. *Leges Edwardi Confessoris*, cap 7.
2. *Vetus consuetudo Normaniæ*, lib. 2, cap. 6.

de l'usurier étaient indignes et que ses biens meubles et *omnia catella*, étaient dévolus au seigneur suzerain (1).

Le vieux coutumier de Normandie, dont Glanville nous a conservé les dispositions, montre que dès cette époque la législation était fixée. Nous y voyons que l'usure s'y commet de trois façons : lorsque l'emprunteur s'engage à donner au prêteur plus qu'il n'a reçu afin d'obtenir un délai pour le payement : ou bien quand le prêteur exige à la place de la chose prêtée la dation d'une autre d'une valeur supérieure, comme du blé à la place d'orge, du vin à la place de cervoise : ou enfin quand le créancier qui a reçu un gage touche les fruits sans les imputer sur le capital (2). On allait même jusqu'à dire que celui qui donne son argent espérant en retirer un bénéfice est un usurier, et que, s'il stipule un intérêt, il fait doublement l'usure.

> Est usura, suos quisquis tradit mihi nummos
> Spe lucri, fœnus duplex usura vocatur (3).

Lorsque les successeurs de Rollon montèrent sur le trône d'Angleterre, leurs principes se trouvèrent en harmonie avec ceux qui étaient établis chez les Anglo-Saxons. Richard Ier, en 1190, renouvela les lois d'Edouard le Confesseur, mais il y apporta une exception, voulant que les donations faites par les usuriers pendant leur vie fussent respectées. Ce contrat était considéré par la féodalité comme placé en dehors du

---

(1) *Regiam majestatem*, lib. ii, cap. 6.—Il semble qu'on doit lire *castella*.
(2) Glanville, *Jura et consuetudines Normaniæ*, liv. 10, cap. 20.
(3) *Auctor Græcism*, m. s. cité par Ducange, glossaire, V° *Usura*.

droit civil, appartenant au droit des gens, et permis
même à l'aubain et au forain qui ne jouissaient pas du
droit civil. Le roi d'Angleterre étendit même cette faveur à toute aliénation quelconque faite par l'usurier
pendant sa vie. Mais, pour les biens qu'il laisse, ils sont
confisqués si on prouve qu'au moment de sa mort il était
encore couvert de la tache d'usure. « Quidquid laïci in
« vitâ suâ donaverint, vel quocumque titulo a se aliena-
« verint et si usurarii fuisse dicantur, post mortem non
« revocabitur. Quae vero post mortem non alienata inve-
« nientur, si cognitum fuerit ipsos tempore mortis fuisse
« usurarios, confiscabantur » (1).

La féodalité se constituait, les guerres locales de seigneur à seigneur devenaient la préoccupation constante
de l'époque. Le monde entier était plongé dans une
nuit profonde : une seule lumière perçait les ténèbres,
c'était celle de l'Église. Les couvents recueillirent les
débris de la science et empêchèrent la tradition d'être
rompue. Le petit peuple trouvait un asile près de l'autel,
l'évêque arrêtait l'oppression des grands et les forçait de s'incliner devant la trêve de Dieu. On voit
aussi les canons contre l'usure se répéter, et, loin de
jeter un blâme sur ces décisions, on doit les saluer
comme une protection et un rempart.

Comment d'ailleurs le commerce de l'argent aurait-il
pu s'exercer loyalement? Chaque seigneur jouissait du
droit de battre monnaie; la monnaie de l'un n'était pas
en harmonie avec celle du voisin, le titre et la valeur
n'étaient pas scrupuleusement déterminés. L'argent du

(1) Statut de Richard Ier, roi d'Angleterre, cité par Mathieu Paris,
p. 113.

Roi avait cours, il est vrai, dans tout le royaume, mais son contact avec la monnaie seigneuriale jetait dans l'appréciation exacte du titre une diffusion difficile à dissiper. De plus l'argent était rare, et la concurrence n'établissait pas dans le commerce une équitable liberté.

Aussi saint Louis refusait-il de se départir de la législation de ses prédécesseurs, malgré les instances de ses conseillers qui répétaient que le prêt à intérêt est nécessaire à la vie des nations : « Populus non potest vivere « sine mutuo. »

Mais le règne de saint Louis est le réveil de la nation : les légistes entrent à la Cour du Roi, et l'influence des prélats diminue. La découverte des Pandectes dans un couvent d'Amalfi, près de Naples, le 12 août 1135 (1), et l'étude à laquelle les universités italiennes se livraient, faisait présager l'introduction dans la législation des principes du droit romain. La nécessité du prêt à intérêt fut proclamée par quelques voix isolées, et déjà on songeait à le réhabiliter, en défendant toutefois de tirer sa source du *mutuum*.

L'ordonnance de saint Louis n'était pas exécutée, Philippe le Hardi avait également montré de la tolérance à l'égard de ce contrat, et Philippe le Bel songea même un instant à le réglementer.

Dans son ordonnance donnée en 1311 à Montargis, il déclare qu'il poursuivra et châtiera ceux qui exigeront

---

(1) On voit ce curieux manuscrit à la bibliothèque Laurentienne, à Florence ; la date (12 agosto 1135) est marquée sur le procès-verbal d'invention, et on y rapporte que les religieux le cédèrent aux vives instances de Robert, prince de Capoue, et aussi à l'amitié du pape Innocent III.

de trop lourdes usures, « sed graviores usuras substan-
« tias populi devorantes prosequimur atque punimus. »
Le taux qu'il fixe est pour livre d'un denier par semaine,
14 deniers par mois ou 4 solides par an. Les légistes,
s'emparant de suite des termes mêmes de l'ordonnance,
déclarèrent que le Roi permettait le prêt à intérêt. Il est
vrai que l'ordonnance commençait par ces mots : « Pro-
« hibimus omnibus et singulis tam regnicolis nostris
« quam aliis quomodo libet contrahere genus vel spe-
« ciem quamlibet usurarum. » La prohibition semblait
générale, mais le Roi ayant restreint l'application de la
peine aux usures graves, semblait du moins tolérer
celles qui seraient inférieures au taux fixé. Le Roi mit
fin lui-même à ces discussions l'année suivante par son
ordonnance datée de Poissy :

« En confirmant nostre ordonnance, dit-il, défendons
toutes sortes d'usures de quelque qualité qu'elles soient
causées, comme de Dieu et des saints Pères défendues,
mais la peine de corps et d'avoir nous remettons mie,
fors contre ceux qui les plus grosses usures exerceront,
mais pour ce nous ne souffrons mie expressément usure
de menue quantité, ains voulons estre donnée simplement et de pleine barre, défendons à tous à qui sera demandée, qu'ils ne soient tenus de payer et ordonnons
répétition à ceux qui les auront payées de quelque qualité et quantité soient icelles usures, pour lesquelles
n'avons osté la peine susdite » (1).

Ainsi tout contrat où une stipulation d'intérêt est
insérée sera nul, la répétition permise, et si le taux
exigé dépasse celui fixé par l'ordonnance de 1311, le

______

(1) Ordonnances des rois de France. t. I, par Laurière.

coupable sera de plus puni corporellement. « Pœnam
« corporis vel bonorum ipso facto incurret regnicola vel
« forensis qui contra prohibitionem præsumpserit usuras
« graves frequentare seu per se, seu per alium. »

Mais ces dispositions rappelant celles des Capitulaires n'étaient plus en harmonie avec les besoins de
l'époque; la rareté de l'argent diminuait et la prohibition
mettait sans motif un fâcheux obstacle à sa circulation.
Déjà les Rois avaient été contraints de faire une exception
pour les foires de Champagne. Philippe VI déclara lui-
même qu'il ne voulait pas autoriser le prêt à intérêt,
mais qu'il le tolérerait tant que le taux stipulé ne dé-
passerait pas un denier par livre chaque semaine. Les
débiteurs ne trouvant pas d'argent à emprunter refusaient de payer les arrérages des rentes constituées ; la
nécessité de la circulation de la monnaie forçait l'autorité royale, sinon à se prononcer franchement, du moins
à fermer les yeux. D'ailleurs la grande question du
mutuum n'est pas tranchée, car déjà l'école scolastique
reconnaît qu'à un contrat de prêt peuvent se joindre
accessoirement des circonstances qui rendent légitime
la stipulation d'un intérêt. C'est dans ce cas principalement que le taux fixé par l'ordonnance ne doit pas être
dépassé, l'intérêt est exigé, non en vertu du prêt, mais
du dommage causé. Le texte mérite d'être cité :

« Pour ce que nostre petit pueple et subiez de nostre
Royaume de France qui pour labourer et soustenir leurs
terres et possessions et supporter leurs autres nécessitez
ont emprunté à usures, et ont esté au temps passé
moult grevez, domagiez et apauvriz par extorsion de
trop grandes usures. Nous meuz de pitié et ayant com-
passion d'eulx, combien que nous ne veullons, ne en-

tendons à aucun donner taisiblement ne expressément licence, auctorité ne pouvoir prester à usure, par chose, qui après s'ensuiue, ne par autre ; toutevoie *pour eschiuer le grand domage de nos dix pueples et subiez*, meuz de pitié, voulons et establissons que nul ne pourra prester en nostre Royaume à plus de un denier la liure la semaine ; et se aucun par aventure y prestoit deniers comptans, sans bailler denrées, quelles que elles soient, à un denier, ou au moins de un denier la liure la semaine, de laquelle chose toutevoie Nous ne donnons licence, auctorité, ne pouuoir, si comme dit est, mais Nous n'en leuerons et ferons leuer amende, quelle que elle soit. *Et cest article les prélats n'octroient ne contredient* à présent, mais Nous faisons fors que ils n'en leueront nulles amendes. Et tous ceulx qui feront le contraire, tous leurs biens Nous seront acquis, et sera le corps puni comme de cas criminel » (1).

Ainsi les évêques sont d'accord : un instant ils renoncent à fulminer les peines ecclésiastiques, ils toléreront l'usure pour éviter de plus grands maux. Mais bientôt la proscription reprendra son cours, le Roi nommera des commissaires pour traquer les usuriers, commissaires qu'il révoquera quand il ne les croira pas assez actifs : Louis XII, Charles IX et Henri III défendront l'usure, et cette prohibition sera renouvelée jusqu'à ce que les principes économiques, sagement développés, battent en brèche l'influence ecclésiastique et le vieux droit des Francs.

(1) Ordonn. de Philippe de Valois, du 25 mars 1332. — Ordonn. des rois de **France**, t. II.

Des Juifs. — Au milieu de cette proscription universelle, un peuple ou plutôt une caste conservait le droit de trafiquer de l'argent. Les Juifs, regardés comme déicides, ne pouvaient être soumis aux canons qui en matière d'usure étaient la base de la répression. L'empereur Frédéric, dans sa constitution aux Sicules, avait établi une exception formelle à leur égard, mais il avait fixé un taux qu'ils ne pouvaient dépasser, une once par livre chaque année (1).

Saint Louis, dans son ordonnance de 1254, prescrit de brûler le Talmud, ordonne aux Juifs de vivre de leurs mains sans se livrer à l'usure, et défend à tous les barons, sénéchaux, et toute personne de contracter avec eux. L'édit du pieux Roi devint une lettre morte sous ses successeurs, les Juifs continuèrent à se livrer au commerce. Mais les abus auxquels ils ne craignirent pas de recourir exigèrent l'intervention royale. Faut-il ajouter que le Roi voyant dans la répression un moyen d'augmenter ses trésors, renvoya les Juifs de France, et comprit dans cette proscription les Italiens dont il tolérait le séjour, et que les mêmes abus désignaient à la même peine (2). Les créances qu'ils revendiquaient fu

(1) « A nexu tamen præsentis constitutionis nostræ Judæos tantùm « excipimus, in quibus non potest argui fœnus illicitum divinà lege « prohibitum ; quos constat non esse sub lege a beatissimis patribus « instituta, quos etiam auctoritate nostræ licentiæ improbum fœnus vo« lumus exercere. Sed metam ipsis imponimus, quam eis non licebit « transgredi, videlicet ut pro decem unciis per circulum anni integri « unam ipsis tantummodo lucrari liceat pro usuris. Quidquid autem « ultrà acceperint, in nonum curiæ nostræ componant : ut ex abusu « licentiæ, quàm eisdem propter necessitatem hominum coacti relinqui« mus, commodum ultrà licitum non sequantur. » (*Constitutions des Napolitains ou Sicules. — Imp. Fredericius,* lib. I, tit. 6, 1. 2.)

(2) 1311 : 22 août, 19 septembre, 17 novembre.

rent déclarées nulles, à moins qu'elles ne fussent claires, liquides et de peu de valeur, et que le débiteur reconnût la légitimité de la demande. La cour du Roi fut déclarée compétente pour connaître des réclamations des Italiens usuriers.

Philippe le Bel s'éloignait ainsi de la tradition de ses prédécesseurs, et on doit penser que la vente qu'il ordonna des immeubles des Juifs à son profit ne fut pas sans influence sur sa décision.

Appelés en France par Philippe-Auguste, les Juifs et les Italiens, connus sous le nom de Lombards ou de Caorsins, avaient obtenu du Roi le droit de bourgeoisie, à la condition de lui payer un denier, une obole et une picte pour livre des marchandises qu'ils négocieraient dans le royaume. Ils pouvaient prêter à deux deniers pour livre chaque semaine pourvu qu'ils ne contraignissent pas le débiteur à restituer le capital avant le terme d'une année. Mais cette clause n'était insérée qu'en faveur du débiteur, il pouvait y déroger et payer le juif quand il voudrait. Enfin, ils devaient avoir un sceau particulier et s'en servir à peine de nullité.

Philippe-Auguste bannit, il est vrai, les Juifs du royaume (1223), mais bientôt il les rappela. Louis VIII leur défendit de prêter à intérêt ; saint Louis leur interdit toute sorte de contrat, les forçant de demander leur existence au travail manuel (1269) ; Philippe le Hardi renouvela cette défense (1283) ; mais, à l'exemple de son père, il les toléra sur la pieuse terre de France. Philippe le Bel, avant de lancer contre les Juifs son édit d'expulsion (1306), leur avait accordé sa protection contre les vexations des religieux.

Bannis de France, les Juifs trouvèrent un asile à

Rome, à l'abri de la tiare ; la métropole du monde catholique mérita le nom de Paradis des Juifs. Le pape lui-même leur avait accordé de singulières faveurs, certaines immunités relatives à l'assiette et à la perception de l'impôt. Aussi le Ghetto était un lieu privilégié où les Israélites accouraient de toutes parts.

Frappé de cette antinomie, Louis le Hutin pensa que les évêques de France, dont les théories avaient inspiré les mesures rigoureuses de Philippe le Bel, avaient cédé à une animosité injusticiable, et il rappela en 1315 les Juifs pour douze ans. La France avait élevé la voix en leur faveur, et le roi dit dans son édit qu'il leur accorde l'entrée de son royaume, « parce qu'ils étaient redemandés par une grande clameur de peuple et que la Sainte Eglise de Rome notre mère les souffre. » Mais, si le Roi leur rendait le Talmud et les synagogues, il exigeait qu'ils portassent une marque distinctive, large d'un blanc tournois, et d'autre couleur que leur robe (1). Il

______

(1) On ne lira pas sans intérêt les curieux détails dans lesquels devait entrer le costume des Juifs pour rester une marque distinctive et comme une note d'infamie :

« Il est ordonné aux Juifs de porter sur eux une marque distinctive ; celle des femmes était un voile qui couvrait tout leur visage, et celle des hommes une calotte de feutre ou de drap jaune, ou un bonnet remarquable par une corne dont il était surchargé. Il leur fut ordonné par le concile de Narbonne, en 1227, de porter sur leurs habits une figure de roue, d'un demi-pied de diamètre, pour les distinguer des chrétiens ; ceux de Nîmes portaient une rose sur la poitrine.

« Innocent IV ordonna, l'an 1248, qu'il leur fut défendu de porter des chapes rondes ou larges, comme les clercs ou les prêtres, et même de s'habiller comme les laïques, pour qu'ils pussent être reconnus. Le concile d'Albi, six ans après, confirma cette défense, et ordonna que la roue qu'ils portaient sur leurs habits eût un doigt d'épaisseur et une palme de diamètre. Ces marques devaient être d'une couleur différente de celle du vêtement et ne devaient jamais être cachées. » (Molliot, *Recherches sur les coutumes et les mœurs*, t. III, p. 114.)

les soumettait aux lois du royaume et leur défendait de prêter à intérêt au-delà d'un certain taux. Mais cette interdiction ne reposait pas sur les préceptes des saints canons. « Comme les Juifs, dit l'ordonnance, sont tenus à ouvrer et labourer de leurs mains, ou à marchander, si comme dessus est dit, nostre volonté n'est mie que ils puissent prester à usure, ainçois le deffendons expressément, et se ainsint estoit que il avenint par aventure qui pretassent, ils ne pouroient prendre plus de deux deniers par sepmaine. » (1315, 28 juillet.)

L'histoire des Juifs présente des oscillations de faveurs et de rigueurs. Philippe de Valois (12 janvier 1330), voulant mettre fin à l'usure excessive à l'aide de laquelle les *Oultremontains* opprimaient son peuple, déclare que tous les débiteurs des Lombards usuriers seront quittes en leur payant dans le délai de quatre mois les trois quarts de ce qu'ils devaient. S'il surgissait des difficultés de preuves, le débiteur de bonne réputation était cru sur son serment, à moins que le créancier usurier ne renversât son allégation en produisant le nombre de témoins requis par le droit.

Cette ordonnance était en vigueur dans tout le royaume, mais dans plusieurs parties, en Beauvaisis par exemple, le Roi avait encore augmenté ces rigueurs. Nous lisons, en effet, dans un mandement au sénéchal de Beauvaisis, qu'aucun débiteur regnicole ne doit payer ce qu'il doit aux juifs oultremontains, sous peine de payer au roi une seconde fois et avec usure (1340). La forme générale dans laquelle est conçu ce mandement permet même de supposer qu'une ordonnance, dont les termes ne nous sont pas parvenus, avait révoqué la faveur que celle de 1330 concédait encore aux Juifs.

Jean le Bon (13 juillet 1353) spécula sur la proscription. Les biens des Lombards furent vendus et le produit versé dans la caisse royale ; quant aux créances,
le roi les donna à la reine Blanche de Navarre, veuve de
Philippe de Valois. Mais la régence du duc Charles
avait répandu sur la législation des principes de tolérance ; le roi Jean, revenu de sa captivité d'Angleterre,
permit aux Juifs de se livrer au commerce et fixa à
quatre deniers pour livre l'usure qu'ils pouvaient exiger. Si un taux supérieur venait à être stipulé, cette
convention était frappée d'une nullité absolue, le créancier ne pouvait exiger que le pur sort et devait rendre
tout ce qu'il aurait perçu outre le capital. Des gages
pouvaient même être donnés en nantissement, excepté
les saintes reliques, calices et autres choses religieuses.

Charles V confirma ces priviléges (1382), fixant l'intérêt à deux deniers parisis pour 16 sols parisis par semaine. Cette ordonnance était restreinte à la ville de
Paris ; mais les Juifs jouissaient dans toute l'étendue du
royaume du droit de prêter en payant une redevance
au roi. Charles VI, d'après les conseils du duc de Berry
et de l'évêque de Poitiers, accorda aussi sa protection
aux Juifs.

Ainsi le contrat de prêt à intérêt interdit à tout regnicole,
était toléré de la part des Juifs et des autres privilégiés.
« La redevance, a dit le comte de Pastoret, n'était de la
part du roi qu'une véritable complicité ; il consentait
au mal des peuples, pourvu qu'il en profitât. La législation ne peut s'égarer davantage (1). »

(1) Comte de Pastoret, Ordonn. des roys de France, t. XV, disc. prél.,
p. lvij.

Peu à peu le privilége accordé aux Juifs s'étendait, le Roi concédait à plusieurs villes le droit de trafiquer de l'argent. En 1369, Charles V permet à deux bourgeois d'Angers, élus par l'université de cette ville, de prêter aux membres de l'université l'argent dont ils auront besoin. Déjà Philippe-Auguste avait fait remise aux bourgeois de Caen du droit royal qui lui attribuait les biens des usuriers (1120); Rouen (1350), Abbeville, Meaux, Troyes (1380); Lille (1392), Condom (1397), reçurent de la faveur royale le privilége de prêter de l'argent. On lit même dans l'ordonnance de 1350 que le Roi ne recherchera pas les bourgeois de Rouen pour le fait d'usure, et ne les contraindra pas à se marier contre leur volonté. Pouvait-il se montrer plus libéral et plus gracieux (1)!

Foires de Champagne et Lyon. — Les transactions dans les foires de Champagne attirèrent la sollicitude du Roi. La prohibibition du prêt mettait au commerce de pénibles obstacles. Philippe le Bel (1311) accorda aux marchands la faculté de prêter au taux de 50 sols par 100 livres. En 1349 Philippe de Valois, « reconnaissant que de nécessité se font prest de grande quantité et créance de foire en foire, » fixa le taux à 50 sols par 100 livres, chaque foire. Et comme ces foires se tenaient six fois par an, le taux annuel était de 15 livres par 100 livres. Le change ou toute autre perception donnant droit d'exiger une somme supérieure à la somme prêtée ne devait pas s'élever au-dessus de 15 0/0.

(1) « Item nullum de civibus Rothomagensibus cogere poterimus de « eis maritandis, nisi de voluntate suâ. Volumus etiam quod nullus eo- « rum possit reputari de usurâ, vel jurea fiat super aliquem, vel hære- « des ejus post mortem suam. » *Ibid.*, t. II, anni 1350.)

Louis XI (1462), Henri III (1580 et 1581), Henri IV (1601), Louis XIII (1634), et Louis XIV (1665 et 1673), accordèrent la même faveur aux marchands de Lyon «pour causes de marchandises, sans fraude toutefois ni déguisement. » Les foires de Lyon ayant remplacé celles de Champagne devaient bénéficier des mêmes faveurs.

CHAPITRE X.

La répression prenait sa source dans deux droits sortis d'une origine distincte : le droit canonique et les ordonnances royales ; le temporel et le spirituel qui, pour les autres questions, avaient marqué par d'orageux souvenirs leurs nombreuses dissidences, s'étaient toujours rencontrés d'accord pour proscrire le commerce de l'argent. Mais, quand il s'agit d'attribuer la connaissance des causes usuraires à une juridiction répressive, les deux puissances ecclésiastiques et séculières se disputèrent la prééminence et revendiquèrent avec acharnement le droit de prononcer la sentence.

A l'origine, l'Église triomphe. En Sicile, le roi Roger publie le décret du pape, et se soumet à sa juridiction (1). Saint Louis décide que l'usurier doit être puni par la sainte Église, « car il appartient à saincte Église de chastier chacun pécheur de son péché, selon droit escrit en décrétales, et titre des jugements au chapitre *Novit,* où il est escrit du roy de France et du roy d'Angleterre » (2). Mais saint Louis a-t-il voulu accorder au juge ecclésiastique une compétence exclusive ? Le passage des *Établissements* que nous venons de citer porterait à le croire ; mais cette concession de la part du roi serait difficile à admettre, quand on sait avec quelle énergie il maintint l'indépendance de la couronne et du

(1) Rex Rogerius, *Constit. icul.*
(2) Établissements de S. Louis. chap. 86.

pouvoir civil en face des prétentions de la puissance ecclésiastique.

Déjà les rois avaient réclamé le droit de prononcer
sur les matières réglées par les décrétales, lorsque les
ordonnances les régissaient. Ainsi Édouard le Confesseur, au xe siècle, voulait que les juifs usuriers fussent punis par les magistrats royaux, *puniantur a regio
magistratu* (1). Nous aimons mieux penser que, dès cette
époque, le crime d'usure était *mixti fori*, ἀδιάφορον,
comme dit Chopin, et que si les tribunaux ecclésiastiques étaient compétents quand le coupable était clerc,
les juges laïques devaient revendiquer la cause, quand
l'usurier ne se trouvait pas engagé dans les ordres.

Cependant ici une difficulté, qui ne se présentait pas
dans la connaissance des autres crimes, dressait un
obstacle. L'usure est proscrite parce qu'elle corrompt
les empires et détruit la discipline des républiques,
mais surtout parce qu'elle est une désobéissance à
la loi divine. Avant tout, l'usure est un péché, et le
péché doit être châtié avant qu'une peine temporelle
ne soit infligée. De plus l'usurier, par son infraction, pèche contre la conscience ; or les ecclésiastiques
seuls ont mission pour apprécier avec sagacité et justesse les faits qui sont dans le domaine surnaturel de
l'âme. On dut donc disputer longtemps pour savoir à qui
appartiendrait la définition du crime d'usure : et si sous
saint Louis, au dire de Baumanoir, le crime d'usure
était *mixti fori*, si la définition et la répression apparte-
naient indifféremment à chaque juge, suivant le caractère du coupable, cependant dans tous les cas une peine
canonique devait être infligée.

(1) Cité par Chopin, *de Sacrá politicá* p. 225.

Ainsi, lorsque l'usurier avait été condamné en cour laïque, et que le juge avait prononcé une peine, la confiscation ou l'amende, il devait renvoyer l'usurier devant la cour ecclésiastique, pour que celle-ci lui imprimât une tache spirituelle, le châtiât par une peine canonique, conformément aux Décrétales (1).

Mais les clercs furent loin de se soumettre à cette ordonnance et protestèrent contre l'usurpation du pouvoir civil. Nous voyons dans Fevret, *Traité de l'abus,* que ces injustes prétentions s'étaient conservées jusqu'au xviii° siècle, le juge laïque soutenant que les clercs n'ont pas le droit de poursuivre les laïques au civil et au criminel, et l'Official s'arrogeant le droit de déclarer si le contrat est usuraire, quelle que soit la qualité des parties. L'Official soutenait même quelquefois que si, en cour laïque, le fait d'usure se produisait incidemment ou reconventionnellement, le procès devait être suspendu jusqu'à ce que, le crime d'usure étant évoqué par lui, fût décidé et jugé (2).

Il est inutile d'ajouter que les jurisconsultes protestaient, s'appuyant sur les textes même des Décrétales qui, interdisant l'usure, avaient remis au bras séculier l'exécution des décisions canoniques, *per principes et potestates seculares usuras compelli præcipimus* (3).

La législation royale consacrait les principes reconnus par saint Louis. Le 17 novembre 1311, Philippe le Bel établissait la Cour du Roi comme compétente pour connaître des réclamations des Italiens usuriers, et, en mars 1316, Philippe le Long défendit aux sénéchaux,

____

(1) Beaumanoir, ch. 68, p. 345, *in fine.* Cité dans les Ordonnances des roys, t. I.

(2) Baldus, *in L. consulta.* Cité par Fevret.

(3) Fevret. *Tr. de l'abus,* viii, ch. 2, n° 6, t. I, p. 279.

baillis et préposés de troubler la juridiction ecclésiastique. Chacun reste dans sa sphère. Les priviléges successivement accordés aux villes ne portent aucune atteinte aux principes, et lorsque, en août 1353, Jean le
Bon accorde à l'abbé de Saint-Denis le droit de poursuivre les usuriers même séculiers, il concédait à l'abbé
la faculté d'étendre aux laïques un droit dont la juridiction ordinaire ne l'armait que contre les clercs (1).

Les tribunaux ordinaires étaient compétents pour
statuer sur les procès auxquels des contrats usuraires
avaient donné naissance. Les particuliers pouvaient introduire une instance devant les juges en portant à leur
juridiction leurs plaintes et leurs doléances. D'autres fois
le Roi mandait, par des monitoires, à tous ceux qui
avaient connaissance des faits d'usure, de les dénoncer
sous des peines sévères. Souvent même il désignait des
réformateurs, dont la mission était de rechercher les
usuriers, et que, preuve de l'omnipotence royale, il
investissait de la puissance judiciaire, pourvu qu'ils fussent en nombre suffisant pour donner à leur décision
une garantie de justice et de sincérité. C'est ainsi que,
en 1374, Charles V créa des réformateurs, sorte de
commissaires enquêteurs qui devaient se transporter
dans toute l'étendue du royaume pour réprimer les in-
fractions aux ordonnances contre le commerce de l'argent. En 1386, Charles VI envoie ces réformateurs dans
le Languedoc. En 1402, Charles VI, informé qu'il se
faisait d'énormes usures dans Paris, révoque, par ses
lettres du 24 mars, ses commissaires désignés précédemment et nomme à leur place Henri de Marle pré-

____

(1) Ordonn. des roys de France, t. IV (Jean le Bon), ann. 1353.

sident au Parlement de Paris, Beaugieux d'Ailly, sire de Pecquigny et Vidame d'Amiens, Guillaume le Bouteiller et Hector de Chartres ses chambellans, il leur adjoint Jehan Davi, maître des requêtes de son hôtel, et Jehan de Drac, général sur le fait de la justice des aides dans le royaume. Tous occupaient par leur noblesse et leurs talents une haute position dans l'Etat, et devaient donner un certain éclat à la mission dont le Roi les chargeait. Les pouvoirs dont ils furent revêtus étaient immenses. Ils pouvaient, pourvu qu'ils fussent au nombre de trois, faire par voie de réformation, le procès aux usuriers, mais seulement civilement. Le Roi leur accorda plus tard le droit de jeter provisoirement les coupables en prison, de faire dresser inventaire de leurs biens, et même de les condamner à l'amende. Mais là s'arrêtaient leurs pouvoirs; un tribunal régulier pouvait seul ordonner la restitution ou décider une punition corporelle, conformément aux ordonnances de Pilippe le Bel et de ses successeurs.

Fait curieux à remarquer, Charles VI qui, par son ordonnance, accordait à ces commissaires des pouvoirs si extraordinaires, jusqu'à déclarer que les jugements rendus par eux seraient exécutés comme ceux du parlement et nonobstant appel, sentait qu'il créait une puissance contre laquelle de violentes récriminations allaient s'élever. Ce roi faible et indécis, que les factions ont ballotté en tous sens, craignait même de n'avoir pas la force de maintenir la loi qu'il venait de poser, et il terminait son ordonnance en défendant aux commissaires d'obéir aux lettres de lui ou de ses oncles et frères, tendant à arrêter ou à suspendre les procès qu'ils auraient commencés. Le roi ne se trompait pas. L'année suivante, ses oncles et frères, dont il craignait l'opposition, lui faisaient rétracter son ordonnance de 1402 (lettres du 28 janvier 1403) et ces lettres de révocation se terminent par ces mots : « Après meure délibéracion de nostre conseil où estoient nos très chiers et trez amez oncles, les ducs de Berry et de Bourgogne » (1).

Charles VII nomma aussi des réformateurs en Languedoc ; mais Louis XI les révoqua par ses lettres d'avril 1463. Les commissaires se livraient peut-être à des exactions qui rendaient leur mission honteuse et rejetaient sur le pouvoir royal le discrédit et la haine. D'ailleurs il suffisait que Charles VII les eût créés pour que son fils songeât à mettre fin à leur mandat (2) !

Nous avons vu qu'outre la peine canonique prononcée contre les usuriers par les juges ecclésiastiques, les ordonnances royales édictaient contre eux des peines corporelles, déclaraient leur contrat nul, les forçaient à restituer, à faire amende honorable, et accordaient au débiteur le droit de répéter les intérêts déjà versés (ordonn. de Poissy, 1312). La peine la plus sévère était, sans contredit, la confiscation ; les biens de l'usurier étaient dévolus au seigneur, puis au roi. Quelquefois celui-ci renonçait à son droit en faveur de la famille que le Juif avait spoliée, ou assignait à la confiscation une disposition spéciale, ainsi que le fit Charles V en 1374, qui décida que les amendes payées par les usuriers seraient employées en réparations au château du bois de Vincennes. Mais ces exceptions ne portaient aucune atteinte au droit royal, dont elles étaient une nouvelle consécration.

A l'origine le droit seigneurial primait le droit royal ;

(1) Ordonn. des roys de France, t. VIII. — (2) Id., t. XV.

l'usure était considérée comme une forfaiture qui commet le fief et rend indigne de posséder aucune valeur mobilière. D'après l'ancienne coutume de Normandie, les biens de l'usurier sont dévolus au duc : on lui laissait seulement la faculté de faire des dons gratuits lui-même avant sa mort (1). Mais, pour qu'une semblable flétrissure fût imprimée, il était indispensable de prouver que, pendant l'an et jour qui avait précédé sa mort, il s'était livré à un des trois genres d'usure proscrits par la coutume. Cette information devait avoir lieu aux premières assises de la province, pour que les biens ne se détériorassent pas et que la confiscation ne frappât pas des valeurs illusoires : on dirait de nos jours à la première audience du tribunal, *proximam assisiam* (2). Nous lisons dans les Établissements de Saint-Louis que si les usuriers sont soumis à la juridiction ecclésiastique pour la peine canonique, ils ne sauraient être soustraits à celle du seigneur duquel ils relèvent féodalement et auquel doivent revenir les biens saisis. « Quand en la terre au baron à aucun usurier, ou en quelque terre que ce soit, et il en est prouvez, lè muëbles si doivent estre au baron, et puis si doivent être pugnis par sainte Église pour le péché. »

Peu à peu le droit royal se substitue au fisc du seigneur : le roi est d'autant plus avide de retenir ces biens que cette confiscation est une preuve de son autorité

(1) Enqueste des droictures des roys d'Angleterre envers la Ste Église de Normandie, feuillet 9 du Reg. St. Just, de la Chambre des comptes. Citée par Laurière, Ordonn. des roys, t. 1.

(2) Les Olim ou registre des arrêts rendus par la cour du roi, de saint Louis à Philippe le Long, publiés en 1842 par le comte Beugnot, t. I, *Inqueste terminata Parisiis in parliamento beati Martini hiemalis*, anno Domini 1258, act. 6.

croissante sur la féodalité. Nous rencontrons dans la collection des *Olim*, publiée par M. le comte Beugnot, un arrêt de la cour du roi Philippe III, de l'année 1277, qui mérite d'être cité. Le seigneur de Craon, Maurice V, sénéchal de Touraine, avait, il paraît, en vertu de ses fonctions de sénéchal de Touraine, d'Anjou et du Maine, le droit de retenir le tiers des amendes qu'il prononçait, sortes d'épices, récompenses de son zèle et de ses travaux. Ayant eu à juger des Lombards, qui avaient transgressé l'Édit royal, il les condamna à l'amende et voulut garder par devers lui le tiers de ces amendes, comme il en avait l'habitude dans les causes ordinaires. Mais la cour du roi écarta ses réclamations et décida qu'il n'avait droit à aucune part. « Habito con-« silio responsum fuit dicto Mauricio quod, licet habeat, « per manum nostram, terciam partem emendarum quæ « fiunt in Turonia, in assisis et placitis, tamen de istis « emendis Lombardorum factis pro transgressione banni « domini Regis, inde nihil habere debebat, nec habebit (1).

En 1295, la dame de Craon, veuve du sénéchal, réclama les mêmes droits au nom de ses enfants mineurs (2);

(1) Maurice V, sgr. de Craon (dominus Credonii), sénéchal de Touraine, Anjou, Maine. Le sénéchalat de ces trois provinces était héréditaire. Il avait appartenu à l'origine à la famille des Roches et était passé en 1222 dans celle de Craon par le mariage d'Amaury avec l'héritière de Guillaume des Roches. Ces offices firent ensuite retour à la couronne : Amaury VII de Craon céda à Philippe le Bel la sénéchaussée de Touraine en 1323, et vendit les deux autres à Philippe de Valois en 1330 pour 1.500 livres. (P. Anselme, *Hist. généalog.*, VIII, 567. — Chalmel, *Tablettes chronolog. de l'hist. de Touraine*.)

(2) Mahaut de Malines, veuve de Maurice VI, sgr. de Craon, sénéchal des trois provinces, au nom de ses enfants : Amaury VII de Craon, sénéchal, mineur ; Marie de Craon, qui épousa Robert de Brienne, vicomte de Beaumont ; Isabelle de Craon, mariée à Olivier, sire de Clisson, et Jeanne de Craon. (Le P. Anselme, déjà cité.)

mais la cour du Roi persista dans sa jurisprudence. Il est vrai qu'en marge on lit ces mots : *Revocatum*, et que cet arrêt est barré dans le manuscrit, mais on doit penser que le roi, par une faveur singulière et tout exceptionnelle, laissa de côté la décision de son conseil, et qu'il consentit à accorder à titre de munificence royale et non légalement, à la veuve, l'objet ou partie de ses réclamations (1).

Les peines contre les usuriers étaient sévères; le fils même était responsable, et s'il recueillait l'héritage il était tenu à restitution. « Li fils aux osuriers, qui sont hoirs leur père, sont tenus à rendre les osures que lor pères ont eues, quand li pères sont mors »(2). Aussi ne suffisait-il pas d'une simple présomption, mais fallait-il une preuve complète pour faire peser sur un individu toutes les rigueurs de la loi. Lorsque les réformateurs étaient investis de la puissance judiciaire, des exactions nombreuses étaient possibles, mais quand le procès s'engageait entre le créancier et le débiteur, la preuve devait être complète, l'intérêt royal n'était pas encore en jeu.

Le livre de *Jostice et de Plet* qui, selon l'opinion la plus accréditée, date de 1260, nous a conservé l'énoncé d'une difficulté juridique qui s'était élevée au sujet de la preuve de l'usure. Voici le texte : « Uns hons se plaint d'un autre, et dit qu'il a eu cent sols de lui de usure et dit comment, et l'offre à prover par soi et par garanz. Et li corpables fet encontre tel ni et tel deffense comme

____

(1) Les Olim. t. II : 1277. arrêt de la cour de Philippe III ; 1295, *id.* de la cour de Philippe IV.

(2) Li Livres de jostice et de plet, publiés par M. Rapetti ; li vingtiesmes livres, XIV, nº 5.

il doit. L'en demende qu'en dit droit? Et l'en dit que il
n'i a que serement; et li choix est au copable : mes
deux garanz vausissoient »(1).

Le débiteur se plaint de ce que son créancier lui a
pris cent sols d'usure, et il offre de le prouver à l'aide
du serment ou de deux garants. « Un homme se plaint
d'un autre, lisons-nous dans les assises de la cour des
bourgeois de Chypre, s'il a deux garants, très-bien,
sinon il ne peut s'en tirer que par le serment » (2).
Comme la demande reconventionnelle, l'opposition formée par le débiteur présente l'allégation d'usure; c'est
au créancier, au *corpable*, à décider s'il s'en tiendra au
serment ou s'il exigera les deux garants. Ces deux
sortes de preuves étaient accueillies avec faveur suivant
les circonstances. La preuve par garants, très-usitée
dans le droit féodal, présentait un avantage et un inconvénient; un avantage en ce sens qu'on pouvait appeler
chaque garant à soutenir son dire en champ clos; un
inconvénient en ce sens que le résultat du procès étant
remis au chances du combat, un estoc mal appliqué
pouvait vous faire perdre le gain. La preuve par serment était plus recherchée; les peines contre ceux qui
faisaient de faux serments étaient tellement sévères,
que rarement on s'exposait à outrager ainsi la vérité (3).

Les historiens des Croisades nous ont laissé sur la
preuve par garants de curieux détails. Cette preuve
consistait dans la présentation de deux personnes qui
déposaient sous la foi du serment et sur les livres saints,

(1) Li Livres de jostice, xiv, no 9.
(2) Assises de la cour des bourgeois, chap. 54, 95.
(3) Assises de la cour des bourgeois, chap. 95.

souvent même elles devaient soutenir leur dire en champ clos. On comprend que ces garants dussent appartenir à la foi catholique, à la *loy de Roume*, comme on disait alors, et que leur loyauté fut à l'abri de tout soupçon. S'ils avaient déjà été battus en champ clos, s'ils avaient servi chez les Sarrazins ou les Grecs contre les chrétiens, s'ils étaient notés d'infamie, on les refusait impitoyablement. Lorsque le débiteur se présente avec ses garants, et si la querelle est de plus d'un marc d'argent (ce qui n'est pas applicable à notre cas, le marc d'argent valant en Chypre au xiiie siècle, 25 besans, ou 200 sols tournois), le défendeur pourra, au moment où l'un des garants met le genou en terre pour prêter serment, l'appeler en champ clos. « Ainz si tost come il vit agenoiller celui que l'on viaut lever, il le doit saisir par le poing dextre et dire : « Lième sus, car je t'en lieve come faus et parjure ; car en toi ne remaint que tu ne te parjures : et je suis prest que je te mostre et preuve de mon cors encontre le tien tout aussi come la cor esgardera et quant» (1). On remettait alors l'objet du litige à la garde du seigneur, qui le donnait au vainqueur comme prix du combat.

Saint Louis abolit le duel judiciaire ; Louis VII l'avait déjà prohibé en 1168 en cas de contestation pour une valeur de cinq sous et au-dessous. Mais les mœurs l'emportaient, et sous Philippe le Bel nous eûmes le Code du duel judiciaire.

---

(1) Voyez, sur la preuve par garant : 1° Assises de la haute cour, nos 88, 92. 2° Assises de la cour des bourgeois, chap. 152, p. 103; chap. 54, 95. 3° Jean d'Ibelin, chap. 74 ; Philippe de Navarre, chap. 8, 9, 10.

Heureusement le pouvoir royal pouvait convaincre les usuriers par des moyens plus sûrs et plus légaux qu'une lutte en champ clos, et si, malgré la sévérité avec laquelle les ordonnances étaient exécutées, elles tambaient promptement en désuétude, c'est qu'une puissance plus forte que la puissance royale protestait sourdement, mais avec persistance, contre l'interdiction qui frappait le légitime commerce de l'argent.

CHAPITRE XI.

LA RÉACTION, LES CASUISTES, LES JURISCONSULTES ET LES ÉCONOMISTES.

« Les bons juges, hommes de bien, ne doivent favoriser la cruelle avarice des impitoyables et trop rudes mauvais riches, qui font de leur âme un autel à l'usure qui est aujourd'huy plus révérée en France que la mesme divinité » (1).

Ces paroles de Charondas le Caron peignent la situation au XVIe siècle. Les lois restrictives, loin de mettre un terme à cette lèpre qui s'étendait sur le monde, favorisaient son développement. Les prêts étaient fréquents, et comme le prêteur, par sa conduite, violait les préceptes du droit, il exigeait de l'emprunteur une récompense pour le péril au-devant duquel il se jetait.

Et cependant chaque Roi tenait à honneur de renouveler les ordonnances de ses prédécesseurs ; et si les jurisconsultes étaient d'accord pour reconnaître que l'usure était le principal vice qui pullulait à cette époque (2), ils ne pouvaient en rendre responsable la magistrature qui frappait avec une sévère fermeté et sans distinction de personnes.

Le 22 février 1571, une femme fut condamnée, par le parlement de Paris, à faire amende honorable et à un bannissement de cinq années, parce qu'elle fut convaincue de prendre pour un écu deux carolus d'intérêt.

---

(1) Charondas le Caron, *Rép. de droit*, t. III, p. 98, édit. de 1597.

(2) Laurent Bouchel, *La Bibliothèque ou le trésor du droit français*, in-fol., t. III, 1671, com. de l'Ord. de Charles IX.

En 1581, un habitant de Toulouse est condamné à être pendu, et sa peine plus tard commuée en 1,200 écus d'amende. La grand'chambre est impitoyable : le 2 juin 1699, la veuve d'un conseiller à la chambre des comptes et cour des aides de Montpellier fait amende honorable, supporte un bannissement de cinq ans de la prévôté de Paris. Les condamnations étaient devenues si fréquentes que le produit des amendes avait été suffisant pour refaire entièrement la couverture du palais.

Louis XII, en 1510, menace de suspendre de leur office, et d'amende arbitraire, les officiers de police qui ne poursuivront pas activement les usuriers. Les notaires, qui recevront des contrats usuraires, subiront une peine disciplinaire et pourront être privés de leur office. Enfin, tous les Français sont appelés à aider le Roi dans la répression, et pour que chacun soit plus *enclin* à dénoncer ceux qui transgressent l'ordonnance, on accorde au dénonciateur le tiers des amendes qui seront prononcées (1).

François Ier en 1535, Henri II en 1552, renouvellent l'ordonnance de Louis XII. Charles IX, par son édit donné à Fontainebleau en mars 1567, prononce la confiscation des biens meubles et immeubles et le bannissement contre les usuriers. Cet édit place la répression dans les attributions du prévôt de Paris, enlevant la connaissance de ces causes aux parlements qui jusqu'alors avaient été seuls compétents, et il déclare que les décisions du prévôt ne seront pas susceptibles d'appel. L'autorité royale reproduisait l'innovation de

____

(1) Pardessus, Ord. des roys, t. XXI. — Ord. de Lyon, 1510, art. 64. 65, 66. — François Ier, Ord. de 1535, chap. 39, art. 12.

Charles VI, avec cette modification que le roi Charles IX
déléguait aussi dans les provinces les juges du lieu,
conservant cependant le droit d'évoquer l'affaire devant
son conseil.

Mais cette création fut de courte durée : le parlement reprit bientôt la connaissance de ces affaires.
Nous voyons en effet qu'Henri III, faisant proclamer à
son de trompe et cri public que les prêteurs doivent
restituer, dans le délai de deux mois, les intérêts
perçus, ne parle plus du prévôt de Paris, mais du procureur général et de son substitut.

La lecture de l'ordonnance rendue par Henri III, le
12 mars 1579, appelée communément *Ordonnance de
Blois*, montre que le Roi se proposait de réglementer la
matière :

L'art. 202 est ainsi conçu : « Faisons défenses à toutes
personnes, de quelque sexe ou condition qu'elles soient,
d'exercer aucunes usures, prêts de deniers à profits ou
intérêts..., encore que ce fût sous prétexte de commerce
public. » Et le Roi ajoutait : « Voulons qu'il soit proclamé
à son de trompe et cry public, que tous ceux qui auront pris deniers ou autre chose quelconque en quelque
sorte et manière que ce soit à intérest excédant le cours
de nos ordonnances, seront tenus dedans deux mois
après la publication, sous peine d'estre condamnez
comme *recelleurs des usures* au quadruple de ce dont ils
seront trouvez redevables. »

Et pour rendre la répression plus universelle, le Roi
enjoint aux curés et vicaires de jeter et faire jeter en
leur paroisse des monitoires, et de tenir un registre des
usuriers. Le procureur devra poursuivre sans relâche ;
les dénonciations ne seront certainement pas insuffi-

santes, car Sa Majesté relève tous ceux qui sont asser-
mentés «de contenir fidèlement en secret ce qui leur
est commis. »

L'ordonnance de Blois est la dernière qui ait régi la
matière; elle n'abrogeait pas la législation antérieure,
mais la remettait en vigueur. Pothier, dans son *Traité
sur l'usure*, déclare que l'on doit encore appliquer les
peines corporelles édictées par Philippe le Bel.

Les édits royaux, sagement exécutés, devaient plonger
le commerce dans une ruineuse torpeur. Mais les mœurs
réagissaient contre ces préceptes, et les théologiens eux-
mêmes, dont les principes planaient sur cette théorie,
imaginèrent de curieux subterfuges qui, tout en respec-
tant primordialement les défenses canoniques, permettaient au commerce de continuer utilement son essor.
La constitution de rente fut le contrat à l'aide duquel la
prohibition de prêter à intérêt fut légitimement éludée.
Au lieu de prêter son argent, on l'aliéna; au lieu de s'en
dépouiller temporairement, on s'en dépouilla perpétuel-
lement. Il y eut aliénation, vente, et la prestation fut
considérée comme le prix de cette aliénation.

A l'origine, le contrat de constitution de rente
trouva dans le canoniste Henri de Gand, mort en 1293,
un redoutable adversaire. A ses yeux les arrérages annuels, formant par leur accumulation une valeur supérieure à celle du capital aliéné, l'usure est manifeste. Il
allait même jusqu'à se demander s'il n'y avait pas vol :
car comment, disait-il, appeler un acte par lequel on
reçoit plus qu'on ne donne. Mais cette exaltation ascé-
tique portait le raisonnement jusqu'à la subtilité la plus
ridicule. Henri de Gand ne pensait pas que celui qui
retire chaque année 5 livres d'un fonds de terre va-

lant 100 livres, dont il est propriétaire, aura retiré dans vingt-cinq ans plus que sa terre ne vaut. S'il aliène son fonds de terre, ne doit-il pas avoir l'équivalent de la jouissance qu'il a concédée à un autre?

La meilleure réponse aux invectives d'Henri de Gand ut la conduite des églises et des communautés religieuses, dont les richesses consistaient spécialement en rentes constituées. D'ailleurs, le pape Martin V, par sa décrétale *Regimini*, en 1423, autorisa ce contrat. Aussi, Saumaise avait-il mauvaise grâce de prétendre que les rentes constituées n'étaient que des usures voilées, qu'on faisait entrer par la fenêtre après les avoir chassées par la porte; et M. Troplong a-t-il eu raison de dire que les fortes études de jurisprudence manquaient à Saumaise?

Mais pour que la loi laissât passer le contrat de constitution de rente, il fallait que le capital fût aliéné à perpétuité, sans clause résolutoire autre que la faculté de rachat pour le débiteur, et que le taux n'excédât pas celui de l'ordonnance.

Les Papes avaient voulu exiger deux autres conditions : 1° que la rente fût établie sur un fonds hypothéqué, pour la garantie du payement des arrérages; et 2" que si l'immeuble venait à périr la rente fût éteinte. Mais, en France, la pratique rejeta ces deux conditions : le débiteur était tenu sur tous ses biens.

L'esprit d'indépendance se manifestait depuis longtemps et protestait contre les limites exagérées fixées par les lois. Déjà, sous Charles le Bel, les prêteurs tentaient, à l'aide de ventes simulées ou d'autres subterfuges, d'éluder les ordonnances. En 1326 le Roi démasque ces supercheries et les déclare usuraires. Dans la république de Candie, si nous devons croire un ancien jurisconsulte, les peines contre les usuriers étaient très-sévères, et celui qui prêtait ainsi son argent s'exposait à ce que son débiteur, non-seulement se refusât à payer les intérêts stipulés, mais encore le dénonçât à la rigueur de la justice. Aussi le créancier ne prêtait pas de la main à la main, mais il forçait l'emprunteur à simuler un vol, ayant l'air de fermer les yeux, de telle sorte que si plus tard le débiteur refusait de payer ou élevait la moindre plainte, le créancier pouvait faire requérir contre lui une condamnation pour vol (1).

Ces fourberies étaient faciles à démasquer. Mais plus tard les progrès de la dialectique donnèrent naissance à des ruses tissues avec plus d'art. C'est ainsi que nous vîmes apparaître les théories des Trois contrats et du Mohâtra.

Les Trois contrats avaient été imaginés en Orient par le génie inventif des Grecs, obligés comme nous de réagir contre les défenses canoniques. L'Occident accepta promptement cette subtilité; des jurisconsultes y apportèrent l'autorité de leur science, les canonistes Novarre et Diana en proclamèrent la légitimité.

Voici en quoi consistait cet artifice : j'ai 10,000 fr. à placer, je ne veux pas les aliéner pour toujours, je ne peux pas les aliéner temporairement, car cette vente équivaudrait à un prêt à intérêt, et le prêt est défendu par les lois. Je vais trouver un négociant et je forme avec lui une société, dans laquelle j'entre pour un apport de 10,000 fr. En même temps ce négociant m'as-

____

(1) Laurent Bouchel, *La Bibliothèque*, t. III, in-fol°, 1657, extrait de Plutarque, *in Apoph.*

sure mon capital contre les risques de sa gestion, et en guise de prime je lui abandonne une partie des profits que j'aurais légitimement l'espoir d'obtenir. Enfin , je lui vends mon capital ainsi assuré, moyennant la somme de 10,000 fr., qu'il devra me rembourser à la fin de la société, avec un payement annuel de 500 fr., représentation de ma part de bénéfice dans la société.

« Il ne faut pas être bien clairvoyant, dit Pothier, pour s'apercevoir que cette convention, dans la vérité, ne contient autre chose qu'un prêt à intérêt, que j'ai fait à un marchand, d'une somme de 10,000 livres, qui doit, dans le for extérieur aussi bien que dans le for de la conscience, être déclaré usuraire, et en conséquence les intérêts doivent être imputés sur le principal : il est très-visible que les trois prétendus contrats que cette convention renferme ne sont que des contrats simulés pour déguiser le prêt à intérêt qu'elle renferme, et que dans la vérité je n'ai jamais eu intention de contracter une société avec ce marchand, mais seulement de retirer de lui un intérêt de la somme que je lui prêtais; et quand même, par une fausse direction d'intention, je me persuaderais à moi-même que j'ai eu effectivement intention de faire avec ce négociant successivement ces trois contrats, ce serait une illusion que ferait ma cupidité pour me déguiser à moi-même le vice d'usure du prêt à intérêt auquel s'analyse toute cette convention (1). »

Pothier avait raison, les trois contrats n'avaient été imaginés que pour éluder la prohibition du prêt à intérêt. Cet artifice était adroit, car personne ne pouvait

(1) Pothier. *Du Contrat de société*. I, 5, 22.

soutenir que la société, le contrat d'assurance et la vente fussent proscrits; et si, pris isolément chaque contrat était licite, comment leur réunion pouvait-elle donner naissance à une convention illicite?

On pouvait cependant faire un reproche à l'un de ces contrats, c'est que pour qu'une société soit licite il est nécessaire que les profits et les pertes soient communs, ou du moins que chaque associé y soit soumis, quoique inégalement. Or, dans la société imaginée je donne dix mille livres et je retire cinq cents livres : que mon coassocié gère mal le fonds social, j'aurai toujours droit à cinq cents livres. Cette somme pour moi est un bénéfice; quant aux pertes je n'en subis aucune, la société est léonine ou plutôt elle n'existe pas. Novarre n'avait pas aperçu cette difficulté quand il proposait les trois contrats au roi de Portugal, gémissant de voir son commerce arrêté par les antiques défenses de l'Église et n'osant pas prendre, quoique souverain, l'initiative de la résistance. Aussi accepta-t-il avec empressement les raisons des casuistes qui (en apparence du moins), le mettaient d'accord avec sa conscience et les nécessités de son gouvernement.

Mais les adversaires des trois contrats se reposaient toujours sur la même considération : le prêt à intérêt est une monstruosité, car il fait produire ce qui ne peut engendrer, il est proscrit à bon droit par l'Église et l'État, donc toute convention qui le déguise ou le cache doit être réputée usuraire, et réprimée avec d'autant plus de rigueur qu'elle ajoute la fraude au mensonge.

Le jésuite Bauni s'efforça de prouver avec un immense talent que le meilleur moyen d'éloigner un peuple de l'usure, c'est de lui permettre de tirer de son argent « quelque bon et légitime gain. » Dans ce but il renouvela la théorie de Novarre et la déclara honnête et licite (1). Pascal a égayé ses lecteurs des subtilités des casuistes, mais quels sujets les économistes auraient aujourd'hui de sourire en voyant ce grand esprit dépenser toute sa verve à soutenir contre le P. Bauni et Escobar la plus détestable des causes. Les casuistes réagissaient contre les prohibitions, ils ne pouvaient se mettre en hostilité avec Rome et les lois de leur pays. Mais puisque les nécessités du commerce avaient déjà inventé la constitution de rente, ne leur était-il pas permis de chercher un artifice qui traçât une voie plus facile et plus en rapport avec les mœurs ? Il n'était pas plus odieux de dire que les trois contrats accordaient un légitime moyen de faire produire son argent, que de proscrire le prêt à intérêt, s'appuyant sur un texte maladroitement interprété, et sur une théorie philosophique à laquelle le patron lui-même n'avait rien compris ?

Quoi qu'il en soit, les trois contrats furent condamnés formellement par Sixte-Quint en 1586 : l'ordonnance de Blois ne les avait pas proscrits.

Le mohâtra était une théorie simulée avec autant d'art, mais dont le sort ne fut pas plus heureux. C'est à tort que Pascal en fait honneur à Escobar, mais cela lui coûte peu. S'il avait lu l'ordonnance de Charles le Bel, de 1326, il aurait vu que le Roi punit comme usuriers ceux qui simulent leur convention par une vente

______

(1) R. P. Bauni : *La Somme des péchés*, méthode générale pour toute sorte de personnes, gentilshommes, présidents, conseillers. Pascal, 8ᵉ *Provinciale*.

et un rachat immédiat : « Qui pecuniam pro pecuniâ mutuant, vel qui res a se venditas reemunt, seu reemifaciunt» (1). Escobar parle, il est vrai, dans sa théologie morale du mohâtra. Ce contrat existe, d'après sa définition, quand l'emprunteur achète à terme à quelqu'un une certaine quantité de marchandises pour un prix élevé, et les lui revend immédiatement pour un prix inférieur, mais payable comptant. Et il ajoute que ce contrat est licite pourvu que l'on conserve dans l'achat et la revente un juste prix. Ainsi, quand j'achète les marchandises, le prix convenu ne doit pas être supérieur au plus haut qu'elles puissent atteindre, et quand je les revends, il ne doit pas être inférieur au plus bas prix jusqu'auquel elles puissent descendre. Cette balance observée, le mohâtra est légitime ; enfreinte, il est usuraire. « Justus est hisce servatis : nullum pactum explicitum nec implicitum adhibendum. Pretium quo venduntur merces, *non sit majus summo :* nec cum revenduntur *non sit minus infimo ;* quia tunc justum pretium tam in venditore quam in revenditore servatur (2). »

On comprend que ce contrat permit de placer avantageusement son argent sans aliéner le capital. Je veux prêter dix mille francs à intérêt, mais je ne veux pas aliéner mon capital par la constitution de rentes, je ne peux pas employer la forme du prêt à intérêt, prohibé par les ordonnances. Je vais vous trouver, je vous vends des marchandises moyennant 10,500 francs payables à terme : vous devenez donc propriétaire de ces mar-

---

(1) Declaratio super financiis feudorum et aliorum acquestuum, 1326.
(2) Escobar y Mendoza, soc. Jesu, *Summa theologiæ moralis,* tract. 3. ex. 3, n° 3.

chandises, mais un instant après vous me les revendez moyennant dix mille francs payables comptant. Quelle est mon opération ? Une vente à terme et une vente au comptant. Qu'a-t-elle donc d'usuraire ? N'est-il pas juste que, si je vous paie comptant, je verse un capital inférieur à celui que vous me devrez, vous qui ne payez qu'à terme ?

Voici ce fameux mohâtra que Pothier considère comme une insulte à Dieu ! Le seul reproche juridique qui pourrait être fait, c'est que les deux parties n'avaient pas l'intention de vendre ni d'acheter. Mais la liberté humaine est-elle rivée dans un certain nombre de contrats ? Ne peut-elle pas donner naissance à une foule innombrable de conventions ? Le mohâtra n'est pas une vente, dans le sens juridique du mot, c'est incontestable ; c'est plus qu'un simple prêt, en un mot il forme espèce à part, et appartient à cette grande classe que les Romains appelaient *contrats innomés* et dont la naissance est la suite de ce principe que les conventions librement formées tiennent lieu de loi entre les parties. Pascal avait raison quand il disait : Vous voyez assez l'utilité du mohâtra. Il est à regretter que cette grande vérité n'ait été prononcée qu'ironiquement. J'ajouterai que je ne vois pas pourquoi ce contrat serait plus criminel que la constitution de rentes, lorsque la différence annuelle entre le terme et le comptant n'excède pas le taux de l'ordonnance.

L'ordonnance d'Orléans de 1560, article 141, défendit aux marchands ce contrat : on l'appelait alors prêt à perte de finances. Un arrêt du 18 avril 1551 défendit aux marchands de Toulouse de vendre une certaine quantité de marchandises à des non marchands. Inutile répression ; sous Pothier, le mohâtra relevait la tête avec une nouvelle audace (1)!

Depuis l'origine, les théories canoniques avaient été attaquées et défendues avec une activité étonnante. Les théologiens, avides de discussions, étaient sans cesse sur la brèche, étudiant jusque dans ses replis les plus cachés l'intention qui avait pu porter à faire tel contrat. Certains virent partout de l'usure. Saint-Antonin, surtout, découvrit avec une curieuse subtilité une clause usuraire dans une convention parfaitement juste et raisonnable. Un individu avait prêté à un autre une somme d'argent à la condition que celui-ci lui prêterait une somme pareille quand il en aurait besoin. Saint-Antonin déclare cette stipulation usuraire, parce que, dit-il, l'usure consiste à se faire promettre quelque chose outre la somme prêtée (2). Pothier, malgré sa piété, ne put jamais entrer dans les idées de l'archevêque de Florence : il reconnut au contraire que les marchands d'Orléans avaient à juste titre l'habitude de s'unir par une association mutuelle et un réciproque devoir de reconnaissance (3). Le même théologien soutint qu'un propriétaire qui fait promettre à des paysans à qui il prête de l'argent de venir moudre à son moulin, est un usurier (4). Je vous prête un tonneau de vin pour que vous m'en rendiez un du vôtre qui est meilleur : je prête une somme à un jardinier à la condition qu'il

_____

(1) De Ferrière, *Dictionnaire de droit et de prat.*, V° *mohatra*. (Pascal, *Provinciales*, 8ᵉ prov.).

(2) S. Antonin, archev. de Florence, *de Usuris*, chap. 2, n° 14.

(3) Pothier, *de l'Usure*, part. 2, sect. 3, art. 4.

(4) S. Antonin, *ibid*, n° 19.

taillera mes arbres : je stipule un profit usuraire, je dois être rigoureusement puni.

Mais il ne faut pas oublier que, pour qu'il y ait usure, trois conditions sont indispensables : 1° qu'il soit intervenu un contrat de prêt ; 2° que le profit soit retiré du prêt ; 3° que l'intérêt ait été exigé… *lucrum ex mutuo exactum.* Peu importe le but du prêt. Ainsi, je vous prête de l'argent pour que vous exerciez un retrait, un réméré ; vous obtenez un gain que je vous procure, peu importe, il m'est interdit de stipuler une récompense.

L'antichrèse est-elle un contrat usuraire ? De même que le mort-gage breton, elle consistait à donner à son créancier un immeuble comme sûreté de sa créance, en lui concédant le droit de percevoir les fruits à titre de gain et de dédommagement. De plus, dans le mort-gage, on insérait une clause qui transférait au créancier la propriété de l'immeuble donné en nantissement, si, au jour de l'échéance, le débiteur n'acquittait pas sa dette (1). Alexandre III, dans le concile de Tours, avait interdit aux clercs ces contrats, et en 1180, par une décrétale adressée à l'archevêque de Cantorbéry, il étendit cette prohibition aux laïques. On put toujours donner sa terre à mort-gage ou à antichrèse, mais les fruits produits par le fonds durent être imputés sur le capital.

Mais bientôt les jurisconsultes attaquèrent la rigidite de cette doctrine, et Dumoulin la battit jusque dans ses derniers retranchements. Il déclara qu'il ne voyait aucune raison pour la proscrire, pourvu que les fruits que produira la terre n'excèdent pas le taux de l'ordonnance,

(1) Rageau, *Indice des droits royaux.* — Merlin, Rép. v° *Gage-Mort.*

le denier 15, et que s'ils le dépassent, l'excédant soit imputé sur le capital (1).

Peu à peu, la jurisprudence des parlements proscrivit ces théories rigoureuses et étroites, qui, ne suivant que la lettre de l'ordonnance, froissaient souvent le bon sens et l'équité. Ainsi, on décida que le vendeur a le droit d'exiger les intérêts du prix de vente au taux légal jusqu'au parfait payement (2). Il était sans contestation que l'argent prêté aux marchands de Lyon produisait intérêt, parce que, disait-on, on leur prêtait une somme pour la faire valoir et non pour la garder dans un coffre. Quelques commentateurs ajoutent que c'est un point chatouilleux (3), cependant l'autorité pontificale elle-même avait donné sa sanction à cette tolérance, et considérait le contrat comme une société entre le prêteur et le marchand.

Le mari peut-il faire de la dot qu'il a reçue l'objet d'un prêt à intérêt? Par une faveur extrème, les Papes eux-mêmes l'avaient admis : Grégoire IX reconnaît que souvent les fruits de la dot ne suffiront pas pour faire face aux charges du mariage (4). Et Innocent III engage le mari à confier les deniers dotaux à un marchand pour qu'il les fasse valoir par son commerce, et que « de l'intérest, le mary puisse s'en servir pour porter les charges du mariage, *ut de parte honesti lucri dictus vir onera possit matrimonii sustinere* » (5).

(1) « Non video justam causam in commune prohibendi vel arctiùs restringendi. » Dumoulin, q. 35.

(2) Arrêt du 29 décembre 1648, M. de Mesmes, prem. prés.

(3) Henrys, arrêt, 3 sept. 1644.

(4) Raymond de Pennafort, lib. v, cap. 16.

(5) Colonia. Éclaircissements sur le légitime commerce des intérêts, 1675, in-8, p. 48.

La question des deniers pupillaires donnait naissance à de longues et nombreuses dissidences. Les parlements n'étaient pas d'accord, et même variaient dans leur propre jurisprudence. Le parlement de Bretagne déclarait les usures pupillaires permises, parce que *omnis pecunia pupilli sors est ;* chaque année le tuteur était obligé de faire un capital des revenus (1). Le parlement de Normandie, plus rigide interprétateur du texte, refusait de suivre le parlement de Bretagne, mais l'usage fit triompher la doctrine qu'il repoussait, et il revint sur sa jurisprudence (2). Le parlement de Paris suivit la voie inverse, il reconnut d'abord la légitimité des intérêts des deniers pupillaires, mais il abandonna cette théorie, et proclama que la loi n'avait pas fait pour les mineurs d'exception à l'ordonnance (3).

Dans le dernier état du droit la prohibition s'étendait aux deniers pupillaires. En vain représentait-on que si l'argent du mineur est placé en rentes constituées, celui-ci se trouvera à sa majorité sans ressources suffisantes pour continuer le commerce de son père, obligé de revendre ses rentes pour se procurer des capitaux, et souvent ne pouvant le faire qu'à un prix inférieur, la nécessité étant rarement d'accord avec le profit. Aussi, pendant longtemps avait-on reconnu le besoin de placer à intérêt les deniers pupillaires. On criait à l'audience qu'une certaine somme était donnée à intérêts jusqu'à la majorité, le juge adjugeait au plus offrant. Pothier rapporte que cet usage était fréquent à Orléans.

(1) 15 juin 1621.

(2) 23 février 1509, 8 février 1530. — Contr. 22 février 1652. — Voy. aussi Basnage, sur l'art. 512 de la coutume de Normandie.

(3) 7 janvier 1648. — Contr. 7 novembre 1726.

Mais un arrêt du 7 septembre 1726 fit défense au prévôt d'Orléans de faire de pareilles adjudications. « Néanmoins, ajoute Pothier, comme l'usage rendait les tuteurs en quelque façon excusables, on n'a pas ordonné l'imputation au principal des intérêts des baux faits avant cet arrêt, on s'est contenté d'ordonner que le principal en demeurerait aliéné » (1).

La proscription universelle et sans condition, qui embrassait le prêt à intérêt, appelait la réaction. Déjà, à l'aide des Trois contrats et du Mohâtra, les casuistes avaient enseigné le moyen de tourner la loi. Bientôt on reconnut que celui qui prête son argent se prive souvent d'un bénéfice, et qu'il supporte une perte. Ces théories, professées même par les canonistes, sapèrent peu à peu les bases sur lesquelles la proscription du prêt reposait. Saint Thomas avait déjà admis que celui qui éprouve un dommage peut en exiger le prix; il avait reconnu la légitimité de la doctrine du *damnum emergens*. Et il répondait aux objections que Scot dressait contre son système, que l'intérêt exigé dans ce cas par le créancier ne l'est pas en vertu du prêt, mais en vertu d'une cause extérieure qui lui est complétement étrangère : le contrat de prêt se composant alors de deux clauses distinctes, une constitution de prêt et une convention par laquelle l'emprunteur réclame la valeur de la perte que le prêt lui cause.

Saint Thomas ne reconnaissait que le *damnum emergens*, bientôt on admit le *lucrum cessans*, profit perdu par la privation de la somme prêtée. Ainsi, je ne peux racheter une rente, je suis obligé de vendre des effets

____

(1) Pothier, tr. du contrat de constitution de rentes, n° 44.

au-dessous de leur valeur, la perte que j'éprouve par le service de la rente ou par l'infériorité du prix auquel j'ai vendu les effets, est un dommage causé par le manque actuel d'argent, résultant du prêt que j'ai consenti; aussi est-il juste que j'obtienne un dédommagement.

La théorie des intérêts compensatoires devint en grand honneur; on reconnut qu'elle se fondait sur l'équité, et que, dans ces circonstances, appliquer strictement le texte de l'ordonnance, serait outrager la justice. L'appréciation des causes du dommage était laissée aux lumières des magistrats, et les parlements se montraient de plus en plus faciles à étendre leur portée.

Ainsi, le 16 mai 1628, le parlement de Paris, tout en reconnaissant en principe que les intérêts doivent être imputés sur le capital, proclame que la cour peut s'écarter de ce principe, «lorsque c'est une chose favorable, et qu'il y a équité manifeste.» L'espèce est curieuse à examiner, parce qu'elle montre que si le parlement décide non d'après le texte de la loi, mais d'après la justice et le droit naturel, il s'efforce, par une subtilité juridique, de mettre encore sa décision sous la protection de la loi civile. Deux seigneurs du Forez vivaient en bonne intelligence, l'un fit de mauvaises affaires et fut poursuivi par ses créanciers; l'autre, afin d'arrêter les poursuites, vendit ses propres biens, désintéressa les créanciers et accorda à son ami des délais pour se libérer, à la condition qu'il lui payerait les intérêts au taux de l'ordonnance. Pendant plusieurs années, le gentilhomme paya les intérêts; mais lorsque celui qui l'avait tiré de la ruine au prix de sa propre fortune lui réclama l'intégralité de sa dette, il prétendit qu'il s'était libéré partiellement par ses prestations, et que les sommes versées à titre d'intérêt devaient être imputées sur le capital. Placé entre la stricte interprétation de la loi qui protégeait l'infamie du poursuivant et les considérations d'équité, qui faisaient un devoir à la justice, non-seulement de donner raison au créancier, mais encore de lui décerner des éloges, le parlement décida que les intérêts versés avaient été légitimement stipulés, et qu'on devait considérer le créancier qui avait vendu ses biens pour payer les dettes d'autrui comme le vendeur d'une terre qui réclame les intérêts du prix non payé.

Les parlements des pays de droit écrit, suivant le droit romain modifié par leur jurisprudence, n'étaient pas obligés d'avoir recours à de semblables détours. L'ensemble de leur doctrine était cependant loin d'être fixé. Généralement les parlements d'Aix, de Grenoble et de Pau permettaient de stipuler des intérêts; ceux de Toulouse et de Bordeaux avaient accepté le principe de l'ordonnance de Blois; ils défendaient les conventions d'intérêts, mais si les intérêts étaient versés ils n'en exigeaient pas l'imputation sur le capital et refusaient au débiteur la répétition (1).

L'édifice de raisonnements et de subtilités canoniques sur lequel s'étayait la prohibition du contrat de prêt à intérêt se minait peu à peu. Les légistes, opposant aux doctrines tirées d'Aristote et des Pères des théories puisées dans le droit naturel, prouvaient que le commerce de l'argent est intimement lié à la vie des nations. Au

____

(1) Grenoble, Chorier, sur Guy Pape, p. 277. — Aix, arrêt du parlement de Provence, du 15 novembre 1666. — Voy. aussi Henrys, parlement de droit écrit.

lieu de tourner les difficultés comme les casuistes, ils combattirent en face, le visage découvert, opposant objection à objection, et raisonnement à raisonnement. Aussi les coups portés au système restrictif de l'ancien droit par Calvin, Dumoulin, Montesquieu et surtout Turgot, amenèrent la proclamation de la légitimité du prêt, tandis que les inventions ingénieuses de Diana, d'Escobar, de Novarre et de Bauni, ainsi que les spirituelles invectives de Pascal, en avaient retardé l'avénement.

Calvin, dans ses lettres, s'attache à démontrer la fausseté de la doctrine d'Aristote; il l'attaque de front, s'appliquant à prouver que si la matière est inerte et incapable d'engendrer, le travail de l'homme peut faire sortir de son sein d'inappréciables richesses. L'argent, circulant dans le commerce, devient une valeur susceptible d'être vendue et louée comme toute autre. Et celui à qui je prête mes capitaux ne les a pas reçus pour les laisser dans sa caisse, mais pour leur faire produire, à l'aide de son action personnelle, des fruits et des revenus nouveaux. « L'intérêt que je reçois, conclut Calvin, n'est donc pas un gain produit directement par mon argent, mais le résultat du parti que j'ai su tirer de ma chose, un équivalent du revenu qu'elle a produit. «Non ergo ex pecunia illa lucrum accedit, sed ex pro- «ventu (1). »

Dumoulin, avec une verve qui se remarque dans tous ses écrits quand il lutte contre les préjugés de son époque et en sape les fondements, défend la doctrine du prêt à intérêt et montre que les lois de Justinien sont

____

(1) Calvin. lettres.

plus d'accord avec les nécessités de la vie sociale que les restrictions canoniques. Et d'ailleurs les lois du grand empereur de Byzance n'ont-elles pas été reconnues licites par l'Église elle-même? Quand les Pères proclamèrent à Nicée leur immortel symbole, Constantin ne venait-il pas de promulguer sa loi sur le prêt à intérêt? Mais si Dumoulin renverse avec énergie les barrières que l'ignorance des âges a accumulées, il n'ose pas donner au prêt un essor, une liberté absolue. Que la liberté de prêter à intérêt soit accordée au négociant ou même à ceux qui, ne confiant pas leurs capitaux à des entreprises commerciales, sollicitent un emprunt dans le but d'accroître leur fortune par des spéculations qu'ils croient avantageuses, rien de mieux. Mais le jurisconsulte place en dehors les indigents et ceux qui sont dans la gêne. La charité veut qu'on secoure les premiers sans exiger d'eux la restitution de la somme prêtée. Pour les seconds, actuellement leur position ne leur permet pas de rendre ce qu'ils reçoivent dans un délai rapproché, plus tard sans doute leur intelligence faisant fructifier les sommes qui leur ont été remises, ils pourront restituer; mais on ne doit pas rendre leur restitution plus difficile en stipulant d'eux l'intérêt de l'argent prêté (1).

Cette théorie, quoique encore restreinte, était un pas dans la voie du progrès. Grotius la défendit avec l'éloquence et la logique où il eut difficilement un émule, et déclara le prêt à intérêt légitime, pourvu que cet intérêt fût égal au dommage éprouvé par le prêteur, ou du moins ne le dépassât pas (2).

(1) Dumoulin, Tract. contr. usur., n° 85, *in fine*. — Édit de 1555, p. 83.
(2) Grotius. Voy. Bossuet, *usure*. 6e prop.

Gerson avait déjà, dans son *Traité sur les contrats*, reconnu que, si les canons mettaient au prêt une prohibition absolue, la nécessité des relations journalières exigeait que l'Église fermât les yeux et se montrât tolérante, car souvent il vaut mieux supporter quelques usures légères que de voir la société livrée à de plus grands maux. Il est vrai que ce docteur très-chrétien, comme l'appelle Bossuet, se déterminait surtout par cette considération qu'il est préférable de laisser consentir un prêt à intérêt que de réduire ceux qui ont besoin d'argent à se le procurer par le vol ; mais il portait un coup fatal à l'influence canonique en relevant devant la tiare les droits du pouvoir civil. « Et puisque le pape, disait l'auteur de l'*Imitation*, n'est pas le souverain immédiat des biens temporels et surtout des biens laïques, il ne doit pas facilement infirmer les lois de la puissance séculière qui règlent la disposition et l'administration de ces mêmes biens. Il suffit que lui et l'Église déclarent par la prédication que ces contrats sont illicites par le droit évangélique et dans le for de la conscience (1). »

Gerson n'osait pas renverser ces dernières limites ; il faut avouer que le désir ne lui manquait pas, sa raison faiblissait sous cet amas de syllogismes que l'École avait accumulés, il appartenait à Dumoulin et à Grotius de secouer cette poussière scolastique et de rendre aux doctrines appuyées sur la liberté humaine leur naturel éclat.

La théorie de Grotius donnait lieu à de sérieuses difficultés pratiques que l'adroit discernement de Bossuet

(1) Gerson, *De contract.*. II. 5.

sut mettre en relief (1). Pothier, comme nous l'avons vu précédemment, avançait avec crainte sa théorie des intérêts compensatoires, et la timide faiblesse avec laquelle les jurisconsultes présentaient leurs arguments donnait encore à l'opinion adverse l'espérance du succès. Aussi Domat, malgré l'élévation de son esprit et l'étendue de ses connaissances, arrêta la marche progressive et parvint à se prouver à lui-même, ce qui m'a toujours paru surprenant, que le droit naturel prohibe le prêt à intérêt. D'un seul bond la science reculait jusqu'à l'antiquité, et Aristote et Domat se donnaient la main par dessus les âges.

La faveur que l'opinion de Domat avait rencontrée explique l'indécision de Montesquieu qui se borne à constater que la loi de Mahomet, en proscrivant l'usure, n'avait réussi qu'à la rendre plus affreuse et plus étendue, le prêteur s'indemnisant du péril de la contravention. On éludait la loi en lui faisant payer d'avance l'intérêt convenu (2).

Les jurisconsultes avaient miné peu à peu cet échafaudage de proscriptions qui reposaient sur plus de

____

(1) Bossuet, *loc. cit.* — Domat, *Lois civiles*: *De l'usure.*

(2) Mahomet ne promulgua pas de loi sur l'usure, mais il déclare souvent que ceux qui ont recours à cet odieux moyen d'accroître leurs richesses n'échapperont pas à la vengeance céleste. Voici ce qu'on lit dans le *Coran* :

« Ceux qui exerceront l'usure ne sortiront de leurs tombeaux que comme des malheureux agités par le démon, parce qu'ils ont dit qu'il n'y a point de différence entre la vente et l'usure : Dieu aurait-il permis l'une et défendu l'autre ? Celui à qui parviendra cet avertissement du Seigneur, et qui renoncera au mal recevra le pardon du passé, et le ciel sera témoin de son action. Celui qui retournera au crime sera la proie d'un feu éternel. Dieu détournera sa bénédiction de l'usure. — Le Coran, ii, p. 275. — Tr. par Savary, édition de 1783, in-8.

cent canons, décrétales et ordonnances : les économistes, en reprenant l'erreur à son origine et serrant de près par de rigoureux raisonnements ses développements successifs, allaient le renverser. L'honneur revient surtout à Turgot et à Bentham, dont les sages principes ont rallié autour de leur bannière toutes les intelligences de leur époque.

Pendant que Turgot exerçait en 1769 la charge d'intendant du Limousin, des poursuites pour usure furent dirigées contre un honnête citoyen d'Angoulême, ville riche et commerçante, où en dépit des lois et des ordonnances le prêt de commerce avait pris un développement considérable et forcé. L'instruction de cette affaire avait révélé que les dénonciateurs, rusés coquins et hardis banqueroutiers, avaient par d'odieuses pressions menacé ceux avec qui ils avaient librement contracté, des rigueurs de l'ordonnance de Blois, s'ils ne consentaient à leur verser de nouvelles sommes. Le crime de l'un n'efface pas la faute de l'autre. Aussi la loi, tout en frappant sévèrement les banqueroutiers, tenait-elle toutes les rigueurs suspendues sur le prêteur, flétri du nom d'usurier. Le commerce d'Angoulême dont les trois branches principales, la fabrication des papiers, la vente des eaux-de-vie et les entreprises de forges étaient très-florissantes, s'arrêta tout à coup et fut menacé d'une ruine complète. Toutes les bourses des prêteurs se fermèrent, les lettres de change furent protestées, et pour surcroît, les récoltes ayant manqué dans l'Angoumois, et les spéculateurs étant condamnés à l'inaction, les magasins d'approvisionnement restaient clos et la disette imminente.

Turgot, ému de l'alarme répandue dans le commerce,

sollicita l'évocation de la cause au conseil d'État; celui-ci annula les procédures entamées par le sénéchal et défendit d'en exercer de nouvelles; mais les réformes sollicitées n'eurent pas lieu.

Jamais occasion plus favorable se présenta à un économiste de montrer le mal-fondé d'une législation et de réduire à néant les doctrines fausses et ridicules que le préjugé tenait cependant profondément enracinées dans l'esprit public. Les poursuites intentées à Angoulême n'étaient, il est vrai, que le triomphe d'une cabale de fripons qui, après avoir abusé de la crédulité des particuliers pour se procurer de l'argent sur des billets frauduleux, avaient eu l'adresse, plus coupable encore, de chercher dans les lois mal entendues un moyen non-seulement de se garantir des poursuites de leurs créanciers, mais encore d'exercer contre eux la vengeance la plus cruelle, de les ruiner, de les diffamer, et de s'enrichir de leurs dépouilles, ainsi que le dit Turgot (1).

Aussi après avoir montré que nos lois sur l'intérêt de l'argent sont vicieuses, impossibles à observer avec rigueur et que la tolérance arbitraire, à laquelle la pratique est réduite, diminue le respect que les citoyens doivent porter à la loi, le célébre économiste prouve, par des raisons auxquelles depuis on n'a jamais ajouté aucune force, que cette loi flétrit une chose licite en elle-même et dont la société ne peut se passer. Selon lui, deux preuves, l'une de fait, l'autre de droit établissent la légitimité du prêt à intérêt.

En premier lieu le commerce ne peut vivre sans argent, la circulation du numéraire est la condition indis-

____

(1) Mémoire sur les prêts d'argent, XII.

pensable de son développement, et il est certain que si l'argent prêté ne rapportait pas intérêt, on ne le prêterait pas. En second lieu l'argent n'est-il pas la propriété de celui qui en est le légitime possesseur, et n'est-ce pas une propriété aussi étendue que celle d'un fonds de terre, d'un meuble ou d'un bijou? Turgot, en proclamant que la légimité du prêt à intérêt est une conséquence immédiate de la propriété qu'a le prêteur de la chose qu'il prête, se rencontrait face à face avec l'objection sur laquelle reposait la doctrine restrictive, objection dont nous avons montré l'inanité dans l'introduction. Il trouvait ici le moyen de combattre l'objection par l'objection. La loi permet la constitution de rentes, pourquoi prohibe-t-elle le prêt à intérêt? « Puisqu'on vend l'argent, dit Turgot, comme tout autre effet, pourquoi ne le louerait-on pas comme tout autre effet (1)? » C'est en vain que les scolastiques et Pothier prétendent qu'on ne saurait découvrir l'usage de l'argent, car puisqu'on ne considère pas comme illégitime le loyer d'un bijou ou d'un meuble, pourquoi poursuivrait-on de ses anathèmes le loyer d'une somme d'argent?

Turgot d'ailleurs en réfutant avec énergie les théories des ultra dont Pothier et surtout Domat étaient les apôtres, montrait que tous ceux qui avaient admis les doctrines du *damnum emergens*, du *lucrum cessans*, des intérêts compensatoires, devaient adopter sa thèse. « Si l'on veut, dit-il, que la simple possibilité de l'usage lucratif de l'argent suffise pour en légitimer l'intérêt, cet intérêt sera légitime dans tous les cas, car il n'y en a aucun où le prêteur et l'emprunteur ne puissent tou-

(1) Turgot, XIII.

jours, s'il le veulent, faire de leur argent un emploi lucratif (1). »

Mais, tout en paraissant tirer de ces raisonnements un argument pour sa cause, Turgot proclame que la légitimité du prêt à intérêt est indépendante du profit cessant ou dommage naissant. Pour lui la base de son système est dans la propriété, source inaliénable de tous les droits, et dont toutes les législations reconnaissent tôt ou tard l'universel empire. Cependant on doit remarquer que Turgot ne concluait pas à la liberté absolue du commerce de l'argent et reconnaissait que, « bien que cette liberté du prêt à intérêt doit être le but plus ou moins éloigné du gouvernement, il doit s'occuper de préparer cette révolution en changeant peu à peu les idées du public et en favorisant les écrits des économistes et des théologiens sages qui adopteront une doctrine plus modérée et plus juste sur les prêts à intérêt (2). »

Jérémie Bentham alla plus loin que Turgot. Dans ses lettres spirituelles et mordantes, fictivement datées en 1787 de Crichoff dans la Russie blanche, il ne craignit pas de heurter de front le préjugé et de le regarder en face. Il osa déclarer que la conduite des usuriers méritait plutôt l'éloge que le blâme, et il les approuva d'user de subterfuges pour éluder la loi, ajoutant qu'il leur en indiquerait de nouveaux. « Aussi, dit-il, j'ai quelque droit à invoquer en ma faveur les prières des usuriers et, d'après ce que je viens de dire, je pense que vous ne serez point étonné de m'entendre affirmer que je n'attribue pas moins d'efficacité aux prières des hommes de cette classe qu'à celles de toute autre (3). »

(1) *Id.*, XXII. (2) Turgot, XL.
(3) Bentham , *Défense de l'usure*, lettre VIII, p. 104.

Bentham s'applique surtout à réfuter le système qui, tout en accordant le droit de prêter à intérêt, prétend limiter le taux (nous reviendrons plus tard sur ce sujet), et il démontre l'influence corruptrice des lois sur l'usure qui provoquent à l'ingratitude et à la trahison (1). Et cependant, gagner de l'argent est l'ambition de tous les hommes, parce qu'avec de l'argent on peut se procurer tous les objets de ses désirs. Si la profession de prêteur d'argent n'a jamais été populaire dans aucun pays, c'est que ceux qui sacrifient le présent à l'avenir sont naturellement les objets de l'envie de ceux qui ont sacrifié l'avenir au présent : «les enfants qui ont mangé leur gâteau sont les ennemis naturels de ceux qui ont conservé le leur (2). »

Dans sa dernière lettre adressée à Adam Smith, Bentham détruit un préjugé qui soutenait que, celui qui emprunte étant souvent un homme à projets, dont la plupart du temps le succès ne couronne pas les espérances, les lois restrictives fixant un taux raisonnable, le préserveraient de la ruine. Mais ces hommes à projets méritent-ils le stigmate qu'on leur inflige ? Combien, à l'aide d'idées qui parurent d'abord le produit d'un cerveau malade, ont poussé l'humanité dans des voies nouvelles et contribué au progrès de l'esprit humain ? Souvent leurs contemporains les ont dédaignés, quelquefois même ils les ont méprisés, flagellés, incarcérés, et les générations futures, recueillant les fruits de leurs rêves et les conceptions de leur enthousiasme, ont célébré leurs louanges et leur ont élevé des statues ! D'ailleurs les lois sur l'usure ne sauraient avoir la prétention de favoriser les bons projets à l'exclusion des mauvais, et

(1) *Id.*, lettre vi. p. 91. (2) *Id.*, lettre x. p. 127.

elles n'ont pas même cette tendance. « Ajouterai-je, dit Bentham, ce qui pourrait facilement être démontré, je crois, que leur tendance est plutôt de favoriser les mauvais à l'exclusion des bons (1). »

La voix des économistes se faisait entendre à une époque où, malgré les efforts de quelques jurisconsultes exaltés, le prêt à intérêt était très-répandu, les mœurs étouffant les lois et les réduisant à l'état de lettre morte. A Angoulême notamment la plupart des négociations d'argent s'y faisaient sur le pied de 8 ou 9 p. 100, et quelquefois sur le pied de 10 p. 100. Aussi Turgot pouvait dire : « C'est une chose notoire qu'il n'y a pas sur terre une place de commerce où la plus grande partie du commerce ne roule que sur l'argent emprunté sans aliénation du capital, et où les intérêts ne soient réglés par la seule convention, d'après l'abondance plus ou moins grande de l'argent sur la place, et la solvabilité plus ou moins grande de l'emprunteur. »

Le prêt à la petite semaine avait même pris un développement considérable, toute une branche du petit commerce y trouvait sa seule ressource. Mercier, dans son tableau de Paris (2), nous a laissé le portrait du prêteur à la petite semaine; ce portrait n'est pas flatteur, et après l'avoir lu on ne serait pas tenté de se jeter

(1) Bentham, lettre XIII, p. 182.
(2) Voici le portrait de Mercier, que je cite pour la verve avec laquelle il est tracé :

« Le même homme qui porte un habit d'écarlate, des galons, canne à pomme d'or; qui ne sort qu'en voiture, qui fait briller à son doigt un riche diamant, qui fréquente les spetacles et voit la bonne compagnie, prend certains jours du mois un habit râpé, une vieille perruque, de vieux souliers et des bas rapetassés, laisse croître sa barbe, se peint les cheveux, se blanchit les sourcils : il se rend alors dans une maison écartée, dans une salle où il n'y a qu'une mauvaise tapisserie, un

dans les bras de celui dont le caractère est ainsi tracé. Cependant les risques, le danger que courait le capital prêté, légitimait l'énormité de cette usure, et le prêteur, en recevant le payement d'un des intérêts exagérés, ne faisait souvent que compenser les pertes qu'il avait éprouvées sur d'autres prêts de même nature.

Des poursuites furent exercées par le parlement de Paris, le prêteur à la petite semaine fut dénoncé comme un odieux criminel ; mais, fait surprenant, ceux mêmes que l'on présentait comme les victimes des exactions de cet usurier, vinrent solliciter la grâce de celui qu'ils

grabat, trois chaises et un crucifix. Là, il donne audience à soixante poissardes, revendeuses et pauvres fruitières, puis il leur dit d'une voix compassée : « Mes amies, vous voyez que je ne suis pas plus riche que vous : voilà mes meubles, voilà le lit où je couche quand je viens à Paris ; je vous donne mon argent sur votre conscience et religion, car je n'ai de vous aucune signature : vous le savez, je ne puis rien réclamer en justice. Je suis utile à votre commerce, et quand je vous prodigue ma confiance, je dois avoir ma sûreté. Soyez donc toutes solidaires l'une pour l'autre, et jurez devant ce crucifix, l'image de notre divin Sauveur, que vous ne me ferez aucun tort, et que vous me rendrez simplement ce que je vous confie. »

« Toutes les poissardes et fruitières lèvent la main et jurent d'étrangler celle qui ne serait pas fidèle au payement ; des serments épouvantables se mêlent à de longs signes de croix. Alors l'adroit sycophante prend les noms et distribue à chacune un écu de six livres, en leur disant : « Je ne gagne pas ce que vous gagnez. » Il s'en va. La cohue se dissipe et l'anthropophage reste seul avec deux émissaires dont il règle les comptes et paye les gages.

« Le lendemain, il traverse les halles et la place Maubert dans un équipage ; personne ne le reconnaît et ne peut le reconnaître : c'est un autre homme. il est brillant, il est reçu dans la bonne société, et souvent au coin de nos cheminées de marbre il parle de bienfaisance et d'humanité. Personne ne lui conteste la probité, l'honneur, même une sorte de générosité, et, pendant qu'on le juge ainsi, invisible et présent dans quatre ou cinq entrepôts obscurs, il pompe, il exprime la substance du pauvre peuple. » — Cet usurier prêtait un écu de 6 livres, à la condition qu'on lui rendrait, à la fin de la semaine, 7 livres 4 s. (Tableau de Paris, iii. p. 49, ch. 229, 1783. Amsterdam).

considéraient comme leur protecteur et dont la ruine
devait entraîner celle de leur petit commerce. « Le con-
traste d'un homme poursuivi criminellement pour avoir
fait à des particuliers un tort dont ceux-ci non-seulement ne se plaignaient pas, mais même témoignaient
de la reconnaissance, me parut singulier, dit Turgot,
qui avait été rapporteur à la Tournelle de ce procès
criminel, et me fit faire des réflexions (1). »

La rigidité des lois avait cédé à la force des choses ; le
parlement de Paris persévérait, il est vrai, dans son antique doctrine et, en 1787, il rendait un arrêt par lequel
« il faisait inhibitions et défenses à toutes personnes, de
quelque état ou condition qu'elles soient, d'exercer aucune espèce d'usure prohibée par les saints canons reçus
et autorisés dans le royaume, ordonnances du royaume,
arrêts et règlements de la cour, en quelque manière
que ce soit ou puisse être. » Mais la plupart des parlements avaient modifié leur jurisprudence dans un
sens plus conforme aux mœurs de l'époque. Enfin les
juridictions consulaires, dont les attributions étaient
spécialement commerciales, admettaient les intérêts
stipulés sans aliénation du capital. Il est vrai que le
texte de leur décision ne renferme pas légalement ce
principe; ils ne pouvaient, malgré les lois, déclarer que
l'intérêt était légitimement dû quand le capital n'était
pas aliéné; mais l'usage du commerce avait éludé la loi
en insérant l'intérêt dans la mention seule du capital,
et les consuls refusaient d'admettre les allégations que
pourrait faire le débiteur d'avoir compris dans son billet
le capital et l'intérêt.

(1) Turgot, *ibid.*, xxxi, *in fine.*

CHAPITRE XII.

Battue en brèche par les économistes, abandonnée par les légistes, la théorie qui prohibait le prêt à intérêt n'essaya pas un dernier effort devant les États généraux. La plupart des cahiers réclamaient la liberté du commerce de l'argent, et le clergé lui-même, sauf de rares exceptions, renonçait aux armes théologiques, replacées dans l'arsenal de la scolastique dont elles ne sont plus sorties. Aussi, lorsque, le 3 octobre 1789, Péthion de Villeneuve présenta une motion tendant à permettre le prêt d'argent à intérêt, l'abbé Gouttes et l'abbé Maury s'unirent pour reconnaître que la religion était indépendante de la solution de cette question qui devait rester dans le domaine de la politique. Le pouvoir civil sortait définitivement des étreintes du droit canonique, et les libertés de l'Église gallicane étaient affirmées par ses plus zélés et l'un de ses plus illustres défenseurs.

L'Assemblée adopta la motion de Péthion et décréta « que tous les particuliers, corps, communautés et gens de main morte pourraient à l'avenir prêter de l'argent à terme fixe avec stipulation d'intérêt, suivant le taux fixé par la loi, sans entendre rien innover aux usages du commerce. » Ainsi le prêt à intérêt est reconnu légitime. Quant au taux, il ne peut dépasser celui déterminé par la loi. Ce taux était alors le denier 20 ou 5 pour 100 pour les rentes constituées; on l'étendit au prêt.

Cette loi, favorisant les relations du commerce, établissant, par la circulation de la monnaie, une abondance avantageuse de numéraire, devait faciliter le développement de la richesse publique ; mais elle se trouva frappée d'anémie presque à l'origine. La monarchie constitutionnelle, fondée par le mouvement enthousiaste de 1789, disparaissait et avec elle la liberté et la sécurité. La Convention, démolissant sans songer à reconstruire, avait facilement épuisé toutes les ressources de l'État. Renouvelant l'idée de Law, elle voulut créer une monnaie fiduciaire, les assignats, et, pour en favoriser la circulation, elle proclama, par décret du 11 avril 1793, que *l'argent n'est pas une marchandise*, et l'appuya comme sanction d'une peine de six ans de fers. Mais les garanties données par l'État parurent bientôt douteuses, et les fonds sur lesquels devait reposer la création des assignats disparurent dans des brouillards plus épais que ceux du Mississipi. La confiscation des biens du clergé et le vol public de ceux des émigrés ne versèrent dans les caisses de l'État que des sommes insuffisantes : aussi le Directoire qui, par la loi du 6 floréal An III, avait reconnu que *l'argent est une marchandise*, revint le mois suivant sur sa décision, en prohibant, le 2 prairial An III, le commerce des monnaies métalliques. Mais le discrédit du papier-monnaie ne fut pas relevé, et, le 23 juillet 1796 (5 thermidor An IV), cette législation fut anéantie.

Voici les dispositions de cette loi :

Article premier. A dater de la publication de la présente loi, chaque citoyen sera libre de contracter comme bon lui semblera ; les obligations qu'il aura souscrites seront exécutées dans les termes et valeurs stipulés.

Art. 4. Nul ne pourra refuser son payement en mandats au cours du jour et du lieu où le payement sera affecté.

Art. 3. Les dispositions des lois contraires à la présente loi sont abrogées.

Que devint, en présence de ce texte, la loi de 1789 qui avait fixé un taux pour le prêt civil ? Fut-elle abrogée ? Une pareille pensée ne pouvait guider les législateurs. Les lois de l'An III et de l'An IV avaient surtout poursuivi un but politique. Non-seulement le prêt était interdit, mais encore on déclarait que l'argent n'est pas une marchandise ; il doit disparaître pour faire face au papier-monnaie. Et quand les assignats, tombés à une valeur ridicule, auront été jetés au feu, et que de nouveau l'usage de la monnaie et son commerce seront permis, cette loi, faisant disparaître l'obstacle, fera renaître les anciennes dispositions législatives. Telle fut, à l'origine, la décision de la Cour de cassation ; mais, plus tard, en 1809, elle revint sur sa jurisprudence et reconnut que le contrat de prêt avait été libre depuis que la Convention avait déclaré que l'argent était une marchandise. Il n'est pas sans utilité de remarquer qu'au moment de la discussion de l'art. 1907 du Code Napoléon au conseil d'État, M. de Maleville considérait que, si la Constituante avait abrogé la loi de 1789, son décret ayant été plus tard rapporté, on devait conclure que la loi qui fixe à cette époque l'intérêt à 5 p. 100 existait encore en 1804. « Oui, disait ce savant jurisconsulte, elle existe, et on ne peut la révoquer qu'en en

portant une autre qui donne un nouveau taux à l'intérêt. »
MM. Regnaud de Saint-Jean-d'Angély, et Treilhard soutenaient au contraire que la loi de 1789 avait été abrogée
et demandaient qu'on insérât, dans le nouveau projet de
loi, un article décidant qu'on ne pût pas inférer de la
disposition du texte, soumis actuellement au conseil
d'État, que la loi de 1789 était remise en vigueur (1).

Quelle que soit la décision de cette question, elle ne
présente aujourd'hui qu'un pur intérêt historique, et il
nous a suffi de montrer les variations de la Cour de
cassation, que M. Troplong a sévèrement blâmées,
l'accusant de favoriser l'usure.

Lors de la discussion du Code civil, les législateurs
se demandèrent naturellement si le taux de l'intérêt
conventionnel devait être limité. MM. Treilhard ,
Bérenger et Regnaud de Saint-Jean d'Angély, proposaient
de laisser aux parties une entière liberté : la difficulté de
poser une limite fixe et légitime devait engager le législateur à ne pas s'immiscer dans la réglementation de ce
contrat. « Un intérêt de 7 p. 100, disait M. Bérenger,
peut n'être pas plus injuste qu'un intérêt de 3, car il est
de la nature de l'intérêt de varier comme le prix des
loyers, comme toutes les choses sur lesquelles les circonstances peuvent influer. » Autrefois l'argent n'était employé qu'à l'exploitation des fonds de terre, aujourd'hui
étant devenu le nerf du commerce, l'industrie permettait de réaliser de brillants bénéfices. Aussi, si on
comprend que, dans l'ancienne législation, le taux de
5 pour 100, fixé pour la constitution de rentes, paraissait légitime et rémunératoire, dans plusieurs circon-

______

(1) Locré, xv, p. 22 et 24.

stances, il serait actuellement inférieur ou supérieur au profit dont il est l'origine. MM. Tronchet et de Maleville soutenaient au contraire que le législateur devait intervenir pour protéger l'emprunteur contre la rapacité des usuriers. M. de Maleville ne craignait même pas d'avancer, à l'appui de son opinion, une grave erreur économique, qui pouvait être cependant une vérité locale : « On a dit que ce sont les circonstances qui font le taux de l'intérêt : c'est une erreur. Je viens de parcourir les départements ravagés par l'usure, et j'ai reconnu que le prix excessif de l'argent est bien moins l'ouvrage des circonstances que de la cupidité qui abuse du besoin. »

M. Tronchet et le consul Cambacérès écartèrent de la discussion la réglementation du taux. Ce qu'il s'agissait de décider, c'était uniquement si le législateur avait le droit de limiter l'intérêt. Le principe seul devait être posé dans le Code civil dont ses rédacteurs proclamaient, dans leur légitime, mais peut-être excessif orgueil, l'immortalité. En effet le taux de l'intérêt peut varier, et le Code doit être immuable : le droit de fixer le taux maximum doit être toujours décidé par le pouvoir législatif, mais la détermination de ce taux peut être déléguée à la sphère administrative.

Aussi les législateurs de 1804 se contentèrent-ils d'insérer dans l'art. 1907 cette disposition : « L'intérêt légal est fixé par la loi ; l'intérêt conventionnel peut excéder celui de la loi, toutes les fois que la loi ne le prohibe pas. »

Ce ne fut qu'en 1807 que cette disposition finale reçut son couronnement. Les idées s'étaient modifiées, les partisans de la liberté de l'intérêt n'élevèrent plus la voix, et M. Jaubert, dans son exposé des motifs, se faisai l'écho de l'opinion universelle, en disant que «l'arbitraire dans ces stipulations, produisant l'élévation excessive de l'argent, minait l'agriculture, empêchait les propriétaires de faire des améliorations utiles, corrompait les véritables sources de l'industrie, et par sa pernicieuse facilité de procurer des gains considérables, détournait les citoyens des professions utiles et modestes » (1).

Cette loi du 3 septembre 1807 avait été d'abord discutée dans le conseil de l'Empereur; le comte Mollien, ministre du trésor, s'y était vivement opposé, protestant au nom des principes de l'économie sociale; mais l'Empereur persista; il fit présenter le projet de loi au conseil d'État, qui le vota après une courte délibération, comme une mesure de salut public.

« Quoique Napoléon m'eût entendu, raconte le comte Mollien, sans m'avoir contredit, me récrier, dans nos conférences particulières, contre les lois qui, sous prétexte de réprimer l'usure, fixaient un maximum à l'intérêt de toute espèce de prêt; quoiqu'il m'eût permis de lui dire souvent que ces lois étaient au moins inutiles, toutes les fois qu'elles n'étaient pas nuisibles, parce que le propriétaire d'un capital devait en tarifer le loyer proportionnellement aux risques; que la loi ne devait intervenir pour fixer l'intérêt de l'argent que dans les cas où, les parties ayant négligé de le faire, des contestations s'élèveraient devant leurs héritiers; il me dit un jour devant un cercle nombreux, avant l'ouverture du conseil d'État où il allait se rendre : « Je vais faire discuter une loi qui n'est pas dans le système de vous autres idéologues, car elle doit déclarer usuraire tout intérêt

(1) Locré, xv, p. 66.

qui excède 5 pour 100. » Je m'abstins, continue Mollien, d'assister à ce conseil; je n'aurais pu empêcher que la mesure fût prise : elle le fut à l'unanimité (1). »

La loi de 1807 fixa l'intérêt à 5 pour 100 en matière civile, et à 6 pour 100 en matière commerciale, déclarant usuraire toute convention excédant ce taux, et frappant de peines correctionnelles l'habitude d'usure.

Avant d'étudier cette loi, examinons les dispositions des art. 1905, 1906, 1907, 1908 du Code Napoléon qui posent les principes.

L'intérêt doit être stipulé et son taux fixé par écrit : deux conditions essentielles et fondamentales. L'obligation de payer des intérêts ne résulte pas en effet du contrat de prêt qui, au contraire, est réputé gratuit; une convention spéciale est nécessaire. D'un autre côté, la loi exige formellement qu'un écrit indique le taux que les parties ont fixé, quand même la créance serait inférieure à 150 francs. Le législateur a pensé que le prêteur, se voyant contraint à produire au grand jour les conditions de la convention, serait retenu par la honte de stipuler un bénéfice exagéré. «La cupidité est si intrépide lorsqu'elle peut espérer de cacher ses excès, disait M. Albisson dans son discours au Corps législatif, qu'il fallait la contenir par le frein de la honte, » et c'est dans cette vue que le projet ajoute : «Le taux de l'intérêt conventionnel doit être fixé par écrit. » Mais les prêteurs ont bien su, depuis 1807, joindre à la cupidité,

____

(1) M. Em. Caresme, prem. avoc. gén. à Riom, *De l'Usure en droit et de sa répression dans la loi*, p. 21.

dont parle le tribun, la ruse qui masque l'usure et déroute les poursuites.

D'ailleurs, quand la loi exige la fixation du taux par
écrit, elle ne se réfère qu'à la preuve. Le droit de réclamer des intérêts résulte de la convention même verbale,
et le prêteur ne peut succomber, lorsque l'emprunteur
reconnaît que réellement il a promis de payer, non-seulement la somme prêtée, mais encore des intérêts fixés
à tel taux. De plus il est certain que l'art. 1907 exclut
uniquement la preuve testimoniale, mais qu'il permet
au prêteur de se prévaloir de l'aveu de l'emprunteur,
ou de demander qu'il soit interrogé sur faits et articles,
ou de lui déférer le serment. En effet l'aveu de la partie
et son serment ont autant de valeur, judiciairement
parlant, que sa signature.

Il faut appliquer à cette matière les règles générales
sur la preuve des obligations, en omettant la preuve
testimoniale en principe. Dans le cas où il y a impossibilité pour le créancier de représenter une preuve littérale, si l'écrit a été détruit par un incendie ou force
majeure, ou si la convention a eu lieu dans une circonstance où il était impossible d'exiger un écrit, comme
dans les cas prévus par l'art. 1348, incontestablement
la preuve testimoniale est admissible. Il paraîtrait surprenant que l'on pût revendiquer devant les tribunaux
une créance de 1,000 francs, née dans l'une des circonstances de l'art. 1348 et que l'on fût frappé d'incapacité
pour réclamer l'intérêt légal de cette somme. La nécessité de fermer la porte à l'usure, dont parle le tribun
Albisson et qui a été la cause déterminante de l'art. 1907,
n'existe plus. Au contraire, si on devait invoquer une
présomption, ne serait-elle pas en faveur du créancier?

Car, si au point de vue doctrinal le prêt est gratuit de sa nature, il est incontestable que, dans nos mœurs et selon les principes de l'économie sociale, le prêt d'argent est toujours accompagné d'une stipulation d'intérêt. D'ailleurs n'oublions pas qu'il faut toujours une stipulation et que le prêteur doit en faire la preuve.

Lorsque le créancier représentera un titre émanant du débiteur, une lettre, une pièce quelconque pouvant servir de commencement de preuve par écrit, on l'admettra également à corroborer ce titre par témoins (1). Ce que la loi a proscrit, c'est la preuve testimoniale pure et simple, ainsi que toute présomption, quelque précise et concordante qu'elle paraisse, car elle équivaut à la preuve testimoniale, et doit être refusée quand celle-ci n'est pas admise. Ainsi un créancier rapporte un écrit démontrant que le codébiteur solidaire de celui qu'il poursuit s'est obligé à payer des intérêts, quoiqu'il paraisse au juge, d'après les documents de la cause, que le débiteur poursuivi doive sans doute être tenu de la même manière que son codébiteur, et quoique cette présomption soit fortifiée par les débats du procès, cependant il ne pourrait le condamner à payer des intérêts. Et cela est juste, car les débiteurs solidaires, tout en étant tenus de l'intégralité de l'obligation, peuvent n'être pas tenus de ses accessoires ou s'être engagés différemment.

Une stipulation d'intérêts a été déguisée et fondue dans un acte avec le capital, de manière à ne faire qu'une seule somme que l'empruteur s'oblige à rendre. Cette convention est valable, les parties pouvant faire

(1) Cass., 22 juin 1853. D. P. 53, 1, 211.

indirectement ce qu'elles peuvent faire directement (1).
Un semblable contrat peut même être dicté par l'intérêt de l'emprunteur. Vous me priez de vous prêter
1,000 francs à 5 pour 100 pendant cinq ans, le paiement
annuel des intérêts vous causerait actuellement de graves préjudices, mais dans cinq ans la situation de vos
affaires vous permettra de vous acquitter facilement avec
moi, et vous vous engagez à me remettre à cette époque 1,250 francs. En quoi une pareille convention
blesse-t-elle l'honnêteté et la justice? Ne serait-ce pas
enfermer la liberté dans un formalisme ridicule que
de la proscrire?

On dira peut-être qu'en permettant d'englober les
intérêts dans le capital, on favorise à l'usurier le
moyen d'éluder la loi. Assurément cette profession qui
s'enrichit de la détresse d'autrui ne mérite aucun égard,
mais il ne faut pas non plus grossir ses effets et surtout
son existence, à un tel point qu'il puisse paraître nécessaire de gêner arbitrairement et sans raison des
stipulations utiles au commerce et fort honorables. D'ailleurs ne réserve-t-on pas toujours la faculté de prouver
qu'elles sont entachées d'usure?

Pour me résumer je dirai que toutes les clauses sur
l'intérêt conventionnel sont valables, pourvu qu'elles ne
soient pas usuraires. Ainsi on peut convenir que les
intérêts courront du jour du contrat, ou d'une autre
époque déterminée, ou à partir d'un certain terme; je
puis aussi décider que la stipulation des intérêts sera
subordonnée à tel ou tel événement. Les tribunaux sont
chargés d'apprécier les clauses.

(1) Cass., 25 janvier 1815. Sir. 15, 1. 265.

Nous avons vu que le taux de l'intérêt devait être fixé par écrit : mais il peut arriver que l'on représente un écrit contenant une stipulation d'intérêt sans énoncer le taux : dans ce cas on doit supposer que les parties s'en sont référées à l'intérêt légal (1). D'ailleurs depuis la loi de 1807, le taux maximum étant fixé, les craintes manifestées par M. Albisson sont sans fondement. Par conséquent la convention étant intervenue sur les intérêts sans que le taux ait été fixé, et cette convention étant prouvée, on doit régler le contrat d'après l'intérêt légal. Mais si la loi de 1807 était abrogée purement et simplement, l'art. 1907 reprendrait entièrement son empire.

Mais supposons que le taux de l'intérêt n'ayant pas été fixé, des paiements ont été acquittés à un certain taux, inférieur à l'intérêt légal, cette prestation sera suffisante pour empêcher la répétition des intérêts. Mais le débiteur ne pourrait s'en prévaloir pour ne payer désormais que d'après ce taux. Avant la loi de 1807 le créancier lui-même n'aurait pu s'appuyer sur les prestations antérieures pour exiger de nouveaux intérêts à ce taux. En effet, il faut que le taux soit constaté par écrit, et en l'absence de preuve littérale l'aveu du débiteur doit être renouvelé, à moins qu'il n'ait reçu la consécration d'un jugement. On ne doit pas perdre de vue que l'allégation d'un aveu extrajudiciaire purement verbal, est inutile toutes les fois qu'il s'agit d'une demande dont la preuve testimoniale ne serait point admissible (1355).

La question que nous avons posée au sujet de l'englobement des intérêts dans le capital touche à celle-ci : Les

____

(1. Lyon. 26 juin 1851. D. P. 54, 5, 44.

parties peuvent-elles stipuler que les intérêts ne seront
exigibles qu'avec le capital? Plusieurs auteurs n'ont
admis la validité de cette convention que pour cinq ans.
Mais, si l'art. 2277 édicte que les intérêts se prescrivent
par cinq ans, il ne vise que les intérêts échus et non les
intérêts à échoir. D'un autre côté, l'art. 2220 qui défend
de renoncer à la prescription non acquise ne saurait
être ici applicable; en effet, il ne s'agit pas d'une prescription non acquise, mais d'une prescription qui n'a
pas encore commencé à courir. D'ailleurs cette solution
froisse-t-elle l'équité? Le débiteur ne paiera pas davantage que la convention ne l'y oblige, il bénéficiera encore des intérêts qu'on aurait pu exiger annuellement.
Décider autrement ce serait porter une atteinte sérieuse
aux transactions commerciales.

J'emprunte une somme d'argent et je m'oblige à la
rembourser dans un certain temps et à en payer l'intérêt jusqu'à cette époque. Si je ne paye pas, l'intérêt
continuera-t-il à courir de droit, sans demande judiciaire
ou convention postérieure? La difficulté gît dans le
texte de l'art. 1907. Les intérêts ne sont dus qu'en vertu
d'une stipulation, et les conventions se renferment dans
leur objet : lorsque vous convenez que vous me payerez
les intérêts d'une somme jusqu'à une certaine époque,
cette époque arrivée, votre obligation est éteinte. Mais ici
ce raisonnement est-il juste? Si c'est le créancier qui
refuse de recevoir le payement, on doit décider sans difficulté qu'il ne pourra exiger de nouveaux intérêts qu'en
s'appuyant sur une convention postérieure. Mais quand,
au contraire, et c'est le cas le plus fréquent pour ne pas
dire le seul, c'est le débiteur qui, n'ayant pas la somme
nécessaire, retarde le payement et sollicite, expressément

ou tacitement, un délai, ne doit-il pas continuer à devoir les intérêts depuis le jour de l'échéance comme par le passé? Il est vrai qu'une mise en demeure peut seule faire courir les intérêts; mais ici cette formalité n'est pas nécessaire, une convention préexistante lie les parties, elle conserve sa puissance, prolongée au delà de son terme originaire par leur accord tacite. Aussi la Cour de Bourges a-t-elle sagement décidé «que le créancier ayant accordé un délai à son débiteur, il s'est formé entre eux une convention tacite qui perpétue la première et qu'il eût fallu pour faire cesser l'intérêt une stipulation expresse à laquelle le créancier n'eût pas consenti, puisqu'il était maître de contraindre son débiteur à s'acquitter.» De plus en ne payant pas au terme fixé, le débiteur ne cause-t-il pas un préjudice à son créancier, et ne peut-il pas être contraint à l'indemniser? Le seul moyen de réparer ce dommage, c'est de continuer la prestation des intérêts comme par le passé (1).

Mais l'art. 2277 est ici applicable, et si le créancier laisse passer cinq années sans interrompre la prescription il ne pourra exiger que les intérêts échus depuis les cinq dernières années.

Répétition des intérêts. — Des intérêts n'ont pas été convenus, le débiteur cependant les paye. Certainement il ne les doit pas, et la répétition devrait lui être accordée. Mais par une confusion inexplicable entre les prin-

(1) Bourges, 4 mars 1815. Req., 10 mai 1807. — Merlin, **Rep.**, v° *Intérêts*, 3 n° 12. — *Id.*, *Question de droit.* v° *Inscript. hyp.*, 1. — Rolland de Villargues, v° *Intérêts.* n° 151. — Contrà Bourges, 25 avril 1826.. — Bordeaux, 2 mai 1826.

cipes du droit romain et ceux de notre droit, l'art. 1906 décide que « l'emprunteur qui a payé des intérêts qui n'étaient pas stipulés, ne peut ni les répéter, ni les imputer sur le capital. » M. Albisson, dans son discours, appuie cette décision de l'autorité de la constitution des empereurs Sévère et Antonin : « S'il est permis de stipuler des intérêts, dit-il, à plus juste raison doit-il être permis de retenir à ce titre ceux qui auraient été payés sans stipulation : doctrine d'ailleurs reçue jusqu'ici dans les provinces régies par le droit écrit, d'après la maxime : *usuræ solutæ non repetuntur*, puisée dans la loi 3 au Code *de Usuris*, et cela dans le temps même où la stipulation d'intérêts y était défendue. » Les législateurs prenaient, le mot stipuler dans le sens français et commettaient par cette fausse interprétation une erreur de doctrine incroyable. La décision de la constitution impériale, équitable d'après les principes romains, est souverainement injuste d'après les nôtres. En droit romain, le créancier ne pouvait réclamer que les intérêts qui avaient été stipulés, c'est-à-dire qui lui avaient été promis par cette procédure rigoureuse composée de formules sacramentelles. Si les intérêts n'étaient promis que par un simple pacte, *nudum pactum*, le créancier n'avait pas d'action civile pour en exiger le payement, mais on considérait leur prestation comme l'accomplissement d'une obligation naturelle, et on en prohibait la répétition : la loi 3 citée le dit en termes formels. Mais si les intérêts n'avaient été ni stipulés, ni promis par un pacte, l'emprunteur aurait eu incontestablement la *condictio indebiti;* car en réalité il aurait payé ce qu'il ne devait pas.

On voit que l'art. 1907 ne peut se soutenir en droit

pur. En premier lieu, l'emprunteur paye ce qu'il ne doit pas. et en second lieu il est impossible de considérer cette prestation d'intérêts comme l'accomplissement d'une obligation naturelle : car une obligation naturelle existe quoique dénuée d'action, et ici rien n'engage l'emprunteur à payer des intérêts. On pourrait tout au plus y voir une donation, mais les libéralités ne se présument pas.

En présence de cette disposition étonnante de notre article, il faut la limiter dans les termes mêmes de l'énoncé. Aussi M. Troplong (1) nous paraît-il avoir exagéré la portée de la loi en soutenant que le payement de ces intérêts fait présumer une convention verbale, ce qui, par conséquent, devrait constituer au profit du créancier un titre pour en exiger de nouveaux. Cette prétention est contraire aux principes que les intérêts doivent être stipulés.

Sans aucun doute l'emprunteur est admis à prouver qu'il a payé par erreur, et dans ce cas il a le droit de répéter, mais cette preuve sera souvent difficile à établir.

Cessation des intérêts. — Les intérêts cessent de courir quand la dette principale est éteinte, soit par le payement, par la confusion, ou par la compensation, quand même l'une des dettes ne serait pas productive d'intérêts. Nous savons aussi que le créancier ne peut réclamer que le payement des cinq dernières années, et que si la créance est garantie par une hypothèque, il ne peut se faire colloquer que pour deux années, les deux premières ou les deux dernières, peu importe, et l'année courante.

(1) M. Troplong, n° 413.

L'art. 1908 nous présente un mode spécial d'extinction. « La quittance donnée du capital sans réserver les
intérêts, en fait présumer le payement et en opère la
libération. » Ce n'est pas ici une simple présomption
légale, mais une véritable libération. Cette disposition
est la conséquence de l'art. 1254 sur l'imputation des
payements. Les intérêts se payent avant le capital ; ils se
prescrivent par cinq ans, le capital ne se prescrit que
par trente ans ; on doit donc penser que le créancier qui
donne quittance de la somme due sans réserver les intérêts, reconnaît les avoir reçus. Cette présomption est
naturelle et juste ; mais entre une induction, si puissante qu'elle soit, et la vérité, il doit y avoir une distance. Aussi la loi nous paraît-elle avoir édicté une
disposition exagérée en ajoutant, comme conséquence
nécessaire, la libération du débiteur.

Ceux qui prétendent que la loi a sagement agi, ad-
mettent comme nous que le Code refuse ici la preuve
contraire, mais ils nous semblent s'être mépris en
donnant pour raison que la présomption de libération
est une présomption légale contre laquelle la preuve
contraire n'est pas admise. Ce principe n'est écrit nulle
part. Une présomption est une induction, et, comme le
disait d'Aguesseau, elle doit céder à la vérité. Lorsque
l'ordre public est intéressé, comme dans le respect dû
à l'autorité de la chose jugée, on comprend que la preuve
contraire soit refusée ; de même quand on invoque la
prescription : car la prescription n'est pas seulement
une présomption, mais encore un moyen d'acquérir sa
libération. Je peux venir devant un tribunal, reconnaître
que je n'ai pas payé et me contenter de dire : je ne dois
rien, parce que je n'ai rien payé depuis trente ans. Aussi

la loi a-t-elle soin de réserver la délation de serment pour les courtes prescriptions où le droit du créancier peut être souvent injustement anéanti. Enfin si nous prenons la remise de la dette, nous voyons que la loi a prévu deux cas : ou le créancier fait abandon de la minute du titre, de l'acte sous seing privé, ou il n'abandonne que la grosse. Dans le premier cas, cette remise volontaire non-seulement fait présumer, mais encore fait preuve complète de la libération; dans le second cas elle ne fait que présumer la remise de la dette ou du payement, sans préjudice de la preuve contraire.

D'ailleurs si le législateur s'était contenté, comme il eût dû le faire, de dire que la quittance du capital, sans réserve des intérêts, fait présumer le payement, la libération, on aurait pu voir dans ce texte une présomption légale, décider même que la preuve contraire n'est pas admissible; mais le créancier aurait pu toujours recourir à l'aveu et au serment. Pour moi, j'aurais été plus loin : me fondant sur ce que lorsque le législateur refuse toute preuve contraire au créancier, il a soin de s'en expliquer formellement, comme dans l'art. 1282, et dans l'art. 1908, j'aurais admis le créancier à combattre par toutes sortes de preuves la présomption édictée en faveur du débiteur. L'un et l'autre se seraient trouvés en présence; le débiteur présentant sa quittance eût été dispensé de toute autre preuve; mais le créancier aurait été admis à démontrer que, si le fait connu, la remise de la quittance sans réserve des intérêts est incontestable, l'induction que l'on prétend en tirer est fausse, parce qu'il la combat à l'aide de faits appuyés de preuves qui l'anéantissent. Le débiteur eût eu déjà la part assez belle, la preuve étant toujours difficile à administrer, et le créancier devant perdre son procès, s'il ne pouvait l'établir.

Mais l'art. 1908 ne permet aucune hésitation, le débiteur est libéré; le créancier ne peut lui déférer le serment, car la loi ne l'a pas réservé.

Bien entendu la remise de la quittance doit être prouvée, la possession par le débiteur met la preuve à la charge du créancier.

Mais le créancier pourra toujours prouver qu'il a remis la quittance par erreur, l'erreur viciant toutes les conventions, tous les actes de la vie civile (1110). Ainsi le créancier a remis la quittance croyant remettre un autre écrit; ou il l'a donnée pensant que le débiteur lui avait réellement payé les intérêts, ou bien la quittance a été remise, mais elle n'a pas été *abandonnée*, ainsi que le veut l'art. 1282. Mais le créancier pourra-t-il prétendre qu'il a agi sous l'empire d'une erreur de droit, dire par exemple qu'il a, il est vrai, donné quittance du capital sans réserver les intérêts, parce qu'il ne croyait pas ainsi perdre le droit d'exiger ces intérêts? Je ne le pense pas, admettre le demandeur à faire cette preuve, ce serait éluder la loi. Il suffirait à un créancier d'alléguer un fait, pour donner immédiatement accès à la preuve testimoniale. D'ailleurs le débiteur est entièrement libéré, et l'erreur de fait, le dol ou la fraude pourraient seuls le priver de ce bénéfice.

Au lieu de remettre une quittance constatant le payement de l'intégrité du capital, j'en remets une relatant un payement partiel. Ainsi vous me devez 10,000 francs. je vous donne quittance de 5,000 francs sans réserver les intérêts. Puis-je exiger de vous le payement non-seulement des 5,000 francs que vous me devez, mais encore des intérêts de cette fraction de dette encore à votre charge, qui étaient échus lorsque je vous ai remis la quittance. A ne consulter que le texte de l'art. 1254, l'imputation des intérêts se faisant avant celle du *capital*, on devrait décider que si je donne quittance du capital d'une partie de la dette, sans réserver les intérêts, c'est que les intérêts de la dette impayée ont été soldés. Cependant, cette décision n'est qu'une présomption qui peut être combattue par une induction analogue. En effet, le créancier qui reçoit divisément le payement de sa créance, peut très-bien laisser impayés le capital et les intérêts de l'autre portion. Aussi, dans une semblable hypothèse, je restreindrais l'effet de la disposition de l'art. 1908 à la portion du capital payée. Ainsi, raisonnant d'après l'espèce précédente, le débiteur sera libéré des 5,000 francs, et de l'intérêt de ces 5,000 fr. qu'il aurait pu devoir. Quant aux intérêts échus des 5,000 francs restant à sa charge, le créancier pourra encore les lui réclamer sans qu'il puisse lui opposer la quittance qu'il a reçue.

Le débiteur est également libéré par les offres suivies de la consignation. Les offres seules sont insuffisantes mais quand ces deux conditions sont réunies, la libération est accomplie. Les offres peuvent être volontaires ou judiciaires. Lorsque la quotité de la dette ne paraît pas douteuse au débiteur, il peut, après avoir fait les offres, consigner : les intérêts cesseront de courir du jour du dépôt (1259). Mais si la validité des offres peut donner lieu à quelques doutes, le débiteur doit, pour sa sûreté, faire déclarer judiciairement les offres valables, et faire ordonner la consignation. Dans ce but, il assigne son créancier en validité, et renouvelle ses offres à l'audience; on dit alors que les offres sont réalisées. A partir de la réalisation, nous dit l'article 816 du Code de procédure, les intérêts cessent de courir.

Nous devons donc considérer deux cas différents :

Ou les offres et la consignation sont volontaires, et les intérêts cessent de courir du jour de la consignation, du dépôt ;

Ou les offres et la consignation sont judiciaires, et les intérêts cessent de courir du jour de la réalisation.

Cette solution est contestée. L'article 816 du Code de procédure, dit-on, ne déroge pas à l'article 1259 du Code Nap. « Il est aisé de comprendre, disait le tribun Tarrible, que la réalisation dont parle l'article 816 est celle du dépôt. L'article 1259 du Code Nap., qu'il ne s'agit nullement de réformer, dit textuellement que les intérêts sont dus jusqu'au jour du dépôt. D'un autre côté, les offres, quoique déclarées valables, ne peuvent éteindre la dette, ne peuvent non plus arrêter le cours des intérêts jusqu'à la consignation qui seule consomme la libération. »

Malgré le respect dont j'entoure la mémoire du tribun Tarrible, il m'est impossible d'admettre que la loi, se servant du mot réalisation, l'ait employé comme synonyme de dépôt ou de consignation. Si les législateurs qui tous étaient des procéduriers de l'ancien Châtelet, et connaissaient parfaitement la procédure en réalisation, avaient voulu désigner la consignation, ils auraient employé ce mot ou celui de dépôt, les seuls capables d'exprimer leur pensée d'une façon non équivoque. Mais ils voulaient remettre en usage cette procédure de réalisation qu'ils avaient connue, et s'ils n'avaient voulu faire aucune dérogation au Code civil, il leur aurait suffi de passer sous silence la cessation des intérêts, car cette règle se trouvait déjà écrite dans l'art. 1259, Code Nap., et l'art. 818, Code de pr., ajoutait : Le surplus est réglé par les dispositions du Code civil relatif aux offres et consignations.

L'équité vient à l'appui de mon système. Lorsque les offres sont volontaires, il est juste que le cours des intérêts ne soit arrêté que par la consignation ; en effet, si les intérêts cessaient du jour des offres, le débiteur pourrait, en retardant la consignation, jouir d'une somme, percevoir des fruits, dont il ne serait pas obligé de restituer l'équivalent. Lorsqu'au contraire, le débiteur se présente à l'audience et que ses offres sont réalisées, on n'a pas à craindre qu'il retarde la consignation puisqu'il a pris les devants, puisqu'il a lui-même formé la demande. Si d'ailleurs, on décidait que les intérêts courent jusqu'à la consignation retardée par les chicanes du créancier, il faudrait, ainsi que le remarque avec sagacité M. Pigeau, décider aussi que le créancier doit les restituer à titre de dommages-intérêts, d'après l'art. 1382, et comme il y aurait compensation, on évite ce circuit en faisant cesser les intérêts du jour de la réalisation. Mais bien entendu, il faut que les offres soient validées, sans quoi tout disparaissant, la question ne saurait se poser.

De l'anatocisme (ανα τοχος).

Dans l'ancien droit, toute stipulation d'intérêt étant interdite, l'anatocisme ne pouvait prendre naissance. Les parlements qui, suivant le droit romain, avaient par exception regardé le prêt à intérêt comme légitime, défendaient les conventions qui auraient pour but de faire produire des intérêts aux intérêts. « L'anatocisme est usuraire, lisons-nous dans un arrêt du parlement de Grenoble du 3 août 1611, car les fruits ne produisent pas des fruits, et les intérêts, qui sont les fruits de l'argent, ne peuvent pas produire des intérêts » (1). L'ordonnance du commerce de 1673 avait proscrit cette stipulation, même dans les conventions commerciales où par exception des prestations d'intérêt pouvaient être exigées (2).

Le Code Napoléon autorise l'anatocisme. « Les intérêts échus des capitaux, porte l'art. 1154, peuvent produire des intérêts, ou par une demande judiciaire, ou par une convention spéciale, pourvu que soit dans la demande, soit dans la convention, il s'agisse d'intérêts dus au moins pour une année entière. »

Ainsi trois conditions :

1° Que les intérêts soient échus ;

2° Qu'ils soient dus au moins pour une année ;

3° Qu'il intervienne une convention spéciale ou une demande judiciaire.

Peut-on convenir à l'avance qu'à mesure qu'il sera dû une année d'intérêts, le débiteur pourra les retenir en payant les intérêts de ces intérêts, c'est-à-dire en les joignant au capital, et en remboursant le tout au terme fixé ? Le doute naît de ce que dans l'art. 1154 il faut que les intérêts soient échus. Aussi, en ne consultant que les termes de l'art. 1154 serait-on porté à décider qu'une semblable convention est illicite ; cependant un principe

____

(1) Chorier, Jurisprud. de Guy Pape, p. 278.

(2) Ord. de 1673, tit. v, art. 1 et 2.—Cass., 8 frim. an XII : 16 nov. 1813.

souverain domine : les conventions sur les choses futures sont permises pourvu que la loi n'y ait pas dérogé (1130). Qu'exige donc le législateur? Que les intérêts soient dus pour une année : cette condition se trouve remplie. Qu'ils soient échus : au moment où ils pourront produire des intérêts, ils seront exigibles. Le créancier pourrait forcer le débiteur à payer et lui remettre les intérêts ainsi soldés à titre de nouveau prêt. Il est vrai que la loi exige qu'il intervienne une convention spéciale ou une demande en justice; mais place-t-elle ces deux actes sur la même ligne? Et de ce que la demande judiciaire ne s'adresse qu'au passé, peut-on conclure que la convention ne saurait régler l'avenir? L'objection prise de ce qu'une semblable convention favoriserait l'usure n'est pas mieux fondée, car le créancier ne stipule que l'intérêt légal et ne veut rien au delà. Les deux parties ont d'ailleurs librement consenti, et l'emprunteur qu'on représente comme s'endormant sur la loi de la convention, et ne se réveillant qu'au moment où sa ruine est consommée, peut très-bien rencontrer dans une convention pareille des avantages considérables. Il lui importe de ne rembourser la somme empruntée qu'après un certain temps, la prestation des intérêts le gênerait dans ses entreprises. Serait-il préférable pour lui de ne pas trouver à emprunter que d'emprunter à ces conditions? Évidemment, toutes les fois que la loi ne met pas obstacle à la liberté des contrats, on ne doit pas élever des barrières imaginaires (1).

Mais on ne pourrait pas, retrogradant vers le passé, stipuler une capitalisation d'intérêts à fin de leur faire

(1) Montpellier, 20 juin 1833. — Nimes, 29 mai 1833. — Cass., 11 décemb. 1844. D. P. 45. 1. 125. — Contrà Nimes, 9 février 1827.

produire à eux-mêmes des intérêts, à partir d'une époque antérieure à la convention. S'il en était autrement, les intérêts se trouveraient avoir donné naissance à des intérêts sans convention ou demande judiciaire, et par conséquent le capital aurait produit des intérêts usuraires (1).

La loi, en exigeant que les intérêts échus soient dus pour une année, ne permet pas de capitaliser des intérêts pour un laps de temps plus court, bien qu'ils soient dus depuis plus d'une année. Ainsi je vous prête pour six mois, à 5 pour 100, une somme d'argent ; deux ans se sont écoulés et vous ne m'avez pas payé : je n'ai que le droit d'exiger le payement de ces intérêts, mais je ne peux pas stipuler que ces intérêts en produiront d'autres.

Mais s'il y a plus d'une année d'intérêts échus, la convention ou la demande peut-elle faire courir non-seulement les intérêts des intérêts pour l'année échue, mais pour l'année courante? Je l'admets sans hésitation, car si la loi permet de capitaliser les intérêts dus pour une année, à plus forte raison doit-elle accorder cette faculté lorsque les intérêts sont échus depuis plus d'une année. Elle a voulu uniquement empêcher d'écraser le débiteur par une capitalisation de quelques mois (2).

Il est important de remarquer que la capitalisation d'intérêts échus ne peut être demandée que contre le débiteur. Ainsi le créancier ne pourrait la réclamer du tiers saisi, car celui-ci n'est pas nécessairement le débiteur du saisissant, et ne le devient que s'il manque à faire sa déclaration ou à fournir les justifications de

(1) Req., 24 mars 1841.
(2) Bordeaux, 17 déc. 1841.

droit (557 pr.) (1). Mais la condamnation au payement des intérêts des intérêts pourra être prononcée contre une succession bénéficiaire, et partant contre l'héritier bénéficiaire; car c'est ici la succession qui est débitrice, et l'héritier ne sera tenu que jusqu'à concurrence du bénéfice qu'il retirera. Mais cette condamnation ne pourrait être prononcée personnellement contre l'héritier (2).

Cette proposition a été reconnue par la Cour de **Paris** dans l'affaire du marquis de Lagrange contre le duc et Mademoiselle d'Orléans, héritiers bénéficiaires du duc d'Orléans, dit Égalité. Le 2 mars 1790, le duc d'Orléans avait souscrit une obligation au bénéfice du marquis de Lagrange : le domaine avait confisqué les biens du marquis et du duc, il y avait donc eu confusion. De plus, le duc et Mademoiselle n'avaient accepté la succession de leur père que sous bénéfice d'inventaire. Cependant le tribunal de la Seine, par jugement du 9 mai 1818, condamna le duc et Mademoiselle à payer non-seulement la somme, mais encore les intérêts à partir de la demande. Mais la Cour de Paris infirma ce jugement, s'appuyant sur ce que l'héritier bénéficiaire n'est pas débiteur personnel, qu'il n'est responsable que des fautes graves qu'il pourrait commettre dans l'administration qui lui est confiée par la loi, et n'est obligé vis-à-vis des créanciers qu'à leur rendre compte de son administration (3).

(1) Cass., 24 nov. 1856. D. P. 47, 4, 306.

(2) Nevers, 9 avril 1821. — Bourges, 18 février 1823. — Req., 5 août 1824.

(3) Paris, 14 mai 1819. MM. Dupin et Tripier, avoc. plaid.— Dal. Alph., *Successions*, n° 938.

Que décider dans l'espèce suivante? Pour rembourser à un de mes créanciers un capital que je lui dois, je lui délègue six mois d'intérêts qui me sont dus ; la demande formée par ce créancier contre le délégué fera-t-elle courir les intérêts? De deux choses l'une : ou la délégation est imparfaite ou elle est parfaite. Dans le premier cas la délégation est vis-à-vis du débiteur délégué une convention tout à fait étrangère, *res inter alios acta*, qui ne peut changer la nature de son obligation. Pour lui ce n'est pas un capital qu'il doit, mais des intérêts, aussi la demande ne pourra le contraindre à payer les intérêts des intérêts. Si au contraire la délégation est parfaite, contenant obligation personnelle du délégué envers le délégataire, il y a novation, le délégataire peut exiger le payement des intérêts à titre de capital, sa demande leur fera produire de nouveaux intérêts sans qu'il puisse invoquer le bénéfice de l'art. 1154.

Rappelons en terminant que le créancier ne doit pas oublier de conclure formellement dans la demande aux intérêts des intérêts. Cette omission pourrait être réparée en appel, mais son effet ne saurait rétroagir, car les intérêts des intérêts ne sont dus qu'à partir de la demande (1154, 464, 2° pr.) (1).

(1) Cass., 7 février 1854. — Douai, 10 février 1853. D. P. 54. 2, 201.

CHAPITRE XIII.

LOI DU 3 SEPTEMBRE 1807.

La loi du 3 septembre 1807 a fixé le taux de l'intérêt
à 5 pour 100 en matière civile et à 6 pour 100 en matière commerciale, le tout sans retenue. Ces derniers
mots abrogent un ancien usage qui donnait à l'emprunteur la faculté de retenir sur la prestation de chaque
arrérage le montant de l'impôt qu'il payait à l'État.

Comment distinguerons-nous les matières civiles des
matières commerciales ? Quand les deux parties sont
commerçantes, le taux de 6 pour 100 peut incontestablement être stipulé. Mais quand l'une d'elles seulement
fait le commerce, emprunte pour les besoins de son
commerce, quelle sera la décision ? Malgré les difficultés nombreuses auxquelles la solution de cette question
peut donner naissance, nous pensons que dès lors
qu'une partie est commerçante, le prêt peut être consenti au taux de 6 pour 100.

Supposons d'abord que le prêteur seul soit commerçant ; on a dit que la loi de 1807 était une loi de protection, qu'il fallait par conséquent considérer la qualité
de l'emprunteur que le législateur avait voulu soustraire
à l'oppression, en ne permettant pas qu'on exigeât de
lui un intérêt supérieur à celui que peut lui procurer
ses propres ressources. Cette considération nous paraît
insuffisante, j'aime mieux l'opinion d'un vieil auteur
qui dit : qu'il faut considérer le prêt par rapport à l'em-

prunteur et par rapport au prêteur (1). L'argent est le nerf du commerce : le négociant qui consent à me prêter une somme ne se prive-t-il pas d'un bénéfice plus considérable que si j'avais réclamé le même secours d'un non-commerçant? *Plus valet pecunia mercatoris, quam pecunia non mercatoris,* a dit Scaccia (2). Il est donc juste que, puisque le créancier pouvait faire rapporter à son argent un intérêt plus élevé en le livrant au commerce, sa profession habituelle, il puisse exiger le taux commercial. La décision serait encore plus certaine, s'il était évident que le commerçant s'est privé d'une somme d'argent qui lui était due pour des actes de son commerce (3).

Supposons que l'emprunteur seul soit négociant, nous devons encore regarder le taux de 6 pour 100 comme équitable. Les fonds livrés au commerce rapportent davantage, leur restitution est plus douteuse. N'est-il pas rationnel que le particulier profite du bénéfice que se procure l'emprunteur et soit indemnisé des risques qu'il court? Dans l'ancien droit on appelait prêt de commerce celui qui était fait par un particulier à un commerçant; on considérait qu'il se formait entre eux une sorte de société, et que le prêteur avait droit de réclamer une part des bénéfices. Ce n'est donc pas forcer les expressions de la loi de 1807 que d'étendre à la législation actuelle le sens qu'elles avaient dans une jurisprudence qui se montrait si sévère à l'égard de notre contrat (4).

(1) Colonia. *Éclairciss. sur le légitime comm. des intérêts,* 1675; in-8°.
(2) 1re q., 1, n° 438, et q. 7, p. 2, ampliat. 8, n° 225.
(3) M. Troplong, n° 362. — Bordeaux, 17 janvier 1839. D. P. 39, 2, 114.
(4) Req., 10 février 1837. — Liége, 24 nov. 1823. — Besançon, 4 juillet 1837. — Lyon, 20 nov. 1857.

Enfin tout le monde est d'accord pour décider que l'intérêt est commercial, abstraction faite de la qualité des parties, toutes les fois que la destination de la somme prêtée est commerciale.

La loi de 1807 ne régit que les prêts d'argent, aussi les prêts de denrées ou d'objets mobiliers restent soumis au principe général de l'art. 1905. De tout temps la législation sur les prêts d'argent et celle sur les prêts de denrées a été différente, et nous nous rappelons que Justinien, qui détermina un taux pour chaque sorte de prêt, en fixa un pour le prêt de denrées et un pour le prêt d'argent.

L'escompte tombe-t-il sous la limitation de la loi de 1807 ?

Distinguons d'abord deux sortes d'escomptes : celui qui est pris sur le créancier et celui qui est pris sur le débiteur. J'achète des marchandises payables à trois mois, je paye comptant, le vendeur me fait une réduction, cette réduction porte le nom d'escompte. Évidemment cette opération est licite, elle profite à la fois aux deux parties, peu importe quel soit son quantième, car la loi de 1807 n'a été édictée en principe que pour protéger le débiteur, et ici c'est le créancier qui subit la réduction. L'acheteur paye moins cher parce qu'il paye plus tôt.

Mais le véritable escompte commercial est celui qui consiste à obtenir, avant l'échéance, moyennant une retenue, le payement d'une créance à terme qu'on a sur un tiers. Je tire une lettre de change sur Paul, payable à un an, à l'ordre de Jacques : je cède donc à Jacques la créance que j'ai sur Paul et je lui en garantis le payement. Mais Jacques a besoin d'argent, il se présente chez un banquier qui lui donne de suite le montant de la lettre de change, en retenant une somme qu'il considère comme suffisante pour le dédommager. Jacques à endossé la lettre de change, il l'a passée à l'ordre du banquier et a ainsi engagé sa responsabilité et promis le payement à l'échance.

Ici l'escompte peut se faire de deux manières :

Supposons que le montant de la lettre de change soit de 106 francs, le banquier peut retenir l'intérêt de la somme qu'il verse, par conséquent donner 100 fr. et retenir 6 fr. Cette opération s'appelle prendre l'escompte en dedans.

Ou bien il calcule sur le total de la créance, sur 106 fr., il remet au porteur de l'effet commercial 99 fr. 64 et retient 6 fr. 36. Or 99 fr. 64 placés à 6 p. 100 ne rapportent que 5 fr. 97 p. 100. Le banquier dépasse donc le taux légal de 0,39 centimes. C'est l'escompte en dehors.

Il est inutile de remarquer que l'escompte en dehors est plus usité en France, pour la meilleure des raisons, c'est qu'il rapporte davantage. L'escompte en dedans reste dans les limites de l'intérêt légal, l'escompte en dehors les viole ouvertement. Cet escompte devrait donc être proscrit, car l'escompte n'est qu'une manière de prêter de l'argent, du moins quand (et c'est le cas le plus fréquent), le porteur de l'effet s'engage, par l'apposition de sa signature, à garantir le remboursement au moment fixé pour l'échéance.

Plusieurs jurisconsultes et la plupart des arrêts regardent l'escompte comme un contrat *sui generis*, consistant surtout dans l'échange d'un billet contre une somme d'argent. M. Troplong y voit une cession de créance: «C'est une opération, dit-il, au moyen de laquelle on fournit comptant le montant d'une créance à terme, sous la déduction d'une somme proportionnée à la perte du papier contre l'argent, ou des délais à courir. » J'avoue que ces considérations me paraissent difficiles à ébranler ma proposition : à savoir que le taux de l'escompte est fixé par la loi de 1807. Il suffit d'abord de se reporter au texte de l'art. 1690 du Code Napoléon pour voir qu'il ne s'agit pas ici d'un transport de créance ordinaire : la signification au cédé, ou son acceptation ne sont pas nécessaires. L'escompte a de l'analogie avec la cession, mais il en diffère par un point essentiel, c'est que celui qui se présente chez le banquier ne poursuit qu'un but, obtenir momentanément une somme d'argent, qu'il s'engage à faire rembourser, même à rembourser à l'escompteur. On pourrait bien dire aussi que le prêt d'argent, le mutuum est une vente, puisqu'il y a aliénation du capital : les économistes y ont vu plutôt un louage ; mais tous sont d'accord pour considérer le prêt comme un contrat particulier qui obéit à des lois spéciales. Eh bien; l'escompte n'est-il pas une forme du prêt? Quelle différence y a t-il entre prêter une somme d'argent et retenir une prime pour l'intérêt, verser une somme d'argent et retenir une prime pour l'escompte? N'est-ce pas la même chose? Les deux opérations ne sont-elles pas identiques, la forme seule diffère. Mais, dira-t-on, dans l'escompte le prêteur ne reçoit en échange qu'un effet de commerce, d'une valeur variable, susceptible de dépréciation. Et dans le prêt, que reçoit-il donc? Une promesse, une simple promesse. Bien plus, l'escompteur, en prenant le billet a déjà la garantie du souscripteur et de l'endosseur; il est vrai qu'il ne les poursuivra que sur le refus du tiré, du débiteur principal, mais il peut les poursuivre. J'escompte un billet, mon remboursement est doublement garanti par le souscripteur et le porteur : je prête une somme d'argent, je n'ai comme garantie que la signature de l'emprunteur, je cours deux fois plus de risques, et vous voulez que je sois forcé de stipuler un taux inférieur. C'est pourtant le système de la Cour de cassation et des Cours impériales. Le prêt commercial ne peut dépasser 6 p. 100, le taux de l'escompte est libre.

J'avoue que, si la jurisprudence avait donné une autre décision, elle eût entravé d'une manière fâcheuse les transactions commerciales, surtout depuis que la loi de 1857 a permis à la banque de France d'élever indéfiniment son escompte. Car, comment pourrait-on forcer le banquier à se tenir dans les limites de la loi de 1807, à escompter à 6 p. 100, quand la banque escompte à 8 ou 9 p. 100. Ne faut-il pas alors que le banquier qui, la plupart du temps porte son papier à la Banque de France escompte à un taux de 1 et demi p. 100 au moins supérieur à celui de la banque ?

On a trouvé, pour fortifier la théorie de l'escompte considéré comme contrat *sui generis*, de singulières raisons. Le banquier, a-t-on dit, est obligé d'avoir une certaine quantité de fonds, il court des risques. Mais, peu importe, si le banquier a des fonds, c'est qu'il veut faire le commerce de l'argent, personne n'est forcé de prêter : s'ensuit-il pour cela qu'il doive transgresser la loi ? Il court des risques, direz-vous ? Mais j'ai prouvé qu'il en court moins que le prêteur ordinaire, qui n'a pas autant de garanties. Aussi je dois reconnaître que le taux de l'escompte devrait être inférieur à celui du prêt. Le prêt d'ailleurs immobilise l'argent et le rend plus rare, l'escompte au contraire, loin d'immobiliser

les capitaux, les maintient toujours, à l'aide de valeurs
écrites entre les mains du banquier qui les accepte et
qui peut s'en servir pour se procurer de l'argent. Dans
l'escompte, les capitaux étant livrés à la circulation
devraient être moins chers.

Répétez que l'escompte a son caractère propre, vous
ne prouverez pas que les billets portés chez la banquier ne fassent l'office de monnaie. L'escompte c'est
le prêt d'argent des banquiers ; en le retenant, ils se
couvrent de l'intérêt de la somme qui sort de leur
caisse.

Or, qu'arrive-t-il en présence de cette liberté accordée par la Cour de cassation et par la loi de 1857 à la
Banque de France ? D'abord en principe on doit reconnaître que dans le commerce il se fait peu de prêts : le
négociant emprunte sur sa signature, les prêts commerciaux se contractent presque tous sous la forme
d'effets négociables, parce qu'on prévoit la plupart du
temps le cas où le prêteur voudra rentrer dans ses
fonds. Mais, en admettant que le négociant veuille autant emprunter qu'avoir recours à l'escompte, le pourra-
t-il également ? Évidemment non. Aujourd'hui le banquier tient une balance : dans un plateau sont les
opérations de prêt, dans l'autre celles de l'escompte.
Si le taux de la banque de France est 5, 50 p. 100, il
prêtera et il escomptera à 6 p. 100. Si le taux de la
banque est à 5 p. 100, alors il aura plus d'avantage à
faire des prêts à 6 p. 100, si l'habitude de la place est
que l'escompte ne s'élève que à $^1/_2$ au-dessus de celui
de la banque. Mais, si le taux de la banque est a 7, 8
p. 100, croyez-vous que le banquier prêtera à 6 p. 100 ?
Et cependant s'il prête, il doit le faire à ce taux, sous la

peine d'être flétri comme usurier. Il saura se tirer d'affaire très-facilement. Il dira au négociant qui lui réclamera de l'argent : je ne prête pas, créez un effet de commerce, trouvez un endosseur, j'escompterai. Le plateau de l'escompte emportera facilement celui du prêt, car dans ce plateau qu'y aura-t-il ? Rien.

Toutes ces subtilités, qui rappellent, je ne crains pas de le dire, celles des casuistes de l'ancien droit, mènent à la vérité légale : elles prouvent que la loi de 1807 ne répond plus aux nécessités actuelles, du moins en matière commerciale. La théorie de la Cour de cassation n'est utile qu'à la Banque de France, dont elle remplit les caisses en favorisant l'escompte aux dépens du prêt. Cette doctrine peut être excellente en politique et en économie sociale; mais vraiment elle n'est pas juridique. En droit, en logique, cette distinction ne se soutiendra pas, l'escompte sera toujours le prêt libellé sous une autre forme.

Nous trouvons dans les comptes courants et dans le droit de commission de nouvelles dérogations au principe de la loi de 1807.

Comptes courants. — Le compte courant est un compte ouvert entre deux négociants, entre un banquier et son client. Les sommes versées par le banquier sont portées au débit du client, les sommes versées par le client à son crédit. C'est le compte par doit et avoir. Ce compte est arrêté soit tous les six mois, soit tous les trois mois, et la différence que donne la balance est reportée soit au crédit, soit au débit. Que cette manière de régler les affaire commerciales soit juste, qu'elle présente des facilités considérables dans les transactions, nous ne le nions pas. Si les commerçants se contentaient de reporter à la colonne du débit ou à celle de l'avoir la somme due, nous ne considérerions pas cette opération comme illégale. Mais il est d'usage qu'en arrêtant son compte, le commerçant ajoute, à la somme qu'il reporte, les intérêts de cette somme. Ainsi le banquier prend d'abord 6 pour 100 sur la somme qu'il a avancée en compte courant, trois mois après il arrête son compte et prend 6 pour 100 sur la somme restante : de cette façon il perçoit plus que l'intérêt légal; de plus, en joignant ainsi l'intérêt à la somme reportée, il calcule le trimestre suivant sur cette somme entière, il arrête son compte, et joint de nouveau les intérêts. Ainsi non-seulement il perçoit un intérêt supérieur à celui permis par la loi, mais encore il perçoit les intérêts de ces intérêts. Et cependant la loi de 1807 a fixé un taux qui ne peut être dépassé; et cependant l'art. 1154 du Code Napoléon interdit de stipuler les intérêts des intérêts pour sommes échues depuis moins d'une année.

La jurisprudence reconnaît en principe la légitimité des comptes courants, mais les faces nombreuses sous lesquelles cette opération se présente ont fait souvent varier l'appréciation de la Cour de cassation et des Cours impériales. La faculté de capitaliser, chaque trimestre, par exception à l'art. 1154, les intérêts échus, a été restreinte aux comptes courants entre commerçants. De plus, si on admet que le banquier peut arrêter son compte chaque trimestre, on lui refuse le droit de répéter cette opération à des limites plus brèves, chaque mois, chaque quinzaine par exemple. Mais sur quel

principe s'appuie cette défense? Les usages commerciaux
ont fait une brèche à la loi de 1807, comment la fermer?

Il reste donc établi incontestablement que l'opération
des comptes courants, bien que chacune des deux parties puisse être alternativement créancière ou débitrice,
permet d'obtenir pour une année un intérêt supérieur
à celui de la loi de 1807.

Droit de commission. — Ce droit est régi par les règles
sur le mandat salarié. Je charge un notaire de me
procurer une somme d'argent, ses démarches réussis-
sent, il est juste qu'il reçoive une indemnité; le droit de
commission qu'il perçoit est légitime. En réalité, c'est le
prêteur qui devrait le payer, puisque cette opération lui
permet de retirer un bénéfice de son argent; dans la
pratique on le fait cependant supporter à l'emprunteur.
Mais, lorsque c'est le prêteur lui-même qui perçoit ce
droit, les qualités de prêteur et d'intermédiaire se con-
fondant, n'y a-t-il pas là pour lui une réelle augmentation de l'intérêt? Et la loi de 1807, qui fixe le taux d'une
manière invariable, autorise-t-elle cette augmentation?
Ici encore l'usage a vaincu la rigidité légale : aussi, la
jurisprudence manquant de base solide et fixe, la controverse existe-t-elle entre la Cour de cassation et d'autres Cours, la Cour suprême n'autorisant ce droit qu'au
moment où le prêt est originairement consenti, les autres Cours le permettant à chaque renouvellement de
compte. En effet, s'il paraît juste d'accorder un bénéfice
au banquier lors du placement des fonds, n'est-il pas
équitable de lui accorder le même bénéfice dans la
seconde circonstance? En laissant l'argent aux mains
de son débiteur, ne se prive-t-il pas d'un numéraire?

N'est-il pas obligé de se procurer la somme suffisante pour le remplacer dans sa caisse?

M. Renouard, conseiller à la Cour de cassation, a caractérisé avec une précise sagacité le point de vue juridique du droit du commission. « Lorsque les banquiers dressent leurs comptes, indépendamment de l'intérêt à 6 pour 100 que la loi les autorise à prélever sur les sommes qu'ils ont avancées, ils font porter sur ces mêmes sommes un droit de commission de 1 ou 2 pour 100. Or la force des choses a mis les tribunaux et les cours, même la Cour de cassation, dans la nécessité d'accepter et de valider ces comptes, et c'est aujourd'hui une jurisprudence constante et bien établie, qu'on ne peut refuser aux banquiers des droits de commission. Eh bien, soyons très-sincères, les droits de commission sont-ils autre chose qu'une véritable augmentation de l'intérêt » (1)?

Change. — Nous porterons sur le change la même appréciation. Sans doute les frais que nécessite cette opération sont légitimes : je me présente chez un banquier de Paris, je le prie de me verser le montant d'une créance sur un banquier de Lyon : il est juste que je lui donne une indemnité. Mais ce droit de change est toujours supérieur aux frais *réels*, c'est un moyen déguisé de percevoir un intérêt supérieur à l'intérêt légal. Il est légitime incontestablement, mais la loi de 1807 le permet-elle dans d'aussi larges limites ?

En résumé, la loi de 1807, en matière commerciale, est une lettre morte. Les droits de commission ou de

____

(1) *Enquête.* t. I. p. 170.

change, les opérations de comptes courants ou d'escompte, consacrés par les usages et les nécessités du commerce, ont même forcé la jurisprudence à fermer les yeux sur les préceptes rigoureux de la loi, à l'interpréter dans un sens favorable aux transactions et à le plier à toutes les exigences de la vie sociale.

CHAPITRE XIV.

SANCTION DE LA LOI 1807. — DE L'USURE.

La perception d'un intérêt supérieur au taux fixé par
la loi peut donner lieu à une demande en réduction
formée devant le tribunal civil. Lorsque le prêteur a
l'habitude de stipuler un taux usuraire, il peut être, sur
la requête du ministère public, traduit devant le tribunal de police correctionnelle.

1° *Sanction civile.*

L'art. 3 de la loi du 3 sepembre 1807 est ainsi conçu :
« Lorsqu'il sera prouvé que le prêt conventionnel a été
fait à un taux excédant celui qui est fixé par l'art. 1er,
le prêteur sera condamné par le tribunal saisi de la contestation à restituer cet excédant, s'il l'a reçu, ou à
souffrir la réduction sur le capital de la créance, et
pourra même être renvoyé, s'il y a lieu, devant le tribunal correctionnei pour y être jugé conformément à
l'article suivant. »

La loi accorde à l'emprunteur deux actions : action
en réduction, action en restitution. La première lui sera
utile quand il sera encore débiteur, la seconde quand
l'obligation aura été intégralement accomplie.

Les tribunaux, réduisant ainsi les droits du prêteur,
ne pourront-ils pas le forcer à payer les intérêts des
sommes indûment perçues ? La transgression de la loi

ne peut devenir l'origine d'un bénéfice. Cette question étant décidée affirmativement, à partir de quelle époque ces intérêts seront-ils dus ? Une vive controverse s'est élevée à ce sujet entre la doctrine et la jurisprudence.

Suivant l'opinion de la doctrine, les intérêts des sommes indûment exigées, devaient être dus à partir du jour de la perception. Ainsi, dans la première hypothèse, lorsque la dette n'est pas encore payée et que le débiteur agit par la voie de l'action en réduction, la créance du prêteur est de plein droit diminuée de l'excédant : lors de chaque perception, il y a compensation. Ainsi, vous me prêtez 10,000 francs à 6 pour 100, c'est-à-dire moyennant 600 francs par an ; chaque année vous percevez un excédant de 100 fr. : c'est donc de 100 fr. que je deviens votre créancier. Or, comme je vous dois réellement 10,000 fr., les deux dettes étant exigibles et liquides, la compensation s'opère, et je ne suis plus débiteur que de 9,900 fr. Les deux dettes se compensent du jour du payement usuraire. Si le débiteur demande la réduction de la dette après la première échéance, il sera libéré en payant 9,900 fr. : s'il attend un an, deux ans ou plus, il faudra répéter la même opération successivement. On voit que de cette façon la dette étant diminuée *ipso jure*, le créancier qui continue à percevoir des intérêts sur la totalité doit les rendre ou en subir de nouveau la réduction. Ceci revient à dire que les *intérêts de l'excédant* courent de plein droit du jour où cet excédant a été versé.

Dans la seconde hypothèse, lorsque, la dette étant acquittée, l'emprunteur demande la restitution de l'excédant usuraire qu'il a payé, l'excédant deviendra productif d'intérêts du jour où il a été remis, de plein droit et avant toute demande en justice. En effet, n'est-il pas indûment payé, et celui qui reçoit de mauvaise foi n'est-il pas tenu de rembourser tant le capital que les intérêts, du jour du payement (1378).

Mais la jurisprudence, s'appuyant sur le texte de l'art. 3 de la loi de 1807, rejetait le système de la doctrine. Il paraissait difficile d'admettre que la compensation s'opérât de plein droit lors de la réception, par le créancier, de l'intérêt usuraire; car, pour qu'il y ait compensation, il faut que les deux dettes soient exigibles; et comment soutenir que l'emprunteur devient, à chaque payement qu'il fait, créancier de l'intérêt excédant le taux légal, puisque, d'après la loi de 1807, pour que le prêteur soit contraint de subir la réduction, il faut qu'un jugement soit intervenu. Les intérêts ne devraient donc courir que du jour du jugement.

Dans le second cas, quand il y a lieu à l'action en restitution, la jurisprudence décidait que les intérêts de l'excédant n'étaient dus qu'à partir de la demande, et que, par conséquent, ils ne couraient pas de plein droit du jour du payement, ainsi que le voulait la doctrine. En effet, le débiteur pouvait ne pas demander la restitution; le titre en vertu duquel le créancier conservait les intérêts payés, n'était pas indestructible; mais un jugement était nécessaire pour l'anéantir. La position du créancier présentait une frappante analogie avec celle de l'acheteur qui a acquis une propriété et dont le contrat est entaché d'une lésion de plus des $^7/_{12}$. Tant que le vendeur ne demande pas la rescision, l'acheteur conserve l'immeuble par devers lui, et il ne devra la restitution des fruits que du jour de la demande judiciaire. C'était aussi à tort que la doctrine invoquait le texte de

l'art. 1378. Cet article n'est applicable que dans le cas
où la répétition de l'indu est concédée, et ici on ne
saurait soutenir qu'il y a eu payement erroné, que le
débiteur a payé ce qu'il ne devait pas, puisqu'il n'a fait
qu'exécuter son obligation.

La loi de 1850 a érigé en principe le système de la
doctrine, et lui a donné par son texte des bases juri-
diques.

L'art. 1er est ainsi conçu : « Lorsque, dans une instance civile ou commerciale, il sera prouvé que le prêt
conventionnel a été fait à un taux supérieur à celui
fixé par la loi, les perceptions excessives seront imputées de plein droit, aux époques où elles auront eu lieu,
sur les intérêts légaux alors échus, et subsidiairement
sur le capital de la créance. Si la créance est éteinte, en
capital et intérêts, le prêteur sera condamné à la restitution des sommes indûment perçues avec intérêt du
jour où elles auront été payées. »

Preuve. — La réclamation du débiteur peut être présentée incidemment dans une instance, ou principalement et par voie directe. Le débiteur doit faire la preuve,
établir que la clause est usuraire. Quelquefois la preuve
ressortira de l'acte lui-même ; mais la plupart du temps
le créancier sentant que la stipulation vicie son contrat,
l'aura adroitement dissimulée. Ainsi il fera souscrire
un billet à l'emprunteur, versera une somme inférieure
au capital fixé par écrit, et stipulera encore de plus
l'intérêt légal. Dans ce cas, il n'existe pas de titre, pas de
commencement de preuve par écrit, la créance est supérieure à 150 fr. ; la preuve testimoniale est-elle cependant admissible? Nous ne saurions en douter ; une

décision contraire faciliterait la violation de la loi ; son exécution serait plus que chimérique. D'ailleurs le prêteur qui perçoit des intérêts usuraires viole la prohibition portée par l'art. 2 de la loi du 3 septembre 1807, et commet une fraude à la loi au préjudice de l'emprunteur. Cet acte, étant donc frappé d'une présomption de dol ou de fraude, rentre dans les dispositions de l'article 1353. Or cet article, qui autorise, en cas de dol ou de fraude, les parties à invoquer dans leur cause de simples présomptions, établit un parallèle, une analogie, entre la preuve par témoins et la preuve par présomptions. On peut donc décider que, dans le cas de dol ou de fraude, la preuve testimoniale est admise (1).

Ainsi l'usure pourra être prouvée outre et contre le contenu aux actes, même notariés, sans qu'il soit besoin dans ce dernier cas de s'inscrire en faux quand l'emprunteur ne contredit pas directement les obligations consenties devant le notaire. La numération des espèces a pu avoir lieu devant cet officier public et être détruite par un acte postérieur. Mais il est bien entendu que, si l'acte authentique était attaqué dans son principe, la procédure en inscription de faux devrait être suivie (2).

Prescription. — L'action de l'emprunteur, pour faire réduire l'obligation usuraire, son exception pour repousser la demande du prêteur, se prescrivent par trente ans. Vainement on a soutenu que, dans le cas

---

(1) Paris. 2 mai 1823. — Req., 18 février 1829. — Angers, 27 mars 1829. — Rej., 22 mars 1824.

(2) Crim. cass., 2 déc. 1813. — Req., 3 avril 1824. — Req., 28 juin 1821. — Caen, 25 juill. 1827. — Caen, 12 janvier 1828. — Bourges, 2 juin 1831.

d'usure palliée, c'est-à-dire cachée sous une forme licite, l'action se prescrivait par dix ans, étant, ainsi que
toutes les actions en nullité, soumise à la prescription
de l'art. 1304. Ce serait se méprendre sur le caractère
de cette action. Loin de demander la nullité du contrat
pour le faire tomber, je m'en empare pour prouver l'injustice dont j'ai été la victime. « De deux choses l'une, dit
M. Troplong, ou l'emprunteur demande pour l'avenir
la réduction du contrat qui le soumet à des prestations
usuraires, ou bien il demande la restitution de ce qu'il a
payé pour le passé. Au premier cas, il est évident que,
quand même le débiteur aurait subi pendant trente ans
la loi rigoureuse d'un créancier livré à l'usure, il pourrait toujours réclamer le retour au droit commun qui
le protége. Ou bien il s'agit d'une demande en restitution, et alors l'action intentée par le débiteur se prescrit
par trente ans » (1).

Mais quel est le point de départ de cette prescription ?
Est-ce le jour du dernier payement usuraire ou le jour
de chaque payement ? Quelque défaveur que mérite
l'usure, aucune disposition légale ne nous autorise à
sortir du droit commun. La prescription courra donc
du moment où l'indû payement aura été fait (2).

II° *Sanction pénale.* — *Du délit d'habitude d'usure.*

L'usure, de même que l'excitation à la débauche
prise isolément, est un fait reprochable, mais ne cor-
stitue pas un délit. Pour que le délit existe, il faut plu-

(1) M. Troplong, n°* 398, 400.
(2) M. Troplong, n° 402. — Contr. Chardon, 330.

D.   14

sieurs actes successifs qui dénotent chez le prêteur une habitude. Peu importe que ce soit le même individu ou des individus différents qui aient été victimes de ses exactions ; dès lors que plusieurs prêts ont été faits, par la même personne, à un taux supérieur au taux légal, le délit est formé, et le prêteur est passible des peines édictées par la loi (1). Mais plusieurs prêts sont nécessaires, les perceptions successives en vertu d'un contrat usuraire ne suffisent pas pour caractériser le délit, et ne sauraient donner lieu qu'à une action en réduction devant les tribunaux civils (2).

Doit-on donner la même décision lorsqu'un même prêt a été renouvelé plusieurs fois ? Y a-t-il dans ce cas une suite naturelle du premier contrat, ou ces renouvellements doivent-ils être considérés comme autant de prêts distincts ? L'esprit de la loi de 1807 nous oblige sans contredit à voir ici des prêts distincts : la forme seule varie ; sans cette décision il serait facile au prêteur d'éluder la loi ; lors de l'échéance du terme il laisserait l'argent prêté entre les mains de l'emprunteur en retardant le délai de restitution. Chaque renouvellement serait la renaissance de conventions déjà marquées du sceau de l'usure et le point de départ d'une nouvelle usure exercée sur les intérêts (3).

L'usure est consommée dès que la convention est intervenue, peu importe que le prêteur ait consenti plus tard à réduire ses exigences, l'élément du délit existe dès la stipulation écrite ou verbale.

(1) Cass., 3 mars 1826.
(2) Cass., 22 nov. 1811.
(3) Paris, 11 juillet 1826. — Rej., 15 avril 1826 ; 31 mars 1827 ; 31 mars 1838. — Crim., Rej., 3 juin 1856.

Le délit d'habitude d'usure rend le prêteur justiciable du tribunal de police correctionnelle. Lorqu'une action en réduction ou en restitution intentée devant le tribunal civil amène la preuve de l'usure, ce tribunal doit renvoyer le prêteur devant la juridiction correctionnelle, mais cette juridiction n'est saisie que par la requête du ministère public. L'art. 1er de la loi du 19 décembre 1850 exige que le greffier avertisse le procureur impérial de la décision rendue au civil dans le délai d'un mois, sous peine d'une amende qui ne pourra être moindre de 16 francs ni excéder 100 francs.

Le délit se prouve par témoins ; les signataires mêmes de l'acte pris comme base de l'action publique peuvent être entendus. C'est au tribunal à peser les témoignages et à estimer le degré de confiance qu'ils méritent.

Suivant l'art. 4 de la loi de 1807 et l'art. 2 de la loi de 1850, l'amende prononcée ne saurait excéder la moitié des capitaux prêtés. C'est un maximum que les juges ne peuvent dépasser, mais ils sont appréciateurs du quantième de l'amende : un minimum ne leur est pas imposé. Ces textes rappelés, supposons qu'un prêt usuraire ait été plusieurs fois renouvelé ; originairement il s'agissait d'un prêt de 10,000 francs à 10 pour 100, remboursable après le délai d'une année ; le terme de l'échéance arrivé, l'emprunteur demande un nouveau délai, le prêteur l'accorde et lui laisse de nouveau les 10,000 francs au taux originaire. Cinq renouvellements successifs ont lieu, le prêt peut être considéré d'une valeur de 50,000 francs, et le maximum de l'amende s'élever à 25,000. Ces renouvellements successifs montrent l'habitude d'usure et constituent le délit. La Cour de cassation a décidé que le maximum pouvait être calculé sur les 50,000 francs, par cette raison que les renouvellements concourant à caractériser le fait que l'amende a pour but de réprimer, devaient aussi entrer nécessairement dans la supputation de l'amende ; ce qui sert d'élément au délit, doit aussi servir d'élément à la peine. Cette décision qui peut paraître équitable au premier abord amène cependant des conséquences d'une extrême rigueur. Ici le prêteur pourrait être condamné à une amende de 25,000 francs, plus par conséquent qu'il n'a prêté. Malgré la sévérité avec laquelle on peut exercer la répression de l'usure, je doute qu'on ose appliquer une peine si exagérée. Le renouvellement est un nouveau prêt, mais il n'y a pas déboursement d'un capital nouveau. Or, la loi a pris pour base la somme réellement prêtée et qui doit être rendue. « Sors summa, lisons-nous dans le *Lexicon Calvini*, est sive capitale, hoc est prima pecunia quæ confertur in societatem et inde lucrum fiat. » Le texte de la loi ne permet pas l'extension que la Cour de cassation voudrait lui donner ; « l'amende ne pourra excéder la moitié des capitaux prêtés. » Or, condamner le prêteur à restituer la moitié de la somme prêtée, quintuplée par les renouvellements, ce serait le condamner à restituer plus du double du capital prêté. Cette décision viole formellement la décision de l'art. 4 de la loi de 1807. L'esprit de la loi est ausi mis de côté, car le législateur ne veut pas ruiner le prêteur, mais le priver uniquement de la moitié de la somme qui a fait l'objet de la stipulation usuraire. Les renouvellements prouvent l'habitude de consentir des conventions prohibées, mais dire qu'ils constituent réellement des prêts nouveaux, c'est imaginer une fiction nulle part écrite, et, en matière pénale, les fictions ne peuvent être inventées, le doute même doit profiter au prévenu (1).

En cas de récidive, c'est-à-dire, lorsqu'après une condamnation encourue, le condamné fait un nouveau prêt usuraire, pourrait-on rattacher à cet acte usuraire d'autres prestations excessives antérieures au dernier jugement, mais qui n'ont pas été comprises dans cette condamnation? A l'origine la Cour de cassation l'avait décidé, mais elle revint promptement sur sa jurisprudence et reconnut que le jugement embrassait toute l'habitude d'usure antérieure, et qu'on ne pouvait appuyer la nouvelle condamnation que sur des faits usuraires postérieurs (2).

Mais la loi de 1850 édicta des peines plus sévères. Elle ajouta à l'amende de la loi de 1807 un emprisonnement de six jours à six mois. En cas de nouveau délit d'usure pris isolément, le coupable doit être condamné au maximum de la peine, et cette peine élevée jusqu'au double, sans préjudice du droit pour les tribunaux de placer le délinquant sous la surveillance de la haute police, ainsi que le porte les art. 57 et et 58 du Code pénal. Ainsi, un fait isolé d'usure, pouvait placer le prêteur récidiviste sous le coup de la loi, tandis qu'auparavant l'habitude d'usure devait précéder chaque poursuite. Mais le législateur voulant se défendre d'une rigueur outrée, ainsi que le dit M. Pailhet dans son rapport, restreignit cette disposition, qui punissait un fait isolé d'usure, au fait qui se serait accompli dans les

---

(1) La jurisprudence est contraire à mon opinion : Crim., Rej , 31 mars 1837, 23 mars 1838 ; Agen, 19 juillet 1854 ; Dijon, 17 février 1855 ; Montpellier, 13 août 1853 ; Cass., 26 mai 1855.

(2) Crim., Req., 25 août 1836. — Contr., crim., Rej., 5 août 1826.

cinq années qui suivent la dernière condamnation. De plus, tout en aggravant la répression, on sentit cependant que la loi pouvait être quelquefois d'une sévérité exagérée, et dans l'art. 6 de la loi de 1850, on spécifia que dans tous les cas les tribunaux pourraient faire bénéficier le prévenu des circonstances atténuantes inscrites dans l'art. 463 du Code pénal.

Nous serions porté, malgré l'opinion qui a prévalu dans plusieurs Cours impériales, d'absoudre le prêteur qui a transgressé la loi en suivant un usage établi, qui n'avait jamais donné lieu à des poursuites antérieures, quoique illégal. Il ne s'agit pas ici d'une simple contravention, mais d'un délit que l'intention et la mauvaise foi constituent. Sans doute les réclamations civiles sont toujours entières, mais une poursuite en police correctionnelle ne saurait avoir lieu, car le prêteur ayant eu de justes motifs d'ignorer la loi, ne l'a pas enfreinte dans une intention malveillante (1).

La convention usuraire peut avoir été obtenue à l'aide d'escroquerie, un nouveau délit se joint au premier. Dans ce cas une seule peine, la plus forte, devrait être prononcée conformément à l'art. 365 du Code d'instruction criminelle, mais l'art. 3 de la loi de 1807 et l'art. 4 de la loi de 1850 y ont dérogé. Le cumul a lieu.

Lorsque au lieu de l'escroquerie, c'est l'abus de confiance qui a facilité la consommation de l'usure, l'article 365 d'instruction criminelle cesse-t-il encore d'être applicable? Je le pense; le législateur a voulu punir d'une peine distincte un délit nouveau, que ce soit l'es-

(1) Voyez contre mon opinion. Bordeaux, 8 août 1850. — Bourges, 3 mars 1854. — Agen, 12 mai 1853; 19 juillet 1854. — La bonne foi et l'ignorance sont des circonstances atténuantes : Agen, 19 juillet 1854.

croquerie ou l'abus de confiance, peu importe. Les raisons de décider dans un cas doivent également faire décider dans l'autre, l'exception établie dans les lois de 1807 et de 1850 doit s'étendre à tous les délits consistant dans des fraudes pratiquées envers les emprunteurs. La loi de 1850, en se servant du mot escroquerie, a employé le terme générique, elle l'a copié dans la loi de 1807 qui avait été votée sous l'empire du Code pénal du 22 juillet 1791 (le Code pénal actuel est de 1810), dont l'art. 35 comprenait, dans l'expression générique d'escroquerie, tous les délits dont la fraude était la base et l'origine (1).

L'usure est un délit, or celui qui a été victime d'un délit peut porter sa réclamation soit devant les tribunaux civils, soit devant les tribunaux correctionnels (art. 1 et 3 Instruction criminelle). Mais n'oublions pas que l'usure n'est un délit qu'autant que l'habitude est établie. Aussi deux hypothèses peuvent se présenter. Ou l'habitude d'usure résulte des prêts consentis à des personnes différentes; ou elle est établie d'après des prêts faits à la même personne.

Dans le premier cas l'emprunteur lésé ne pourrait pas agir directement devant les tribunaux correctionnels : l'habitude d'usure est un fait complexe, celui dont se plaint l'emprunteur est un fait isolé, et la preuve qu'il en ferait serait insuffisante pour établir le délit. Mais le ministère public prenant l'initiative et réunissant dans la prévention les prêts usuraires stipulés de divers emprunteurs, l'un de ces emprunteurs pourrait-il intervenir dans l'instance ouverte sur les réquisitions de la

(1) Cass., 4 févr. 1860, conf. un arrêt de Bordeaux du 16 nov. 1859. Sir., 61, 1, 395. — Cass., 10 mai 1851.

partie publique? La Cour de cassation le nie. Elle s'appuie sur ce que l'art. 3 de la loi du 3 septembre 1807 a fixé les limites de la répression et n'a ouvert la juridiction correctionnelle que contre celui qui se livre habituellement à l'usure : l'emprunteur ne se plaint que d'un fait particulier ; or, ce fait particulier n'étant que l'un des éléments de l'habitude d'usure n'a pas donné naissance à un délit, donc l'action civile en réparation de ce dommage ne peut pas être portée devant les tribunaux correctionnels, mais devant les tribunaux civils. Les cours impériales refusent de reconnaître cette jurisprudence, elles pensent, avec raison, que les art. 1 et 3 du Code d'instruction criminelle doivent recevoir leur entière application. La difficulté git dans cette seule question : celui qui a été victime d'un fait isolé d'usure peut-il être réputé victime d'un délit? Un individu condamné pour habitude d'usure est condamné pour chacun des faits usuraires. «Dès lors, disait M. le procureur général Dupin, comment concevoir qu'un fait qui a donné lieu à une condamnation correctionnelle, soit un délit par sa réunion avec d'autres faits, et qu'il cesse de l'être quand il s'agit de prononcer la réparation civile. » L'excitation à la débauche présente des caractères analogues. C'est aussi un délit complexe, et cependant on ne peut se dispenser de reconnaître à un père dont la fille a été détournée de l'honneur, d'intervenir dans l'instance et de présenter sa réclamation, quoique les dommages-intérêts qu'il revendique, s'appuient sur un fait isolé, qui à lui seul ne saurait constituer un délit (1).

(1) Cass,, 8 mars 1838 ; 4 nov. 1839. Contr. aux conclusions du procureur général Dupin. — Cass., 5 nov. 1840 ; 21 juill. 1841.

M. Pailhet, dans son rapport sur la loi de 1850, s'est prononcé pour le système des Cours impériales. Il reconnait que le débiteur ne peut pas citer directement le prêteur devant le tribunal correctionnel, car ce droit pourrait devenir, pour le débiteur de mauvaise foi, une arme dont il lui serait trop facile d'abuser. « Le créancier dont le titre serait le plus irréprochable, pourrait au moment où il poursuivrait l'exécution par les voies légales, se voir tout à coup appelé en police correctionnelle. Assurément une telle perspective serait de nature à empêcher beaucoup de placements et à entraver la circulation des capitaux. » Mais ces motifs n'existent plus quand une instance est déjà engagée sur la poursuite du ministère public, le fait dont se plaint le débiteur est un délit et il peut se porter partie civile.

Lorsque, et c'est le second cas, l'habitude d'usure est fondée sur des prêts faits au même individu, cet emprunteur peut, du moins dans l'opinion que nous adoptons, citer directement le prêteur devant le tribunal correctionnel.

Et quant au délit d'usure se joint le délit d'escroquerie, le jugement doit fixer le chiffre auquel s'élèvent les prêts usuraires; il n'est pas nécessaire qu'il énonce chacune des sommes prêtées, il suffit qu'il déclare que la plupart des prêts ont eu lieu à un taux excédant le taux légal.

Remarquons enfin que si les prêts usuraires ont eu lieu dans deux arrondissements, le prêteur peut être poursuivi devant le tribunal correctionnel de l'un d'eux, quoique ce tribunal ne soit pas celui du domicile du prévenu. Mais il est nécessaire que plusieurs faits successifs d'usure aient eu lieu dans l'arrondissement devant le tribunal duquel la poursuite est dirigée.

Prescription. La loi de 1807 n'a pas établi un délai spécial, nous devrons donc suivre les règles générales. Le délit d'usure se prescrira par trois ans ; les trois ans se comptent depuis le jour du dernier payement usuraire. Il est vrai que ce que la loi défend c'est de prêter à usure, et que le prêt excessif suffit pour donner lieu à l'action civile et correctionnelle ; mais le payement prolonge et renouvelle la convention, ils se tiennent étroitement ; le payement est le complément et l'exécution du prêt. Dès lors qu'un payement usuraire est reconnu, on peut remonter dans le passé, même au delà de trois ans, pour rechercher d'autres contrats usuraires et établir l'habitude. Le nouveau prêt interrompt la prescription des anciens prêts, il les ranime : sans cela il serait impossible de réunir les conditions nécessaires à constituer l'habitude et de rassembler épars dans le passé les éléments nécessaires à la constitution du délit (1). Par conséquent, peu importe que la convention qui a été l'origine des perceptions usuraires remonte à plus de trois ans, c'est le dernier payement qui fixe le point de départ de la prescription.

L'escroquerie jointe à l'usure est un délit nouveau, mais non un délit distinct, on le considère plutôt comme une circonstance aggravante du délit d'usure. Aussi les faits d'escroquerie ne sont pas susceptibles d'une prescription distincte, ils peuvent être réprimés, bien qu'ils remontent à plus de trois ans, s'ils se rapportent à une convention prohibée, qui, ranimée par un payement usuraire effectué depuis moins de trois ans, est un des éléments constitutifs de l'habitude d'usure (2).

(1) Req., 15 juin 1821, 24 déc. 1825, 4 août 1820 ; Cass., 29 mai 1824, rej., 23 juill. 1825, rej., 25 fév. 1826 ; Cass., 21 oct. 1841, Agen, 19 juill. 1854 ; Cass., 17 mai 1851 ; Cass., 30 déc. 1853.

(2) Rej., 22 août 1844. — Agen, 19 juill. 1854. — Cass., 5 août 1826.

CHAPITRE XV.

Nous avons suivi à travers les âges les transformations du contrat de prêt à intérêt, nous l'avons vu prohibé universellement par les docteurs et les rois, puis se risquant timidement à l'aide des casuistes, et enfin se développant franchement, librement, avec les écono·mistes.

Presque toutes les nations civilisées, envahies pendant longtemps par les doctrines canoniques, ont secoué peu à peu cette tyrannie. Mais toutes se sont-elles également affranchies de ces étreintes, toutes ont-elles donné aux transactions commerciales un essor naturel et libre, ou ont-elles encore posé au commerce de l'argent des restrictions légales?

L'*Angleterre*, pays où la liberté commerciale a pris en quelque sorte naissance, a, dès 1837, répudié les lois restrictives : l'intérêt de l'argent peut être stipulé tel que les parties le désirent. Le commerce acquit aussitôt un nouveau développement, les opérations de la banque devinrent plus florissantes, et le 13 mai 1841, la cour des directeurs de la banque d'Angleterre reconnaissait l'effet avantageux de cette législation en déclarant que l'abrogation des lois restrictives avait sauvé l'Angleterre en 1839 d'une des crises commerciales les plus graves qu'elle ait eues à traverser.

Une exception, ayant trait au prêt hypothécaire, avait été réservée. Mais de toutes parts les économistes

élevaient la voix pour renverser cette dernière barrière.
« Le parlement, disait John Stuart, a usé de l'un de ces
procédés qui contribuent à faire de la législation anglaise un amas d'incohérence, il s'est conduit comme
un homme qui, gêné par son soulier, fait un trou à
l'endroit où son soulier l'incommode le plus, et continue
à le porter (1). » La loi du 10 août 1854 abolit ces restrictions, et comme jamais les Anglais n'ont distingué
entre les matières civiles et commerciales, la liberté est
absolue. L'intérêt légal reste fixé à 5 pour 100.

Le résultat de cette loi a été de faire baisser le taux
de l'argent dans toutes les transactions ; l'État lui-même
n'emprunte qu'à un taux très-inférieur ; les consolidés
donnent 3 p. 100 et les bons de l'Échiquier 2 p. 100.

L'*Espagne* a aussi aboli toute loi restrictive. Mais la
loi du 14 avril 1856 a exigé que la convention sur les
intérêts fût fixée par écrit, et laissa au gouvernement le
soin de décider chaque année le taux légal. On lit aussi
dans l'art. 6 que la quittance de remboursement du capital dans laquelle le créancier n'a pas réservé son droit
aux intérêts stipulés éteint l'obligation du débiteur en ce
qui concerne lesdits intérêts, cette disposition calquée
sur l'art. 1908 du Code Napoléon est une présomption
légale qui opère libération. Cette loi fut votée à l'unanimité, les Cortès préfèrent beaucoup l'abolition com-

(1) Années 17 et 18 de la reine Victoria, ch. xc.
« Experience having obtruted these evil on the notice of Parliament,
the sort of compromise took place, of which English legislation affords
so many instances : and which helps to make our laws and policy the
mass of inconsisting that they are. The law was reformed as a person
reforms a tight shoe, who cuts a hole in it where it pinches hardest,
and continues to war it. — Principes of Political Economy by John
Stuart Mill. — Vol. II, p. 518, book 5, ch. x, 2. — 1857, fourth edition.

plète de l'ancienne législation au scandale des lois violées de toutes manières , sans que les infracteurs fussent mis par leurs débiteurs sous la main de la justice (1).

En *Italie*, la loi du 5 juin 1857 proclame la liberté : l'intérêt légal est fixé à 5 pour 100, en matière civile, et à 6 p. 100 en matière commerciale. L'usure n'existe plus dans le Code pénal ; les conventions sont les lois des parties. Mais la cupidité du prêteur, le besoin de l'emprunteur peuvent quelquefois entraîner ce dernier à l'acceptation de conditions onéreuses ; aussi le débiteur pourra toujours après cinq ans, à dater du contrat, rembourser, nonobstant convention contraire, les sommes portant un intérêt excédant le taux légal. Cependant, comme ce remboursement pourrait causer un préjudice au créancier, en versant entre ses mains une somme à une époque où il pourrait ne pas en trouver l'emploi, la loi exige que le débiteur lui en donne avis par écrit six mois d'avance, et cet avis emporte de plein droit renonciation au plus long délai qui aurait pu être convenu. Au terme fixé, le débiteur doit rembourser.

Le 22 décembre 1857, les États généraux des *Pays-Bas* abrogent la loi de 1807.

La législation *Portugaise* n'a considéré le taux de l'intérêt qu'au point de vue commercial : la liberté règne, mais le taux doit être fixé par écrit ; à défaut de convention écrite, l'intérêt est ramené au taux légal (Code de comm. de 1833, n°⁵ 279, 280, 81, 3).

Les principaux *États allemands* ont suivi l'impulsion

(1) M Colmeiro. *Hist. de l'économie politique en Espagne* , t. II , p. 513, en espagnol.

qui, depuis trente ans, entraîne toutes les nations dans la voie de la liberté. Le 6 janvier 1858, Brême abolit toute limitation, avec cette seule exception, consignée ainsi dans l'art. 3 de la loi : « En cas de distribution, les intérêts dépassant le taux légal ne seront acquittés qu'après que les créanciers de la masse auront été désintéressés, tant du capital que des intérêts au taux légal, qui peuvent leur être dus. »

Saxe-Weimar-Eisenach, a suivi le même exemple. Mais, tout en laissant les conventions libres, elle reconnaît que l'usurier doit être flétri. « Celui, est-il dit dans la loi, qui exploite un état notoire de détresse ou de légèreté d'esprit chez l'emprunteur pour se faire consentir, par suite d'un prêt ou de toute autre convention, un intérêt supérieur au taux légal, ou d'autres avantages qui dépassent cette mesure, doit être puni d'une amende qui ne saurait être inférieure au double, ni supérieure au décuple de l'avantage stipulé. Si le débiteur a été trompé, de manière à ne pas connaître le montant véritable de l'intérêt exigé ou les autres conditions qui voilent la portée réelle du contrat, les peines ordinaires en matière de fraudes devront toujours être appliquées. »

Le Wurtemberg (1er mars 1839); le duché de Brunswick (18 juillet 1840), la principauté de Lippe-Detmold (18 juillet 1843), le Hanovre (8 août 1840), la Saxe-Altenbourg (9 mai 1841), la Hesse (17 septembre 1841), la principauté de Schwarzbourg - Sondershausen (15 mars 1850), la principauté de Schwarzbourg-Rudolstat (26 avril 1850), le duché d'Anhalt-Dessau (28 mai 1850), le duché de Saxe-Meiningen (25 juin 1850), le duché de Saxe-Cobourg-Gotha (29 novembre 1850), la

principauté de Reuss (14 avril 1852), le duché d'An-
halt-Bernbourg (22 janvier 1852), la principauté de
Waldeck (15 mai 1855), ont adopté, du moins en principe, le régime de la liberté. Mais ils punissent l'usure
qui consiste à abuser de la détresse ou de la légèreté
d'esprit de l'emprunteur : *usuraria pravitas*. Dans le duché de Nassau, le Wurtemberg et le Hanovre, la faculté de pouvoir consentir au taux supérieur au taux
légal est subordonnée à l'acte commercial de la lettre de
change; mais comme tout le monde peut souscrire une
lettre de change, le bénéfice de la loi est universel.

La *Prusse* hésita longtemps. Le Code civil de 1794
fixait comme limite 5 pour 100, en matière civile,
6 pour 100 en matière commerciale. Les intérêts excédant ce taux étaient réductibles, le prêteur pouvait être
puni comme usurier et comme tel encourir une amende
de 50 à 1000 thalers, un emprisonnement de trois mois
à un an et l'interdiction temporaire des droits civiques.
En 1857, le gouvernement déclara entièrement libre le
prêt à intérêt pendant trois mois à titre d'essai, et en
1860, il proposa de convertir ce projet en disposition dé-
finitive. Le projet de loi rencontra dans la chambre des
seigneurs de vives oppositions. M. de Rittberg le fit rejeter en montrant que la Prusse n'est pas une nation
commerçante et qu'elle ne peut suivre la trace de l'Angleterre, des Pays-Bas et même du petit État libre de
Brême. Mais l'esprit allemand protestait. Aussi, au
mois de mai 1866, au début de la guerre qui devait
transformer la Prusse et rétablir l'empire d'Allemagne,
le roi Guillaume proclama la liberté de l'intérêt. Le prêt
hypothécaire seul est encore soumis aux anciennes
restrictions. Le débiteur pout rembourser après un dé-

lai de six mois toute somme empruntée à un taux excédant 6 pour 100 (1). En même temps, par son ordonnance du 18 mai 1866, le roi établissait, près des
banques de Prusse, des caisses de prêt pour favoriser le
commerce et le crédit. Ces caisses ne prêtent que pour
une somme de 50 thalers, garantis par hypothèque,
nantissement, marchandises ou effets publics que l'administration a le droit de vendre, si le débiteur ne paye
pas à l'échéance. Les prêts de ces caisses ne peuvent être
faits que pour six mois; ordinairement ils le sont pour trois.
La caisse des prêts donne de l'argent ou du papier-monnaie, émisspécialement sons nom de *bons de caisse*, lequel
doit être accepté par toutes les caisses publiques. (2)

En *Saxe*, l'intérêt civil est toujours de 5 pour 100, tel
qu'il a été fixé par une loi de 1530. L'intérêt commercial est depuis 1704 de 6 pour 100. L'intérêt de l'intérêt
est interdit. La question de la liberté était l'objet de
vives discussions ; les chambres avaient refusé de l'admettre lors de la discussion du nouveau Code civil, mais
le Roi et M. de Beust penchaient pour la suppression
du taux de l'intérêt. Il est impossible qu'aujourd'hui,
englobée dans la Confédération unitaire allemande,
la Saxe ne mette pas sa législation en rapport avec celle
généralement adoptée.

Près de nous, en *Belgique*, la loi du 8 mars 1865 a
déclaré que le taux de l'intérêt conventionnel serait déterminé par les parties contactantes : l'intérêt légal est
fixé à 5 pour 100 en matière civile et 6 pour 100 en matière commerciale. En révisant l'art. 367 du Code pénal

(1) *Moniteur* du 16 mai 1866.

(2) Le 10 mai 1867, la chambre des seigneurs a nommé une commission de quinze membres chargée d'étudier le projet de loi qui doit définitivement proclamer la liberté du taux de l'intérêt, même pour les
prêts hypothécaires (Moniteur du 13 mai 1867).

les représentants avaient en 1860 édicté un emprisonnement de un mois à un an et une amende de 1,000 fr.
à 10,000 francs contre celui qui, prêtant à un taux
excédant le taux légal, abuserait des faiblesses ou des
passions de l'emprunteur. Ici il y a un fait blâmable :
celui qui le commet est réellement l'usurier, tirant de
son argent un profit illicite, l'opinion publique le flétrit et la législation doit le punir. On remarquera dans
la loi belge le paragraphe 3 ainsi conçu : « Le bénéfice
résultant pour la banque nationale de la différence entre
l'intérêt légal et le taux d'intérêt perçu par cette institution est attribué au trésor public. » « La banque nationale, disait le ministre des finances, M. Frère-Orban,
est une institution privilégiée, elle jouit à peu près seule
de la faculté d'émettre des billets au porteur, et seule
elle a l'avantage de voir ses billets reçus dans les caisses
publiques à l'égal des espèces métalliques. Il paraît
donc équitable, à tous les points de vue, de décider que,
si le taux de l'escompte doit être élevé au-dessus de
6 pour 100, le bénéfice qui résultera de cette suréléva-
tion sera acquis au Trésor public, et tournera ainsi au
profit de la généralité des citoyens. »

En *Danemark*, le roi Frédéric VII a, le 6 avril 1855.
promulgué la décision de la Diète décidant que l'intérêt
doit être libre, sauf dans les prêts sur les immeubles.
Et même, dans le cas de prêt hypothécaire, le ministre
peut donner l'autorisation de prêter au-dessus du taux
légal fixé à 4 p. 100. Le ministre n'accorde pas cette
permission sans prélever un droit d'un $\frac{1}{2}$ pour 100
sur le montant de l'emprunt; mais en aucun cas ce droit
on peut être inférieur à 2 rigsdalers ni supérieur à 16
rigsdalers (le rigsdaler vaut 2 fr. 80 c.). En cas de retard

de la part du débiteur, le créancier a la faculté d'exiger
1 pour 100 en sus de l'intérêt convenu, et cette élévation a lieu même quand il s'agit de prêts sur immeubles,
pourvu que, dans ce cas, ceux qui ont des hypothèques
d'un rang inférieur n'aient pas à souffrir de l'élévation
du taux de l'intérêt. Enfin la pénalité est sévèrement
édictée. Si le montant du taux peut être exactement déterminé, les contrevenants sont punis d'une amende
variant depuis 4 jusqu'à 20 fois le double du profit
illicite : si ce profit ne peut pas être déterminé, les tribunaux fixent l'amende en se guidant d'après les circonstances de la cause.

La *Suède* a conservé en partie les anciennes restrictions, elle n'y a fait exception, par la loi du 13 septembre 1864, que pour le prêt à courte échéance de moins
de six mois, lorsque l'argent est avancé contre obligations qui ne sont pas garanties par hypothèque ou gages
à titre hypothécaire. L'ordre des Bourgeois avait, le
13 mai 1858, présenté au roi une adresse pour lui proposer de demander aux États la liberté de l'intérêt ;
mais la Diète, en 1859, rejeta cette proposition, pensant
qu'une innovation si considérable devait être introduite
peu à peu, avec précaution, et que le mode actuellement
proposé n'était pas acceptable.

Pour les cantons *Suisses*, il est difficile de suivre la
législation ; elle varie suivant les cantons. A *Genève*, la
loi de février 1857, dans le but de reporter le courant
des transactions monétaires sur le prêt civil, a proclamé
la liberté de l'intérêt. Mais les capitaux se tournent
toujours vers l'industrie et depuis 1857 les prêts hypothécaires ont été consentis au taux de 5 pour 100, quelques-uns seulement au taux de 6 pour 100, qui n'a pas
été dépassé.

En *Autriche* et en *Russie* le taux de l'intérêt est encore limité. Dans le premier de ces empires, les lois sur l'usure avaient été abolies en 1787 sous Joseph II, mais elles furent rétablies en 1803. L'intérêt légal est de 5 pour 100 en matière civile et de 6 pour 100 en matière commerciale; et, par une bizarrerie inexplicable, en l'absence de conventions spéciales des parties, le taux est fixé à 4 pour 100 en matière civile et 5 pour 100 en matière commerciale.

Dans les *Etats-Pontificaux*, le prêt à intérêt est toujours primordialement prohibé : les doctrines canoniques y règnent, mais n'y fleurissent plus. Depuis longtemps les théories des casuistes les ont rendues des lettres mortes, et les *Requisiti castrensi*, du nom du célèbre Paul de Castro, permettent de stipuler des intérêts quand il y a *lucrum cessans* ou *damnum emergens* : c'est-à-dire toujours et dans tous les cas. Et comme le dommage causé varie à l'infini, le taux lui-même peut être différent suivant les circonstances : les tribunaux d'ailleurs ne sont pas rigoureux.

Si nous tournons nos yeux vers l'*Amérique*, nous voyons la liberté de l'intérêt répandue presque universellement sur le Nouveau Monde.

Aux États-Unis la législation est variable, chaque État suit sa loi spéciale : il n'existe pas de loi fédérale sur cette matière. Les tribunaux sont souverains appréciateurs et en général ils ne prononcent de peine que quand l'usure est énorme.

Au Mexique, le maximum est 6 pour 100 tant en matière civile que commerciale, mais la loi n'est observée que pour les prêts hypothécaires. Dans les autres l'intérêt varie de 12 à 36 pour 100.

Dans l'empire de Brésil, au Chili, dans la République de l'Équateur, dans la république de la Nouvelle Grenade, au Pérou, dans l'Uruguay, les parties peuvent librement fixer le taux de l'intérêt. Le Congrès de l'Équateur a fait précéder la loi du 7 octobre 1833 de considérants qui fixent l'esprit réel de toute cette législation, et résument l'ensemble de la science économique :

« Le Congrès constitutionnel de l'Équateur,

« Considérant :

« 1° Que les lois qui fixent des limites à l'intérêt, loin d'être utiles au commerce, lui sont préjudiciables en mettant des entraves à la libre circulation de l'argent ;

« 2° Que l'intérêt baisse ordinairement en proportion de la faculté assurée à cette circulation et qu'il est hors de doute que les capitalistes seront d'autant plus disposés à prêter leur argent qu'ils auront moins à craindre les lois restrictives ; décrète, etc. »

La loi du 24 octore 1832, qui a établi la liberté au Brésil, exige une convention écrite, authentique ou sous seing privé. En aucun cas la preuve testimoniale ne sera suffisante. Les intérêts non fixés par la convention et dus par suite de condamnations judiciaires le sont à 6 pour 100 par an.

Dans la République Argentine et au Guatémala, l'intérêt ne peut dépasser le taux légal ; mais l'usage a prévalu, et au Guatémala notamment il est impossible de trouver de l'argent à emprunter au-dessous de 12 pour 100. Il en est de même à Vénézuela ; le taux d'usage varie de 12 à 18 pour 100 sans être jamais regardé comme usuraire.

En résumé, presque tous les États civilisés ont re-
jeté les lois qui limitaient l'intérêt de l'argent; le capital est regardé comme une propriété dont chacun peut
disposer, et dont l'aliénation est librement déterminée
par la convention. Les pays qui ont encore conservé les
doctrines restrictives les abandonneront successivement,
et les sages principes de l'économie politique planeront
sur le monde.

CHAPITRE XVI.

CRITIQUE DE LA LOI DE 1807.

1° *De la liberté du taux de l'intérêt.*

En 1769, Turgot terminait ainsi son mémoire sur les prêts d'argent : «J'ose dire que la liberté entière du prêt à intérêt doit être le but plus ou moins éloigné du gouvernement ; qu'il faut s'occuper de préparer cette révolution en changeant peu à peu les idées du public. Il faut, ajoutait-il, sans heurter de front le préjugé, cesser de le soutenir et surtout en éluder l'effet, et garantir le commerce de ses fâcheuses influences. »

Depuis Turgot, les principes économiques ont fait leur chemin dans le monde et acquis un brillant développement. A plusieurs reprises, les représentants ont élevé la voix au sein de nos assemblées délibérantes ; leur proposition rencontrait sans doute une encourageante sympathie, mais le préjugé tenait encore la majorité liée aux idées restrictives.

Et cependant tous sentaient que la liberté de l'intérêt, devant favoriser la circulation de l'argent, donnerait au commerce un nouvel essor. Aussi, en 1835, une ordonnance royale décréta que les colons algériens pourraient fixer d'après les conventions le prix de l'argent. En 1848 cette ordonnance fut rapportée, et le taux maximum fixé à 10 p. 100 ; mais le crédit subit une pénible atteinte, et le gouvernement fut obligé d'abroger son arrêté. En 1857, une loi a autorisé la Banque de France à élever indéfiniment le taux de son escompte. Pourquoi ne pas accorder à tous les citoyens le droit concédé à l'Algérie et à la Banque ? Si l'on a permis de prêter librement en Algérie, c'est qu'on a pensé que les progrès de la colonisation se ressentiraient de la faveur du crédit. Si l'on a accordé à la Banque la faculté d'élever son escompte, c'est qu'on a à juste raison considéré que l'argent n'a pas toujours la même valeur, qu'à une époque il est rare et doit se payer plus cher : qu'à une autre époque, il est abondant et se paye moins. Mais pourquoi ces exceptions? La Banque n'est-elle pas déjà assez privilégiée par l'octroi du monopole dont elle jouit? Rien ne justifie ces priviléges ; les principes économiques s'y refusent.

L'argent est une marchandise ; personne n'oserait plus soutenir aujourd'hui que la monnaie n'est qu'un signe, un simple intermédiaire. Car ce n'est pas le signe que l'on achète, mais la valeur ; le signe n'intervient que pour certifier la valeur. L'argent est stérile, il est vrai, mais l'activité humaine lui donne la puissance que la nature lui refuse, et cette puissance est variable : son degré diminue ou augmente avec la force de l'intelligence qui en dirige l'emploi.

Il est en effet certain que, si je place une somme de mille francs dans ma caisse, je n'y retrouverai pas une somme supérieure. Mais si, à l'aide de cet argent, j'achète une certaine quantité de blé, que j'ensemence ma terre, les mille francs auront produit une valeur supérieure. C'est le résultat du travail de l'homme appliqué à la matière.

J'ai changé ma somme d'argent contre du blé, je l'ai remplacée par un équivalent. Or comment cette convention aurait-elle pu avoir lieu si l'argent n'était pas une marchandise? Car tout ce qui peut être vendu ou acheté est une marchandise, et refuser ce caractère à l'argent, ce serait modifier sa nature essentielle et le placer en dehors du commerce. On peut même dire qu'une pareille décision froisserait le sens commun ; car, de toutes les choses qui sont dans le commerce, l'or et l'argent sont les plus précieuses, celles dont la possession constitue la richesse et permet facilement de se procurer toutes les autres.

L'opération que j'ai faite est donc l'échange d'une marchandise contre une autre marchandise. Théoriquement aucune distinction n'existe entre la vente et l'échange. A l'origine des sociétés, les habitants se donnaient mutuellement les choses qu'ils possédaient : la vente était inconnue. Plus tard la monnaie fut inventée, on n'échangea plus directement l'objet que l'on désisait contre le sien, la monnaie fut l'intermédiaire : il y eut alors deux échanges successifs. On donna le nom de vente à tout échange où l'une des parties produisait la monnaie, mais les règles furent les mêmes.

On remarquera peut-être que la rescision de plus des sept douzièmes qui vicie la vente d'immeubles est indifférente dans l'échange d'immeubles. Mais cette différence tient en principe à la difficulté qui se rencontre dans l'appréciation de la valeur proportionnelle des deux immeubles : le terme de comparaison manque. Dans la vente au contraire, c'est différent, l'argent a une valeur fixe, on peut facilement comparer l'immeuble vendu et voir si réellement l'une des parties est lésée par la convention.

Ces considérations montrent sans équivoque que

l'argent servant à payer, à acheter, doit valoir la chose
qu'il remplace; qu'il n'est pas uniquement un signe,
mais une chose qni se vend, s'achète. s'échange, se
prête, en un mot une véritable marchandise.

La conséquence rigoureuse de ces principes est que
je suis propriétaire de mon argent, que je ne dois en
en être privé que de mon consentement et que je peux
mettre à mon consentement le prix que je veux. Si je le
prête, j'en abandonne la jouissance, et je m'expose à le
perdre. La jouissance que je concède s'étend au moins
à une année. donc je me dépouille d'un capital actuel
pour obtenir un capital futur. La valeur de mon capital
actuel ne saurait être comparée à celle de mon capital
futur. En effet, l'argent prêté est soumis à des risques :
l'emprunteur sera-t-il solvable? me restituera-t-il intégralement la somme prêtée? Ensuite, je me prive de
la jouissance de mon argent, et j'abandonne cette
jouissance à un tiers. Toutes ces considérations augmentent nécessairement l'évaluation de ce capital qui
devra m'être restitué, et le laps de temps qui doit s'é-
couler accroissant les risques et la jouissance, l'évaluation du capital futur devra aussi être augmentée. Ainsi,
100 francs actuellement valent plus que 100 francs li-
vrables dans un an. Pour qu'il y ait équilibre, il faut
nécessairement que j'augmente ces 100 francs d'un
chiffre. Or, ce chiffre représentant la différence entre le
capital actuel et le capital futur, c'est l'intérêt.

« Si les capitaux actuels sont perpétuels, dit Cernuschi,
les capitaux futurs le sont aussi, avec cette différence
évidente que la perpétuité des capitaux actuels commence aujourd'hui et que la perpétuité des capitaux fu-

turs commencera plus tard. Comparativement aux capitaux actuels, les capitaux futurs ont donc une perpétuité moins longue. Perpétuité moins longue veut dire utilité moindre : et comme c'est l'utilité qui fait la valeur, comme c'est le plus ou moins d'utilité qui fait le plus ou moins de valeur, il s'ensuit que les capitaux futurs valent actuellement moins que les capitaux présents.

« Pour établir la parité de valeur entre le capital futur et le capital présent, il faut que le capital futur soit plus grand que le capital présent. De cette façon l'infériorité de durée est corrigée par la supériorité de quantité. Tout ce qu'il faut en plus au capital futur pour valoir présentement autant que le capital actuel, c'est l'intérêt. L'intérêt est donc une valeur différentielle entre la valeur présente et la valeur future, c'est la valeur de ce qui est entre-deux, de l'intervalle, *inter-est* (1).

On peut donc dire, d'après cette théorie, que placer son argent à intérêt, c'est échanger un capital présent contre un capital futur.

L'intérêt se compose de deux éléments essentiels : le prix du loyer et le prix des risques. Ces deux éléments sont variables. Le prix du loyer varie avec le prix de l'argent lui-même : le prix des risques varie avec les garanties de solvabilité que présente l'emprunteur.

Les événements modifient la valeur de l'argent comme celle de toutes les marchandises ; les crises publiques influent sur le taux de la rente, et cette fluctuation se fait sentir sur les autres valeurs. Si les capitaux sont abondants sur le marché, l'argent sera à bas prix ; s'ils sont rares, le taux sera plus élevé. Et encore cette

(1) Cernuschi, *Mécanique de l'échange*. p. 57 et 58.

théorie n'est pas absolument vraie. Pour énoncer une proposition certaine, incontestable, il faut non-seulement tenir compte de l'abondance et de la rareté du numéraire, mais encore de l'étendue des besoins actuels. En effet l'argent, comme toute marchandise, obéit à deux lois : celle de l'offre et celle de la demande. Supposons qu'il y ait un marché abondant, les offres sont par conséquent nombreuses ; mais, si les besoins de l'industrie sont aussi multipliés, les demandes seront fréquentes et le prix de l'argent élevé. Si au contraire les demandes sont rares, les offres restant nombreuses, l'argent étant en abondance mis à la disposition des besoins individuels, le prix de l'argent sera peu élevé.

On peut donc énoncer qu'il y a dans la baisse de l'argent deux causes : abondance du capital, rareté des besoins ; et dans la hausse deux causes identiquement contraires : rareté du capital, abondance des besoins.

Lors de la découverte de l'Amérique, après celle des mines d'or de la Californie et de l'Australie, l'abondance du numéraire sur les marchés Européens en diminua le prix ; mais, les demandes se multipliant, la baisse ne dura pas.

Si la valeur de l'argent diminue, l'intérêt doit baisser ; si la valeur de l'argent augmente, l'intérêt doit s'élever. Il subit l'influence des faits qui opèrent sur le prix du capital. Ainsi, à l'époque où Turgot écrivait, l'argent était rare sur la place d'Angoulême, son prix élevé, et les placements se faisaient au taux de 7 ou 8 p. 100, quoique le taux ordinaire en France fût à cette époque 5 p. 100.

Si nous comprenons que le prix du loyer soit variable,

nous devrons donner la même décision sur le prix des risques.

Chaque emprunteur ne présente pas les mêmes garanties. Les uns offrent un nantissement mobilier ou immobilier : les autres ne donnent que leur seule signature. Parmi les premiers, comme parmi les seconds, il faut faire des distinctions. Les hypothèques n'ont pas toutes le même rang, et quelquefois celui qui se croyait en rang utile, n'est plus nanti que d'un gage illusoire, par suite du prix donné par la vente du bien, ou par suite de la baisse qu'une crise politique, monétaire ou autre, a opérée sur les immeubles. Quant à ceux qui empruntent sur leur simple signature, les garanties qu'ils présentent sont aussi variées que les individus. L'un emploie l'argent prêté à améliorer ses terres et ne poursuit qu'un bénéfice douteux et éventuel ; l'autre le risque dans une entreprise hasardée, dans une industrie nouvelle, le capital peut s'y engloutir, le remboursement est très-incertain.

Un homme qui avait fait deux fois faillite se présenta chez un capitaliste et lui demanda 200,000 fr. Le capitaliste refusait ; l'emprunteur promit un intérêt de 25 pour 100, et le prêt fut consenti. L'entreprise réussit. A l'aide de ces 200,000 fr., l'emprunteur gagna 2 millions ; il remboursa intégralement la somme avec les intérêts stipulés. Quant au capitaliste, il fit de mauvaises spéculations et mourut dans la misère. L'emprunteur, le considérant comme son bienfaiteur fit une rente viagère à ses enfants, et pourtant au point de vue légal actuel, ce bienfaiteur était un usurier.

A la Halle de Paris, on rencontre des personnes qui prêtent 1 franc, à la condition qu'on leur rapportera

1 franc 05 ; c'est un prêt certainement usuraire au point de vue de la loi ; mais les risques sont énormes et le légitiment. La garantie qu'offrent les emprunteurs est leur marchandise : s'il ne la vendent pas, elle se gâte. et ils sont dans l'impossibilité de la restituer. Une seule perception d'intérêt n'est souvent que la compensation naturelle et même légale des pertes éprouvées.

En 1855, sous l'empire d'un courant d'idées actuellement disparu, on intenta un procès aux prêteurs. On essaya alors de les remplacer ; une société se fonda dans le but de prêter au taux légal, mais elle fut bientôt obligée de liquider avec perte. Aujourd'hui on a installé la criée des fruits : les facteurs qui opèrent la vente font quelque crédit aux marchandes qu'ils connaissent ; mais, au lieu de leur vendre la marchandise 1 franc, qui est sa valeur réelle , ils la vendent 1 franc 05 ou 1 fr. 10, suivant la solvabilité des acquéreurs.

Il est donc incontestablement établi que le taux de l'intérêt varie avec le prix de l'argent d'une part, et avec la garantie de solvabilité d'autre part.

En présence de cette évidente fluctuation, que fait la loi de 1807 ? Elle dit au prêteur : Que l'argent soit cher ou non ; que votre emprunteur vous donne des garanties ou non ; que vous couriez risque de ne rentrer que dans une partie de vos déboursés, ou même de perdre entièrement votre argent, peu importe : vous prêterez toujours à 5 pour 100 en matière civile, et 6 pour 100 en matière commerciale.

Assurément l'intervention de l'État n'est pas la négation du principe économique. L'argent est toujours considéré comme une marchandise, mais le gouvernement en règle le prêt, dans le but de protéger les emprunteurs contre la rapacité des usuriers.

Sans doute l'usure est un délit qui doit être puni, l'usurier un misérable, parce qu'il spécule sur la détresse de celui qui a recours à lui ; mais s'ensuit-il que tous ceux qui prêtent au-dessus du taux légal soient des usuriers ? Est-ce parce que je demande 6 pour 100 de mon argent que je fais une action blâmable, et qu'il sera juste de me livrer au bras séculier ? il y a là une fausse interprétation du droit criminel. L'usurier est celui qui, à l'aide de machinations, de manœuvres, en faisant briller aux yeux de l'emprunteur des espérances chimériques, parvient à lui faire consentir cette convention. Ou bien celui qui, voyant un individu plongé dans une profonde ignorance ou sous l'empire tyrannique de passions désordonnées, profite de cette disposition d'esprit pour retirer de son argent un gain élevé, honteux, illégitime. Entre l'usurier et l'escroc la nuance est faible. Pour celui-là, je vous l'abondonne, et je désirerais même qu'une rigoureuse pénalité fût inscrite dans la loi et qu'il devînt l'objet d'une universelle exsécration.

Mais, traduire devant les tribunaux, un homme, un capitaliste qui a consenti un prêt civil au taux de 6 pour 100, lorsque les deux parties ont agi librement, sans être dans les circonstances exceptionnelles que nous relations tout à l'heure, c'est injuste et immoral :

C'est injuste, car vous brisez un contrat librement et valablement formé.

C'est immoral, car vous invitez l'emprunteur à violer ses engagements et à venir dénoncer publiquement et livrer à la rigueur des lois celui dont il a librement réclamé l'assistance. Vous développez dans le peuple l'ingratitude et le mépris. Quand on veut emprunter, on regarde son prêteur comme un bienfaiteur ; mais, quand il faut payer, la disposition du cœur se modifie, on maudit son créancier.

Et cette réglementation inflexible est irrationnelle, car nous avons démontré que la valeur de l'argent est mobile, et que la condition de l'emprunteur influe également sur le taux du prêt.

D'ailleurs, pourquoi l'État interviendrait-il dans les conventions entre les citoyens ? Qu'il les laisse agir seuls, et que les tribunaux ne puissent être saisis qu'autant que le dol, la fraude ou les machinations coupables appelleront leur assistance. Nous entrons aujourd'hui dans une voie où ces principes reçoivent d'éclatantes consécrations. Le libre échange a abaissé les barrières entre les nations ; la liberté de la boulangerie, des théâtres, de la boucherie, a été proclamée. Et pourtant l'intervention de l'État était plus légitime dans ces cas que dans le prêt d'argent.

On comprendrait que l'État dût protéger par un droit mis à la frontière le commerce indigène contre la concurrence étrangère. Il y a même certaines industries pour lesquelles il s'agit de vie ou de mort, et qui ne peuvent supporter cette concurrence.

On admettrait que les maires usassent encore du droit que le décret de 1864 leur a laissé de taxer le pain dans les communes rurales, car la concurrence n'existe pas ; l'équilibre entre la demande et l'offre ne peut s'établir ; les habitants sont à la merci du boulanger qui profite de son isolement pour vendre le pain quelquefois 0,10 c.

au-dessus du cours normal. En supposant même qu'il ne l'élève que de 0,02 cent. au-dessus de ce cours, la différence est déjà énorme. On a calculé que, pour un ménage composé du mari, de la femme et de trois enfants, cette élévation de 0,02 cent. donne à la fin de l'année une augmentation de dépense de 50 ou 60 fr.

On comprendrait donc, disais-je, que les maires taxassent, car le pain est la marchandise de première nécessité, et le boulanger qui profite de son isolement abuse de la détresse et des besoins. Cependant nous conseillerions plutôt aux citoyens de se réunir, de former une société pour l'exploitation d'un four communal ; l'initiative individuelle se développerait et serait de beaucoup préférable à l'intervention de l'autorité.

Pour le prêt d'argent, les considérations sont différentes. L'argent n'est pas une marchandise d'une nécessité aussi actuelle que la farine. L'agriculteur n'est pas obligé d'accepter l'offre ruineuse que fait l'usurier de village ; il peut venir à la ville, s'adresser à un autre capitaliste, à un banquier. La concurrence, si faible qu'elle soit, existe, et si l'habitant de la campagne se laisse attraper par les fallacieuses promesses de l'usurier, il ne faut imputer la faute qu'à lui-même. D'ailleurs, si le prêteur a employé des manœuvres ou abusé de l'ignorance de l'emprunteur, je le livre à la vindicte publique. Mais, je le demande à tout esprit sincère, est-ce une raison, parce que quelques intelligences bornées paieront l'argent au-dessus de sa valeur réelle pour conserver une loi qui met obstacle aux transactions honnêtes et qui entraverait la circulation du numéraire, si elle était légalement appliquée.

D'ailleurs, pourquoi l'État a-t-il abaissé ses regards

sur le prêt d'argent? Pourquoi ne taxe-t-on pas le prix
du blé? Pourquoi ne tarife-t-on pas les salaires pour
protéger le patron et l'ouvrier? Pourquoi en un mot ne
tarife-t-on pas la vente de toutes choses pour protéger
les acheteurs? Cette réglementation serait ridicule, soit ;
mais celle de l'argent est-elle plus justiciable? Séduit
par la situation agréable d'une propriété, l'élégance du
château, le charme des bosquets et des eaux jaillissantes,
je donne de cette terre un prix supérieur à sa valeur ;
je reconnais ensuite que les revenus sont très-inférieurs
aux dépenses, et je demande la résolution du contrat.
L'obtiendrai-je? Nullement. Le contrat a été librement
conclu, et pourtant le vendeur m'a vendu sa propriété
au delà de sa valeur.

J'habite une ville où les maisons à loyer sont rares ;
aussi les propriétaires en profitent pour exiger des baux
élevés. Pourquoi l'État n'intervient-il pas? Pourquoi
ne taxe-t-il pas les loyers, puisqu'il limite l'intérêt de
l'argent? Les espèces sont identiques, et même la situation du locateur est préférable à celle du prêteur : le
premier a un privilége sur les meubles et peut forcer
le locataire à garnir la maison louée, le second n'a
qu'une signature, une simple promesse ; sa situation
est moins bonne, et la loi augmente encore son infériorité.

Voyez l'inconséquence : Un homme vend 200 francs
une chose mobilière qui n'en vaut que 100, il loue
1,000 fr. un appartement, dont la valeur locative est
de 600 fr.; il prête 100 fr. à 7 0/0. Voici trois opérations, la plus honnête est incontestablement la dernière, et c'est celle que la loi flétrit.

Et de plus, puisque la loi a fixé un taux maximum

pour protéger l'emprunteur, pourquoi ne pas fixer un taux minimum pour protéger le prêteur? Quand on veut réglementer un contrat, pour être logique, il faut réglementer les deux faces.

L'immixtion de l'État ne se justifie en rien. Bien plus, elle est impolitique et n'amène qu'un résultat, favoriser l'opposition et la haine. Le pain est cher, dit-on au gouvernement, c'est votre faute. L'argent est rare, le taux légal trop élevé, baissez-le! L'État est ainsi considéré comme l'auteur de la misère publique et le complice des événements. N'a-t-on pas regardé le plus sage et le plus compatissant de nos rois comme un vil accapareur de farines, qui voulait affamer son peuple et se faire un ornement de sa détresse? En 1848, n'a-t-on pas demandé que l'État fixât le taux légal de l'argent à 3 p. 0/0? Dans toutes les crises, on se retourne vers le gouvernement, on l'attaque, on l'insulte, on lui demande des concessions qu'il ne peut accorder parce qu'elles sont au-dessus de sa puissance. Tout ce que peut faire l'État, c'est, lorsque le blé est cher, envoyer sa flotte chercher en Crimée des céréales pour alimenter nos marchés. Mais, quand il s'agit de la rareté de l'argent, il ne peut faire cesser la crise, car personne jusqu'à présent n'a trouvé le moyen de faire de l'or : la pierre philosophale est encore au fond des creusets des alchimistes du moyen âge.

II. *La loi de 1807 nuit au développement du commerce et ne réprime pas l'usure.*

La loi de 1807 n'est que le dernier vestige des théories de l'ancien régime. Elle a pu, à l'époque où elle fut promulguée, rendre des services; mais alors le commerce n'avait pas acquis le développement actuel, et les guerres successives avaient frappé de stagnation la circulation des capitaux.

Aujourd'hui elle retarde l'essor du commerce : car, si on peut défendre de prêter à tel taux, on ne peut forcer de prêter à tel autre; car aussi il vaut mieux emprunter cher que de ne pas emprunter du tout, je n'en veux que deux exemples :

Un navire arrive dans le port de Marseille, chargé de marchandises venant des Indes, il faut payer un fret de 100,000 francs. Le commerçant n'a pas l'argent suffisant. Une crise monétaire se fait sentir, l'argent est rare, son taux est à 25 pour 100. Le besoin du commerçant est puissant, les marchandises peuvent s'avarier, elles doivent aussi être débitées prochainement, sous peine de perdre une majeure partie de leur valeur par suite des variations de la mode. Il se présente chez un banquier, celui-ci ne peut lui donner l'argent à un taux inférieur au taux de la place, il lui prête donc 100,000 francs et stipule 25,000 francs d'intérêts. Le commerçant paye le fret, débite les marchandises, réalise 1 million de bénéfices et remet les 25,000 francs d'intérêt. Si le banquier n'avait pu prêter qu'à 6 pour 100, il aurait préféré garder l'argent dans sa caisse, le commerçant aurait été condamné à regarder le drapeau de son navire flotter près du phare de la Joliette, et le retard mis dans le débarquement aurait pu lui faire perdre plus de 100,000 francs de bénéfices.

Tout le monde sait que, dans le commerce, celui qui paye comptant, c'est-à-dire à un mois, bénéficie de l'escompte. Cette proposition rappelée, supposons qu'un négociant achète pour 10,000 francs de marchandises à trois mois ; s'il paye comptant, il a un escompte de 2 pour 100 pour deux mois, c'est-à-dire 12 pour 100 par an. Mais ce commerçant n'a pas d'argent, il vient trouver un banquier qui lui donne sa marchandise, à lui banquier, c'est-à-dire de l'argent, avec un escompte de 1 1/2 pour 100. La marchandise qu'il aurait payée 10,000 francs à trois mois, il ne la paye plus que 9,800 francs à trente jours. Le banquier prend 150 fr., et le négociant en gagne 200. Le premier fait de l'usure puisqu'il prête à 9 pour 100, le négociant place son argent à 12 pour 100 (1).

Remarquons aussi que la loi, tout en voulant soulager la détresse, ne sert qu'à l'accroître et à consommer la ruine. Un homme, poursuivi par ses créanciers, conserve encore l'espoir de relever sa fortune ; mais, pour réaliser son projet, il a besoin d'argent ; les garanties qu'il peut fournir sont faibles et son crédit nul ; il ne trouve pas à emprunter au taux légal, on le saisit, ses meubles sont vendus aux enchères, et il perd sur leur vente 33 pour 100 : tandis que, s'il avait pu emprunter à 10 pour 100, il n'aurait en réalité perdu que 5.

Ne considérons même pas un homme dans une situation si précaire. Tout individu qui a un besoin pressant d'argent et qui ne possède que des biens-fonds ou des actions industrielles actuellement irréalisables, ne peut pas se procurer d'argent, parce que le taux légal n'est pas, par rapport à celui du marché, assez rému-

----

(1) Voyez dans l'enquête la déposition de M. Eugène Gouin, président de la chambre de commerce de Tours.

nérateur : le voici contraint de vendre un de ses immeubles ; or, dans les ventes forcées, le prix est peu
élevé. Il aurait donc été préférable pour lui de trouver
à emprunter, même à un taux supérieur. Que fera alors
l'homme nécessiteux dans cette circonstance ? Ayant es-
suyé un refus de l'honnête citoyen, qui aime mieux
garder son argent que de le prêter à un taux supérieur
au taux légal, il s'adressera à un capitaliste moins scru-
puleux, qui lui fera payer cher les risques qu'il court ;
ou il vendra son bien à réméré, et, lorsque les délais
seront expirés, il ne pourra exercer le rachat et subira
une perte considérable.

La législation actuelle crée le monopole des usuriers
et en fait une corporation indispensable dont la force
est en raison inverse du nombre.

Si encore la loi de 1807 réprimait l'usure, peut-être
serait-on tenté de lui pardonner une partie de ses ridicules applications. Mais, loin de là, elle la rend encore
plus cruelle. Elle joint aux deux éléments de l'intérêt
que nous avons étudiés un troisième, les risques de la
loi. Si elle n'existait pas, le prêteur exigerait un intérêt
qui l'indemnisât du prix du loyer et des risques du
remboursement ; mais, comme il ne peut obtenir cet intérêt sagement rémunérateur qu'en élevant le taux au
delà du taux légal et qu'en agissant ainsi il s'expose à
aller en police correctionnelle, il stipule une nouvelle
prime d'assurance contre cette fâcheuse éventualité. On
se rappelle les réponses d'un prévenu au président d'un
tribunal lui faisant connaître les diverses clauses de son
contrat :

Le président. — De quels risques parlez-vous ?

Le prévenu. — Il y en a de plusieurs espèces, et je

pourrais m'étendre sur la solvabilité des débiteurs; mais, sans aller plus loin, il est probable que je ne sortirai pas de cette enceinte sans être condamné. Eh bien, est-ce que cette condamnation n'a pas dû être comptée parmi les risques?

L'événement, ajoute M. Batbie qui rapporte cet incident, prouva que le prévenu avait eu raison de se faire payer une indemnité pour la condamnation (1).

Ces usuriers qui prêtent ainsi à la jeunesse ou aux hommes de la campagne déguisent leurs conventions. Ils ne versent qu'une partie de la somme mentionnée sur le billet et font figurer comme fourniture une chose qui n'existe que dans l'idée. On vit des jeunes gens souscrire des billets où ils se reconnaissaient débiteurs d'une voiture de pavés. Ces moyens d'éluder la loi sont aussi vieux que le monde et souvent les tribunaux ne peuvent démasquer l'imposture.

En matière commerciale la loi de 1807 est violée ouvertement, je peux même dire loyalement : la réglementation ayant pour conséquence d'entraver la circulation de la monnaie, le commerce devait nécessairement laisser de côté la législation pour ramener le capital sur la place. La loi fut impuissante; bon gré mal gré elle fut mise de côté. « Le capital est un oiseau, a dit un auteur italien, on essaiera vainement de l'enfermer dans une cage, il saura toujours l'ouvrir et s'envoler, il ne peut être retenu ou rappelé que par l'appât du gain. » Aussi l'escompte, les droits de commission, les comptes courants, le change, toutes ces opérations ont pour base un taux supérieur à celui fixé par la loi. Au Havre les

____

(1) M. Batbie. Mélanges : *Du prêt à intérêt*. p. 102.

courtiers, en cédant leurs charges, stipulent en dehors
des intérêts légaux une certaine part dans les bénéfices.
Les tribunaux laissent faire et même ils torturent les
textes pour décider que ces opérations ne tombent pas
sous la loi de 1807.

L'État lui-même semble inviter le commerce à ces
violations. Quand il veut emprunter, il émet des titres de
rente au-dessous du pair. Les grandes compagnies industrielles font de même. Les villes suivent cet exemple
et de plus elles attirent les capitaux par l'appât de loteries,
et le remboursement des obligations à un chiffre supérieur au taux d'émission. Il y a non-seulement élévation
du taux, mais accroissement du capital. Personne n'a
élevé la voix pour crier à l'usure, et les magnifiques entreprises, les majestueuses constructions, les utiles travaux d'assainissement exécutés à l'aide de ces capitaux,
prouvent que la violation de la loi de 1807 a tourné au
bien public. Faut-il ajouter que le gouvernement laisse les
États étrangers qui ne trouvent chez eux que des fortunes obérées, faire appel à notre concours, et attirer
notre argent hors de la patrie en faisant briller à nos
yeux des rétributions dont l'éclat tient souvent du pro-
dige et n'a d'égal que le peu de fidélité d'exécution des
engagements. De telle sorte que la loi de 1807 protége
les grosses entreprises et ne frappe que les petites, semblable à ces toiles d'araignées qui laissent passer les gros
insectes et qui ne retiennent que les petits (1).

Enfin la loi du 9 juin 1857 permet à la Banque de
France d'élever indéfiniment le taux de son escompte.
La mesure était comble. Ce vaste établissement financier,

____

(1) Serrigny. *Journal des Économistes.*

qui trouve déjà dans le monopole un privilége et une faveur, devait être le dernier délivré des entraves légales. En effet, un des éléments de l'intérêt, les risques du remboursement, n'existe pas pour la Banque, ou du moins est très-faible. La Banque n'escompte que des billets revêtus de trois signatures solvables. La perturbation fut grande : on demanda comment les banquiers, qui portent leurs billets à la Banque de France, et engagent leur responsabilité par leur signature, pourraient opérer si on appliquait contre eux la loi de 1807. Car le banquier devait exiger au moins 1/2 pour 100 au-dessus du taux de la Banque. Il se trouvait donc placé entre la ruine et le déshonneur.

Aussi, le 4 novembre 1857, M. Abbatucci, garde des sceaux, adressait aux procureurs généraux une circulaire où on remarquait ces paroles : « En attendant une solution qui doit être prochaine, je vous invite à ne requérir d'office aucune poursuite contre les banquiers ou commerçants qui élèveraient leurs escomptes au taux fixé par la Banque de France. Si des faits de cette nature vous étaient signalés, vous devriez vous borner à m'en donner avis. »

A dater de cette époque les poursuites diminuèrent dans une proportion surprenante.

En 1853, il y eut 186 poursuites, 216 prévenus, 186 condamnés.
—	1854	—	238	—	255	—	225	—
—	1855	—	181	—	208	—	172	—
—	1856	—	153	—	183	—	164	—
—	1857	—	101	—	133	—	105	—
—	1858	—	55	—	58	—	44	—
—	1859	—	65	—	78	—	60	—
—	1860	—	70	—	92	—	80	—

— 1861	—	54	—	61	—	48	—
— 1862	—	48	—	55	—	44	—
— 1863	—	42	—	83 (1)	—	64	—
— 1864	—	37	—	63	—	47	—

Ce tableau montre le peu d'utilité d'une loi dont on fait si rarement l'application. Après la circulaire de M. le garde des sceaux, les poursuites ont diminué. Ainsi, dans toute l'étendue de la Cour de Bordeaux, où la loi de 1807 fut exécutée avec plus de rigueur que dans les autres ressorts, il y eut, de 1853 à 1857, 122 poursuites, et du 1ᵉʳ janvier 1858 à juillet 1864 seulement 23. Dans toute l'étendue de l'Empire, de 1853 à 1857 on exerça 870 poursuites et de 1853 au 1ᵉʳ juillet 1864, seulement 349. De 1853 à 1857 le total des amendes prononcées s'éleva à 2,113,643 francs, et de 1858 à juillet 1864 le total des amendes ne fut que de 495,260 francs. De 1853 à 1857 le total des capitaux prêtés dans les affaires soumises à la justice était de 22,390,841 francs ; et de 1858 à juillet 1864 ce total ne dépassa pas 8,920,124 francs.

Aujourd'hui on ne poursuit plus que les prêteurs qui ont consenti des prêts à des taux exagérés et oppresseurs. Dans ce cas on peut dire que l'usure existe et que la répression doit être exercée. Aussi la loi de 1807 est une inconséquence, on ne l'exécute plus, et quand on se trouve en présence de honteux trafics on a recours à son texte. Mais n'est-ce pas une singulière anomalie ? La loi ne doit-elle pas être appliquée toutes les fois qu'une infraction est intentionnellement commise. Évi-

---

(1) 5 affaires, jugées par le tribunal de Bastia, comprenaient 39 prévenus.

demment la législation ne répond plus aux besoins et n'est plus conforme aux mœurs.

III. *Objections contre l'abrogation de la loi.*

L'abrogation de la loi de 1807 rencontre des adversaires. Les motifs présentés peuvent se réduire à deux : si la loi de 1807 est abrogée, l'usure augmentera dans les campagnes, et en second lieu l'agriculture ne pourra trouver à emprunter qu'à des taux élevés et par conséquent ruineux.

Déjà un progrès dans les idées se manifeste. Autrefois on ajoutait à ces causes la considération que la loi de 1807 défend les prodigues de la ruine et protége les hommes à projets contre l'abîme de la misère. On a reconnu qu'aucune loi ne saurait empêcher les prodigues de dissiper et que les projets, méprisés par les contemporains, sont souvent d'immortelles réalisations. En 1825 celui qui proposa de faire marcher une locomotive avec une vitesse de 25 lieues à l'heure fut accueilli par des sourires. Et que pensa-t-on de Fulton, le premier inventeur des bateaux à vapeur ?

La situation de l'ouvrier est aussi indépendante de la loi de 1807. L'ouvrier n'a qu'un salaire ; s'il prête, tant mieux pour lui s'il peut retirer un bénéfice avantageux. S'il veut placer ses économies dans l'exploitation d'un commerce et si pour acheter une partie des fonds, il doit emprunter, ne vaut-il pas mieux pour lui qu'il puisse emprunter à un taux supérieur à 5 p. 100 que de ne pas emprunter du tout?

Quant aux campagnes, la situation est-elle aussi affreuse qu'on le pense. La lèpre de l'usure s'étendrait-elle comme un noir venin qui enlèverait la richesse et la force, si le taux de l'intérêt devenait libre ? Je n'ose le nier. Cependant je dois considérer que peu à peu les lumières pénètrent jusque dans les vals les plus reculés. Nous ne sommes plus au temps où on croyait qu'il était d'une saine politique de tenir le peuple dans l'ignorance. On veut donner comme base à l'ordre social l'instruction, et non l'erreur. Le gouvernement propage de plus en plus l'enseignement primaire ; en augmentant sans cesse la gratuité, il concédera le plus grand bienfait que l'on puisse entrevoir. Avec les lumières, l'esprit se développera, et le paysan ne tombera plus entre les mains des drôles et des fripons.

Mais, pour que ce résultat puisse être obtenu, il faut nécessairement que l'être sur lequel on veut opérer coopère à l'action bienveillante du pouvoir. Le père doit envoyer son fils à l'école, car le premier de ses devoirs c'est d'élever son enfant, et s'il se contentait de développer son corps, l'éducation ne serait accomplie qu'à moitié. Je ne crois pas que sur ce point l'instruction primaire doive être obligatoire d'une manière absolue. Une décision semblable serait périlleuse, car elle ne tiendrait pas compte de la situation diverse des familles ; d'ailleurs le mode le plus avantageux, celui que la nouvelle loi votée avec enthousiasme par nos assemblées a compris en grande partie, c'est la gratuité ; car, si on reconnaît que le paysan est économe, on doit aussi avouer qu'il pousse souvent cette vertu trop loin : il a les défauts de ses qualités. Quand il ne sera plus forcé de payer la rétribution scolaire, il ne regardera pas à envoyer son enfant chez l'instituteur.

Une grande satisfaction pour l'homme de la campagne est de posséder de la terre : quand il possède une petite parcelle, il veut en avoir davantage. Cette passion est insatiable et il la satisfait à tout prix. Si le paysan veut emprunter pour acheter, quelle garantie donne-t-il ? Une hypothèque ? Mais il ne possède pas encore : il n'a que ses deux bras, c'est déjà suffisant, car le travail appliqué à la terre peut en faire sortir un bénéfice quelquefois considérable. Dans les vignobles cultivés par le vigneron lui-même par exemple, la terre donne 10 p. 100. Le cultivateur obtiendra donc les capitaux qu'il désire, il se mettra au travail, il retranchera sur sa nourriture, sur son sommeil, il oubliera de sanctifier le dimanche, peu importe si son intelligence s'épaissit de plus en plus, peu importe si son corps s'affaiblit : il travaille tous les jours 16 heures, il tire de sa terre plusieurs récoltes par année, il rembourse la somme prêtée, il possède, sa situation lui crée des envieux : il est heureux.

Que faire en présence d'un semblable état de choses ? Faut-il se flatter, comme le faisaient les philosophes du xviiie siècle, de l'infériorité du paysan, et conserver l'ironique dédain que M. Genteur, conseiller d'Etat, dans un discours justement remarqué, reprochait à Voltaire à la tribune française (1) ? Ou bien essayer, en répandant l'instruction, de réveiller cette intelligence, de faire battre ce cœur ! L'hésitation est impossible ! Voici la véritable mission du libéralisme moderne, dont le gouvernement de l'Empereur a pris la sage et glorieuse initiative.

Mais la loi de 1807, je le répète, remédie-t-elle aux maux que l'on signale ? Tous les jours on la viole et

(1) *Moniteur* du vendredi 20 mai 1864.

rarement on découvre la fraude. Lorsque les poursuites étaient activement dirigées, le prêteur, sachant qu'il pouvait, en stipulant un intérêt supérieur aux taux légal, être cité en police correctionnelle, exigeait des pots de vin de l'emprunteur. A chaque renouvellement, nouveaux pots de vin : on vit des paysans amener une vache à leur créancier pour obtenir des délais. Si la loi de 1807 était supprimée, le capitaliste rural n'aurait plus à se préserver des risques de la loi, peut-être serait-il moins exigeant et se contenterait-il d'un intérêt de 6 ou 7 p. 100. Sur ce point il y aurait progrès.

Une autre considération non moins puissante contre l'abrogation de la loi de 1807 est, dit-on, l'intérêt de l'agriculture. La terre, dit-on, rapporte peu ; si on permet d'élever le taux, la situation deviendra encore plus obérée, l'emprunteur sera ruiné par le paiement des intérêts. Quel est donc le revenu de la terre? 3 p. 100 en moyenne. Le taux de 5 p. 100 est donc déjà trop élevé. Un propriétaire qui emprunte pour acheter de la terre et qui ne compte pour le remboursement que sur le produit du sol acquis, fait la plus détestable spéculation. Sans doute on trouvera des cultures qui donnent un grand bénéfice comme les maraîchères, la vigne, quoique, pour obtenir d'un terrain planté en vigne un rapport, il faille attendre cinq années et payer néanmoins l'intérêt de l'argent emprunté. Mais le revenu normal est 2 $\frac{1}{2}$ ou 3 p. 100, il est donc bien inférieur au taux actuel. « Là où le revenu foncier ne donne que 3, dit M. Batbie, l'impossibilité de payer 5 est aussi grande que celle de payer davantage. La nature des choses s'oppose même à ce que le revenu foncier soit égal au revenu de l'argent, ou réciproquement. L'argent étant une valeur et la terre en étant une autre, il faut nécessairement que leur force relative change au milieu d'oscillations nombreuses. Si la terre vaut plus, c'est que l'argent vaut moins, et la démonstration de cette vérité apparaît de ce que les terres ont pris une valeur croissante, pendant que, de l'aveu de tout le monde, le numéraire a perdu une grande partie de sa puissance d'acquisition. » (1).

Que devra donc faire l'agriculteur qui voudra acquérir? Vendre une portion pour en acheter une autre? C'est le seul moyen : suivre une autre voie, c'est marcher à la ruine. Mais supposons qu'il s'y engage, la loi de 1807 est-elle pour lui une faveur? Qu'il veuille emprunter, il ne trouve pas ordinairement à emprunter sur sa signature, on exigera une hypothèque. Il empruntera à 5, mais les frais élèveront l'emprunt à 8, car ils sont en moyenne de 3 à 3 1/2. Il est vrai que ces frais ne se perçoivent qu'une fois, et si le prêt est fait pour trois ou cinq ans, le prêt est consenti au taux annuel de 6 1/4 ou 5 1/2, 5 3/4.

L'hypothèque elle-même est-elle une garantie d'une solidité à toute épreuve? Nous reviendrons sur ce sujet, mais nous pouvons déjà remarquer que souvent la perspective pour un créancier d'être obligé, pour recouvrer son argent, de suivre les innombrables et inextricables labyrinthes de la saisie et de l'ordre où fleurissent les contredits et les frais de toute sorte, empêche de prêter à un propriétaire dont la terre est déjà grevée, et dont le crédit par conséquent diminue. Le gouvernement s'occupe activement d'introduire des réformes qui produi-

(1) M. Batbie, p. 110.

ront sans doute d'avantageux résultats. En Belgique on a pris une mesure radicale : les expropriations se font sommairement devant les juges de paix.

Aujourd'hui on prête peu à l'agriculture : dans ces dernières années, le prêt hypothécaire a diminué dans la proportion des neuf-dixièmes. Un notaire de la Drôme disait à M. Rouher, ministre d'État, qu'autrefois il avait dans son étude des placements hypothécaires pour la somme de 2,000,000 et aujourd'hui pour la somme de 200,000 fr. La création des chemins de fer, les émissions d'actions industrielles, ont déplacé le courant. On obtient de cette façon un intérêt supérieur à celui de la loi, et des primes de remboursement très-avantageuses.

L'abrogation de la loi de 1807 ramènerait peut-être l'argent vers la campagne; car, si on pouvait obtenir 5 $\frac{1}{2}$ ou 6 avec hypothèque, quel serait le prêteur qui hésiterait? Le courant établi, la concurrence ferait sans doute baisser le taux à 4, 4 1/2, ainsi que cela a eu lieu en Italie depuis la proclamation du régime de la liberté; car un défaut de la réglementation fixe, c'est non de forcer de prêter à ce taux (car on est toujours libre de prêter au-dessous), mais d'inviter à prendre le taux fixé comme base de la convention.

Mais une mesure qui doit précéder ou du moins être concomitante avec l'abrogation de la loi de 1807, c'est la réforme hypothécaire et l'organisation du crédit agricole. Ces deux questions vont de pair et ne sauraient être séparées. Ainsi, pourquoi ne prête-t-on pas sur hypothèque, quoique ce placement soit celui qui paraisse le plus avantageux et le moins coûteux, puisqu'il semble privé d'un des éléments du taux, les risques? C'est d'abord parce que l'expropriation est compliquée de trop de détails et de frais ; cette protection exagérée achève la ruine du saisi ; puis parce que les titres de propriété ne sont pas en règle. Le capitaliste craint de voir surgir subitement des droits inconnus qui primeront les siens, et il s'abstient : telle est aussi la cause qui empêche le développement dans les campagnes des prêts consentis par le Crédit foncier. C'est ici le cas de rappeler un institution anglaise. Robert Peel créa en Irlande un tribunal pour régulariser les titres, qui délivrait des titres nouveaux, très-simples. Ce tribunal porta le nom d'*Escumbered Estates court,* tribunal de la propriété encombrée. Le parlement régularisa par un bill ce tribunal, qui n'était que provisoire, il le rendit définitif ; il s'appelle aujourd'hui *Landed Estates court,* Cour de la propriété territoriale. En 1861, ce tribunal avait opéré depuis l'origine sur plus de 600,000,000 de francs. Ajoutons que sa décision est souveraine.

Le morcellement de la propriété en France rendrait l'application de cette mesure difficile. La *Landed Estates court* n'a d'ailleurs jamais fonctionné en Angleterre. Mais nous devons reconnaître son utilité.

En France d'ailleurs la transcription établit assez de publicité : il faudrait l'étendre, en exigeant que toute mutation de propriété par acte entre-vifs ou testamentaire fût transcrite. La seule condition du crédit, c'est la sécurité, et il n'y a de sécurité qu'autant qu'il y a publicité.

Pour le fermier, son crédit est moindre encore que celui de l'agriculteur qui cultive lui-même sa propre terre. Le privilége du locateur s'étend sur tous les fruits de son travail : les objets qui garnissent la ferme, les ustensiles, les instruments aratoires sont grevés de priviléges. Ces priviléges sont occultes, rien ne les révèle. Aussi le fermier ne trouvera-t-il jamais à emprunter, du moins à un établissement agricole, tant que ses biens seront grevés. Ne serait-il pas équitable, tout en sauvegardant les droits du locateur, de réveiller le crédit du fermier? Et n'arriverait-on pas à ce résultat en remplaçant le privilége de locateur par une garantie fournie par le crédit agricole, par le prêteur?

N'y aurait-il aussi rien à faire pour diminuer le prix de revient? Je disais tout à l'heure que la terre ne donnait que 3 ou 3 1/2. Le produit de la terre exerce une influence sur la richesse du cultivateur qui emprunte: plus il retirera de sa terre, plus il éteindra facilement sa dette, et moins il aura de difficultés à payer les intérêts. Or une cause efficiente du mauvais rapport de la propriété foncière, c'est sa proportion au prix de revient. L'élévation du prix de revient tient principalement à celle des salaires, et celle des salaires à l'émigration des habitants des campagnes vers les villes. Cette émigration est fatale à l'agriculture, et les travaux que les villes ont exécutés l'ont favorisée. Attirés par l'augmentation des salaires, le paysan quitte sa campagne et ne veut plus revenir à la charrue; le cultivateur se transforme en ouvrier, mais jamais l'ouvrier ne consent à redevenir cultivateur. L'agriculture a été négligée par suite des développements donnés aux travaux des villes. Espérons que ces travaux vont se ralentir, les ouvriers seront forcés de revenir dans leur pays, sous peine de manquer de travail et de tomber dans la misère.

En résumé, la loi de 1807 n'empêche pas l'usure dans les campagnes; mais un fait certain, c'est qu'elle en éloign des capitaux. Avec le régime de la liberté, les prêts seront peut-être consentis à plus de 5 pour 100, mais le prêteur ne sentant plus la nécessité de se payer d'avance des désagréments d'une poursuite judiciaire, sera moins exigeant. De plus l'argent se reportera vers la campagne quand on saura qu'on peut prêter à plus de 5 pour 100 et avec sécurité : ce mouvement amènera la concurrence, et la concurrence fera baisser le taux. Enfin ne pourrait-on pas déclarer que l'emprunteur qui a emprunté à un taux élevé pourrait rembourser le prêteur après avertissement préalable, et anéantir ainsi la convention? Il y aurait un obstacle à cette efficacité dans les frais de quittance; mais le gouvernement montrerait sa sympathie pour les classes de la campagne en les diminuant. D'ailleurs la plupart du temps la nécessité d'une quittance n'existe pas, le débiteur paye, et le créancier lui remet le titre, le billet constatant l'obligation. De cette façon le prêteur serait retenu dans des bornes légitimes par la crainte qu'un remboursement prochain ne lui fît perdre les bénéfices de son contrat.

IV. *Réformes proposées.*

La loi de 1807 présente des inconvénients que nous avons mis en saillie, aussi songe-t-on de toutes parts à introduire des réformes. Plusieurs systèmes ont été proposés, nous n'examinerons que ceux qui paraissent réunir les opinions les plus nombreuses.

En premier lieu, on accorde volontiers la liberté pour le prêt commercial, mais on maintient les rigueurs de la loi de 1807 pour le prêt civil. C'est à cette conclusion que s'arrêtait le projet de loi soumis au Conseil d'État, à la suite du rapport présenté à l'Empereur en 1857, par M. Billault, ministre de l'Intérieur, chargé par intérim du ministère de la Justice, et par M. Rouher, ministre du Commerce.

On doit reconnaître que, le plus souvent, les risques sont plus nombreux dans les affaires commerciales que dans les affaires civiles. Mais cette règle est-elle absolue, sans exception, et si universelle qu'on puisse l'ériger en principe? Nous ne le pensons pas. L'argent est une marchandise, dont le prix varie suivant le cours du marché, quel que soit l'usage auquel on veuille l'appliquer. Les risques sont attachés au succès de l'entreprise et varient suivant son caractère; mais ne dépendent-ils pas aussi de la situation de l'emprunteur et de sa solvabilité? Et cette condition, essentielle à la supputation de l'intérêt, ne se rencontre-t-elle pas également dans le prêt civil comme dans le prêt commercial? Cette distinction pourrait tout au plus être admise pour la fixation d'un taux légal.

Une loi qui reposerait sur de telles bases serait en contradiction avec nos mœurs. La maxime de Scaccia : «Plus valet pecunia mercatoris, » est aujourd'hui surannée. Aucune raison sérieuse n'autorise à placer le crédit civil dans une telle infériorité, et, sous prétexte de le protéger, on le ruinerait. En effet, qui voudrait prêter à 5 pour 100 à l'agriculture, quand le prêt commercial serait à 10 pour 100? Il faudrait alors faire varier le taux de l'intérêt pour les prêts civils, suivant la fluctuation du taux commercial. Il n'y aurait plus de sûreté dans les conventions, et l'État, se mettant aux lieu et place du citoyen, accroîtrait encore le ridicule qui, au point de vue économique, s'attache au système de la loi de 1807.

Qu'arriverait-il en présence d'une décision semblable? Le prêt civil affecterait la forme commerciale. On a vu déjà souvent de ces transformations, depuis que la loi de 1857 a eu pour résultat de soustraire l'usure commerciale à la répression des tribunaux. Au lieu de faire figurer sur le billet un prêt d'argent, on y mentionnera une vente d'effets, de marchandises, de bouteilles ou de pavés, ainsi que plusieurs faits l'ont révélé. N'a-t-on pas vu également un notaire rural, à qui on venait demander 25,000 francs à emprunter, forcer l'emprunteur à prendre une patente de marchand de cochons, pour faire croire qu'il était commerçant? Ces ruses, dira-t-on pourront être découvertes; mais tous les jours la loi de 1807 est violée, et les dénonciations sont rares. D'ailleurs les contractants auront un moyen fort simple de faire un acte de commerce, ce sera de donner à leur convention la forme d'une lettre de change; car, aux termes de l'art. 632 du Code de commerce, la lettre de change est acte de commerce entre toutes personnes. Je sais que, d'après la théorie de la Cour de cassation, toutes les fois qu'une lettre de change, consentie entre non-commerçants, masque un prêt usuraire, les poursuites sont possibles. Mais la preuve sera souvent difficile, le taux sera joint à la mention du capital : d'ailleurs, toutes les fois qu'on scrute l'intention et qu'on ne raisonne pas d'après un fait matériel, on risque de ne pouvoir exercer qu'une répression incomplète.

La raison la plus convaincante pour rejeter ce système, c'est que la distinction sur laquelle il repose ne saurait plus être admise. On ne saurait comprendre comment un banquier et un capitaliste qui prêtent à la même personne peuvent exiger l'un 10 pour 100, et l'autre seulement 5 pour 100. Les risques que court le capital prêté sont identiques, puisque l'agent est le même.

Faut-il ajouter que la distinction entre les matières civiles et commerciales est loin d'être reconnue unanimement? Les jurisconsultes ne sont pas d'accord. Ainsi le prêt fait à un commerçant par un non-commerçant, est-il un prêt commercial? M. Troplong lui reconnaît ce caractère; mais beaucoup d'autres le nient. En matière pénale, les hésitations ne sont pas permises et doivent être restreintes le plus possible. Pour être logique, on ne devrait considérer comme acte de commerce, que le prêt fait entre commerçants. Cependant on ne saurait nier que lorsque, l'un des contractants est commerçant, l'un des éléments du taux varie. Est-ce le prêteur? En consentant ce prêt, il se prive d'une somme qui, placée dans son commerce, lui aurait rapporté des bénéfices avantageux. Est-ce l'emprunteur? dans cette hypothèse, on ne saurait nier que la destination de la somme prêtée augmente les risques et légitime une élévation du taux.

Le mouvement des affaires a fait disparaître cette distinction. L'agriculture tend de jour en jour à devenir industrielle. La société immobilière a la forme commerciale, quoiqu'elle spécule sur la construction d'immeubles.

Le second système proposé a été de prendre le taux de l'escompte de la Banque de France comme base et régulateur.

La Banque est un établissement unique, jouissant

d'un privilége, placé dans des conditions exceptionnelles et réglant le taux de son escompte sur la quantité du numéraire qu'elle a dans ses caisses. Ce taux est
le thermomètre de notre richesse en numéraire. La situation monétaire des nations qui nous entourent influe sur l'élévation ou la baisse du taux de l'escompte,
bien plus que les variations qui s'opèrent sur le marché
français. Ainsi une secousse se fait sentir en Angleterre,
la Banque élève son escompte pour protéger son encaisse. Des causes spéciales déterminent aussi son oscil-
lation. La crise qui s'est manifestée par suite du ren-
chérissement des cotons et des soies a fait hausser l'escompte. Tous les marchés de l'Empire n'en ont pas
cependant ressenti le fâcheux effet; le taux n'est donc
pas le même partout. On a remarqué que l'élévation et
la baisse étaient souvent subites et imprévues. Ainsi, en
1857, le taux de l'escompte était de 10 pour 100 et
quatre mois plus tard il était descendu à 4 pour 100.
L'année dernière une crise monétaire sévit en Angleterre; on devait s'attendre à ce que la Banque élèverait
le taux de son escompte; elle n'en a rien fait, pensant
sans doute que la crise entraverait les affaires et qu'on
ne lui porterait pas d'effets à escompter. Un banquier
qui aurait basé ses opérations sur les prévisions ordinaires aurait éprouvé une déception.

En résumé, le taux de l'escompte de la Banque varie
suivant son encaisse, obéit à des règles qui lui sont spéciales. Les opérations des banquiers n'ont pas la même
base; il peut y avoir abondance de numéraire chez les
banquiers et rareté à la Banque. La Banque ne prend
que des valeurs à quatre-vingt-dix jours, et sur trois
signatures; le banquier escompte des valeurs à plu-

sieurs échéances, et souvent il se contente d'une ou deux signatures. Ainsi M. G...... qui avait dans son portefeuille pour 20 ou 30 millions de valeurs escomptées, escomptait à 4 pour 100, mais il n'avait que des signatures de premier ordre et ne portait pas ses billets à la Banque. Un autre, que ses capitaux rendent moins exigeant, se trouve obligé de se contenter d'une signature douteuse ; les risques augmentent, le taux doit s'élever. Et s'il porte ses effets à la Banque, engageant ainsi sa responsabilité, on devra bien admettre qu'il doit exiger un escompte supérieur au taux de la Banque, sans quoi son opération serait une ruine.

Aussi les économistes, que l'importance du monopole concédé à la Banque de France rend soucieux et jaloux, combattent à outrance un système qui investirait la Banque d'une véritable puissance législative. « Ce serait, disait M. Michel Chevalier devant la commission du Conseil d'État, créer une aristocratie et une oligarchie dont le caprice serait une loi. Plutôt que de consentir à un pareil ordre de choses, je demanderais qu'on rétablît les Rohan et les Montmorency dans leurs pouvoirs d'il y a quatre ou cinq cents ans ; j'aimerais mieux cette aristocratie-là que l'autocratie de la Banque de France. »

On a aussi proposé de distinguer le prêt de l'escompte. Ces deux opérations, non identiques dans la forme, le sont dans la réalité. Il y a toujours échange d'un capital présent contre un capital futur, et la perception de l'intérêt ou de l'escompte est toujours le montant de la valeur différentielle. Nous avons montré que l'analogie était complète dans la cause et dans le but de l'opération, que même le prêt présentait moins de garantie, et qu'après tout l'escompte n'était pour le banquier qu'un moyen de se couvrir de l'intérêt de l'argent qu'il sortait de sa caisse. Aussi, il nous semblerait difficile d'admettre cette distinction en théorie, et en pratique d'empêcher de prêter sur obligation au même taux que celui qui règlerait l'escompte.

Notre solution sera la même pour la distinction entre le prêt hypothécaire et le prêt chirographaire, entre le prêt à long terme et le prêt à court terme.

Sans doute au premier aspect l'hypothèque est une garantie, une sûreté certaine. On comprendrait donc que l'intérêt fût moins élevé que quand la convention ne repose que sur une garantie purement chirographaire. Mais, de ce que les risques sont moindres, s'ensuit-il qu'ils soient analogues dans toutes toutes les opérations. Et cependant il faudrait rencontrer partout ce caractère pour légitimer l'établissement fixe, immuable du taux. Les prêts hypothécaires présentent des situations diverses : les uns sont garantis par une première hypothèque, les autres n'ont qu'une sûreté secondaire : plusieurs ne viennent pas en rang utile et voient leurs espérances déçues par la production de droits occultes dont ils ne soupçonnaient pas l'existence. Des créances qui reposaient sur des gages avantageux ne sont plus aujourd'hui protégées que par une sûreté illusoire. Ainsi, en 1848, un banquier perdit plus de 600,000 francs sur les créances hypothécaires, et n'éprouva, au contraire, aucune perte sur les créances chirographaires. La situation des immeubles influe sur la solidité de la garantie. Le prêt sur un fonds de terre est plus utile que celui sur une maison ; celui qui est assis sur une terre ou plaine plus solide que celui qui repose sur une terre placée sur le versant d'une montagne ou exposée aux débordements d'une rivière : les récentes inondations en sont une preuve.

Le résultat d'une semblable distinction serait évidemment d'élever le taux du prêt chirographaire. Quelquefois cependant la position de créancier chirographaire est préférable à celle du créancier hypothécaire. Le premier, en effet, voyant sa créance sur le point d'être engloutie, actionne son débiteur ; il obtient un jugement et partant une hypothèque judiciaire qui frappe l'universalité des biens du débiteur. Sa situation est maintenant préférable à celle du créancier hypothécaire, et la loi le traite avec plus de bienveillance.

Ici une question se présenterait. J'ai consenti un prêt au taux de 8 p. 100 ; mon débiteur ne me payant pas, je l'actionne en payement du capital et des intérêts échus ; j'obtiens un jugement et une hypothèque judiciaire. Les intérêts continuent à courir, depuis le jour du jugement jusqu'à celui de l'exécution. Quel sera leur taux ? Le jugement a régénéré la convention, mais il l'a consacrée, d'un autre côté, le créancier chirographaire n'est-il pas réellement dans une position analogue à celle du créancier hypothécaire ? La situation n'est-elle même pas préférable ?

Je rejetterais aussi toute distinction entre le prêt à long terme et le prêt à court terme. Si on voulait fixer un taux à la première opération, les capitalistes emploieraient la seconde ; il n'y aurait plus que des prêteurs à la petite semaine. Dans les deux cas se manifestent des circonstances qui varient suivant les opérations et les individus. Certainement, dans le prêt à court terme, l'argent rentrant plus fréquemment et par petites sommes peut rester longtemps en caisse sans emploi. Mais le prêt à long terme a aussi l'inconvénient de priver le prêteur des opérations avantageuses qui se présentent pendant le cours de sa durée.

Le meilleur système est celui de la liberté. Il tient compte de la mobilité du prix de l'argent et des variations des éléments du taux.

CHAPITRE XVII.

Proclamer la liberté du prêt à intérêt, c'est réhabiliter les usuriers, a-t-on dit souvent! Je crois que cette proposition, malgré l'enthousiasme avec lequel elle est émise, est en opposition avec les principes de l'économie sociale et du droit. Je l'ai démontré. Il me suffira de rappeler que le législateur, en permettant de vendre sa propriété au-dessus de sa valeur, ne favorise ni le vol, ni l'escroquerie, et que, puisqu'il ne taxe ni le loyer des maisons, ni le prix du blé, il ne doit taxer ni le loyer, ni le prix de l'argent. Je reconnais que l'usure existera tant que l'argent sera la base d'un contrat, de même qu'il y aura des voleurs tant qu'il y aura des propriétaires. Mais pour moi l'usurier n'est pas celui qui prête au-dessus du taux légal, mais celui qui profite de la situation d'esprit de l'emprunteur pour tirer de l'argent un gain illégitime. Aussi, toutes les fois qu'un prêteur aura abusé de l'ignorance ou des mauvaises passions d'un individu pour obtenir de lui un taux supérieur au taux légal, je le regarde comme coupable du délit d'usure. Mais il faut ces deux conditions : la première qu'il y ait abus, la seconde que l'abus ait eu pour base l'ignorance ou les mauvaises passions. De cette façon j'atteins ceux qui, spéculant sur l'erreur ou le défaut d'imstruction du paysan, couvrent les campagnes de leurs déloyales opérations, et ceux qui, favorisant les passions des jeunes prodigues, les portent à jeter à des courtisanes le patrimoine de leurs aïeux. En dehors de ces deux cas aucune raison n'est plausible pour empêcher des individus majeurs, conscients de leurs actes, d'agir librement et d'arrêter à leur guise les bases de la convention.

On avait proposé de frapper de la même peine celui qui aurait abusé des besoins : mais, malgré l'odieux qui plane sur une semblable conduite, quoique je reconnaisse que celui qui a abusé de la détresse de l'emprunteur est un misérable, je ne crois pas qu'il soit possible d'insérer dans la loi une telle répression. La latitude d'appréciation laissée aux magistrats serait trop grande : car comment définir la culpabilité ? Où s'arrêterait l'abus ? Celui qui emprunte n'est-il pas dans le besoin ? Cette décision serait plus fâcheuse que la réglementation de la loi de 1807 ; car, dans cette loi la limitation du taux permet de raisonner d'après une base fixe, et dans le système proposé, la décision varierait d'après l'appréciation du juge. Or toute loi pénale doit être rigoureusement déterminée, fixée, limitée pour que celui qui l'enfreint sache bien quelle est la ligne qu'il lui est interdit de franchir. « *Optima lex quæ minimum relinquit arbitrio judicis,* » a dit Bacon.

Je voudrais que l'on conservât dans la loi le caractère principal de l'usure, c'est-à-dire l'habitude. Quoique le fait usuraire soit blâmable en lui-même, la loi ne doit frapper que celui qui se rend coupable souvent de cet acte, pour qui l'abus de l'ignorance ou des mauvaises passions de l'emprunteur est un métier, un odieux trafic. Deux perceptions usuraires suffiraient pour appeler les rigueurs de la loi.

En 1807 et en 1850 on voulut faire du délit d'usure un délit spécial, et on décida que, si l'escroquerie venait à être relevée contre le délinquant, on lui ferait application des deux peines portées contre l'usurier et l'escroc. C'était une dérogation à l'art. 365 du Code d'instruction criminelle, qui déclare qu'en cas de conviction de plusieurs crimes ou délits, la peine la plus forte sera seule appliquée. Nous ne voyons pas de motifs pour conserver dans la loi cette dérogation aux principes généraux du droit. Si même devant la cour d'assises on ne cumule pas les peines, pourquoi le ferait-on devant la police correctionnelle pour de simples délits. D'ailleurs en permettant dans ce cas d'élever la peine au double, ne laisse-t-on pas au juge une suffisante latitude ?

Nous désirerions aussi que l'on insérât dans la loi une disposition qui permît à l'emprunteur qui a consenti un prêt onéreux, à un taux supérieur au taux légal, d'anéantir le contrat en remboursant quand il lui plaira. Sans doute cette faculté est de droit : mais des dérogations peuvent être insérées. Ainsi le terme est stipulé soit dans l'intérêt du débiteur, soit dans l'intérêt du créancier. Dans ce dernier cas le débiteur ne peut payer avant l'échéance. L'argent cependant est sujet à de nombreuses fluctuations : au moment où le prêt a été consenti, le taux pouvait être élevé, plus tard il peut s'être abaissé. Pourquoi permettre au prêteur de tenir ainsi sans cesse son débiteur sous le joug d'une opération désastreuse ? Pourquoi lui défendre de se libérer quand il trouve à emprunter à des conditions plus avantageuses ? Je pense donc qu'en fixant en faveur du créancier un terme de cinq ans, au cas où l'intérêt stipulé dépasse le taux légal, ce laps de temps serait suffisant pour ne pas porter atteinte aux exigences commerciales. D'ailleurs, dans le commerce, la circulation de l'argent est un avantage, et celui qui voudrait immobiliser le prêt pour un temps plus éloigné et à un taux supérieur au taux légal, agirait sous l'empire de considérations la plupart du temps peu respectables.

Enfin, nous fixerions le taux légal à 5 p. 100 en matière civile, et à 6 p. 100 en matière commerciale. Ce serait une base pour les différents cas où la loi fait courir l'intérêt de plein droit, et pour ceux où les parties, stipulant un intérêt, garderaient le silence sur le taux. Ne pourrait-on pas aussi considérer la fixation d'un taux légal comme une limite morale aux désordres?

En résumé, voici le projet de Loi dont nous proposerions l'acceptation :

Art. 1er. — Le taux de l'intérêt est librement fixé par les parties contractantes ; il doit être constaté par écrit.

Art. 2. — L'intérêt légal reste fixé à 5 p. 100 en matière civile et à 6 p. 100 en matière commerciale. En cas de silence des parties sur le taux, la convention est réglée par le présent article.

Art. 3. — Lorsque le taux convenu surpasse le taux légal, l'emprunteur peut rembourser la somme prêtée, en en donnant connaissance par simple lettre au prêteur six mois avant l'échéance ; il ne peut être dérogé à cette faculté que pour un délai n'excédant pas cinq années.

Art. 4. — Quiconque aura habituellement abusé de l'ignorance ou des mauvaises passions de l'emprunteur pour se faire consentir un intérêt supérieur au taux légal, sera puni d'un emprisonnement de six jours à deux ans, et d'une amende de 100 francs à 10,000 francs, ou de l'une de ces deux peines seulement. En cas de récidive, ces peines pourront être portées au double.

Le contrat de prêt sera annulé, et le prêteur ne pourra exiger que le remboursement du capital. Il sera condamné à la restitution des intérêts indûment perçus et à de plus amples dommages-intérêts, s'il y a lieu.

Art. 5. — S'il résulte de la procédure que le prêteur s'est rendu coupable d'escroquerie ou d'abus de confiance, il sera aussi condamné aux peines portées par les art. 405 et 408 du Code pénal : la peine la plus forte sera seule appliquée, et pourra être portée au double.

Art. 6. — L'article 463 est applicable.

Art. 7. — Les tribunaux pourront ordonner, aux frais du délinquant, l'affiche de l'extrait du jugement dans le prétoire du tribunal et à la porte de la mairie du domicile du condamné, et son insertion dans un ou plusieurs journaux du département.

Art. 8. — Il n'est rien innové aux stipulations d'intérêt mentionnées dans des contrats passés avant la présente loi.

Art. 9. — Les lois du 3 septembre 1807 et du 19 décembre 1850 sont et demeurent abrogées.

TABLE DES MATIÈRES

FIN DE LA TABLE.

IMPRIMERIE DE A
31, RUE MONSIEUR-LE-PRINCE, 31